Ilse Koehn, geboren 1929 in Berlin; studierte an der Hochschule für Bildende Künste, Berlin, anschließend freiberufliche Illustratorin und Autorin für verschiedene Zeitschriften. 1958 siedelte sie in die USA über, war Art Director in bekannten amerikanischen Werbeagenturen und ist seit 1968 freiberuflich tätig als Buchillustratorin und Designerin. Sie lebt in Connecticut/USA.
Die vorliegende Übersetzung aus dem Amerikanischen wurde von der Autorin durchgesehen.

Mischling zweiten Grades

Eine wahre Geschichte

Deutsch von
Ulla Neckenauer

rororo

Rowohlt

rororo rotfuchs
Herausgegeben von Renate Boldt und Gisela Krahl

Namen- und Begriffserklärungen siehe Seite 253

51.–60. Tausend Oktober 1991
Deutsche Erstausgabe
Veröffentlicht im Rowohlt Taschenbuch Verlag GmbH,
Reinbek bei Hamburg, Mai 1979

Umschlaggestaltung Barbara Hanke
rotfuchs-comic Jan P. Schniebel

Gesamtherstellung Clausen & Bosse, Leck
Printed in Germany
880-ISBN 3 499 20635 8

Kapitel 1

1926–1936

Die Derecks

Mutter Dereck war an schmeichelhafte Bemerkungen über die etwas exotische Schönheit ihrer Tochter gewöhnt. Meistens antwortete sie mit einem verschmitzten, gackernden Lachen: «Ja, ich weiß, sie ist die Blume auf dem Misthaufen.» Für sie war das überhaupt nichts Abfälliges, da sie ihren Misthaufen, den Komposthügel, für eine Goldgrube hielt – tatsächlich nannte sie ihn auch so.
«Deshalb haben wir sie Margarete genannt. Vermutlich hat sie diese großen braunen Augen und das schwarze Haar von den Hugenotten in der Familie.»
Wenn man sie wegen Gretes Stimme befragte, zuckte sie die Achseln. «Keine Ahnung. Auf meiner Seite und auf der ihres Vaters waren alle unmusikalisch, soviel ich weiß.»
Gretes volle Altstimme war ihrem Lehrer in der Schule aufgefallen, und durch ihn wurde sie Mitglied im Berliner Kinderchor. Als sie mit der Schule fertig war, stattete der Chorleiter ihren Eltern einen Besuch ab, um sie zu überreden, Grete Musik studieren zu lassen. Er wurde kalt empfangen.
«Musik? Sie muß ihren Lebensunterhalt verdienen», sagte ihr Vater, ein Maschinenbauer, grob. Er stand da, groß und unbeholfen in den Holzschuhen, die er zu Hause trug. «Musik!» Er spuckte das Wort aus wie ein Stück eines wurmigen Apfels. «Das ist etwas für die reichen Nichtstuer. Wir sind Arbeiter.»
«Sie hat schon jetzt große Rosinen im Kopf», fügte Mutter Dereck

hinzu, während sie die Hände an der Schürze abwischte und einen Seitenblick auf Grete warf.
Grete weinte ein bißchen. Aber sie kannte ihre Eltern zu gut und hatte die Hoffnungen des Chorleiters nicht geteilt. Folgsam begann sie eine Lehre als Näherin und Schneiderin in einem Berliner Modehaus. Sie war nicht unglücklich. Wenn sie Geld verdiente, konnte sie sich bald von ihren Eltern, die sie fürchtete, unabhängig machen. Sie fand Freunde unter den jungen Mitgliedern der Sozialdemokratischen Partei, der die alten Derecks angehörten. Grete und ihre Freunde führten hitzige politische Diskussionen, die oft bis spät in die Nacht hinein dauerten. Eine neue Ära begann gerade, dachten sie, frei von Unterdrückung und mit Chancen für alle. Sie, die jungen Sozialdemokraten, würden für ein demokratisches Deutschland arbeiten. Sollte dieser Adolf Hitler doch Phrasen dreschen und phantasieren. Er war ja schließlich nur ein unbedeutender Vagabund, ein Anstreicher aus Österreich. Er und seine Partei, die Nationalsozialistische Deutsche Arbeiterpartei – kurz NSDAP oder Nazis genannt –, waren Außenseiter und Ganoven in braunen Hemden und Reitstiefeln.
Hitler, der Sohn eines kleinen österreichischen Zollbeamten, hatte die Partei 1920 gegründet. Jetzt, im Jahre 1926, gingen seine Anhänger in die Tausende, aber nur wenige Deutsche betrachteten sie als eine wirkliche Bedrohung.
Grete war ein sehr aktives Mitglied in ihrer Partei und gehörte mehreren Ausschüssen an. Sie benutzte sogar einen Urlaub dazu, an einer Tagung über Frauenrechte teilzunehmen. Sie arbeitete hart, wie sie das alle taten, aber sie fand immer noch Zeit für Feste, Picknicks und zum Singen. Ernst Koehn spielte Gitarre. Sein Tenor harmonierte mit dem Alt Gretes. Sie verliebten sich.

Den Derecks gefiel der Schwiegersohn, der elf Jahre älter war als Grete, nicht. Zwar hatte er einen guten Beruf als Elektriker bei der «BEWAG», den Berliner Elektrizitätswerken, aber das war nach ihrer Meinung das einzige, was für ihn sprach.
«Sicher, er sieht gut aus, ist charmant und spielt Gitarre», sagte

Mutter Dereck zu ihrer Nachbarin. «Aber wozu soll das gut sein? Und Bücher, Bücher, Bücher», meinte sie höhnisch. «Und nach der Arbeit lernt er noch. Wenn er so viel Energie übrig hat, warum kommt er dann nicht hierher und hilft? Weiß der liebe Himmel, wir könnten ein zusätzliches Paar Hände gebrauchen!»

Und dann war da noch Ernsts Mutter, Oma Koehn, die Witwe Koehn, geborene Rotenthal. Jüdin?

«Ich glaube nicht an organisierte Religion, Frau Dereck», hatte sie Mutter Derecks Frage kalt beantwortet und dabei die formelle Anrede benutzt. «Ich gehöre keiner Kirche an, und ich gehe auch in keine.»

«Wir auch nicht», sagte Mutter Dereck lachend, als wäre ihre Frage ein Spaß gewesen. «Wir hätten sowieso keine Zeit. Wenn die anderen zur Kirche gehen, habe ich schon die Tiere gefüttert und habe praktisch schon die Arbeit eines ganzen Tages hinter mir.» Und dann fügte sie ziemlich anzüglich hinzu: «So ist es, wenn man ein Haus hat.»

Die Witwe Koehn hatte kein Haus. Sie lebte in einer Wohnung, umgeben von schönen Möbeln und Tausenden von Büchern.

Grete und Ernst zogen es vor, zu Oma Koehn zu ziehen und nicht zu den Derecks. Aber schon bald kauften sie ein Stück Land und begannen, ihr eigenes Haus zu entwerfen. Das junge Paar konnte sich keinen Architekten leisten, aber Ernst lernte das Bauzeichnen gut genug, um die zuständigen Stellen zufriedenzustellen. Sie hatten kaum genug Geld, um die Rohmaterialien zu bezahlen, deshalb beschlossen sie, das Haus selbst zu bauen. Sie schleppten Steine, mischten Mörtel, zogen Wände hoch, bearbeiteen Balken, schnitten Glas für die Fensterscheiben. Es gab nichts, was ihnen zu schwierig gewesen wäre. «Was wir nicht wissen, können wir lernen», war ihr Motto. Sogar ihre Möbel entwarfen und bauten sie selbst.

Das Zimmer mit dem Blick nach Südosten war für das Kind bestimmt, das sie sich beide wünschten. Von dort würde es auf den Haselnußbaum hinausschauen können. Grete pflanzte Kletterrosen unter dem Fenster. Das Kind würde mit dem süßen Duft der Rosen aufwachen.

Im August 1929 kam ein gesundes, acht Pfund schweres Kind auf die Welt und erhielt den Namen Ilse. Sie wurde nicht getauft («Wir sind Freidenker»). Es gab nur eine einfache Eintragung ins Geburtenregister: Ilse Margarete Koehn.

Heute weiß ich von den Jahren des politischen Umbruchs in Deutschland; ich weiß, daß meine Eltern zu den hunderttausend Arbeitern gehörten, die gegen Hitler demonstrierten; ich weiß, daß es den demokratischen Parteien nicht gelang, sich gegen ihn zu verbünden; ich weiß, daß Adolf Hitler am 30. Januar 1933 zum Reichskanzler gewählt wurde und daß er bald begann, sich «Der Führer» zu nennen. Im Mai verbot er die Gewerkschaften und im Juli alle politischen Parteien außer seiner eigenen; und sofort begann er seine Haßkampagne gegen die Juden und den Boykott der jüdischen Geschäfte. Am 7. April 1933, als er gerade ein paar Wochen im Amt war, wurde das erste anti-jüdische Gesetz erlassen, und andere folgten rasch darauf. Ab Oktober 1933 waren «Nicht-Arier» legal ausgeschlossen vom höheren Bildungswesen, von der Regierung und von den akademischen Berufen.
Hitler befahl das große Feuer vor der Berliner Universität, wo seine Anhänger alle «undeutschen» Bücher verbrannten – Bücher, deren Autoren entweder Juden oder gegen Hitler waren. Meine Eltern stopften die meisten ihrer jetzt verbotenen Bücher in zwei riesige Kisten und vergruben sie bei Nacht in unserem Garten. All das weiß ich heute, aber ich erinnere mich nicht daran.
Aber ich erinnere mich an mein sonniges Zimmer – scheinbar schien die Sonne immer in diesen Jahren. Sie brachte Omas Geschenk, die hellen Biedermeiermöbel, zum Funkeln. Ich erinnere mich daran, daß ich vom Bett aus die Vögel beobachtete und die Rosen, die durch mein Fenster heraufkletterten. Es waren hellrosa Rosen mit einem außergewöhnlich süßen Duft. Unser Garten war voller Blumen jeder erdenklichen Art, und es gab Haselnuß-, Kirsch-, Apfel- und Birnbäume und sogar einen Pfirsichbaum.
Die einzigen Tränen, an die ich mich erinnere, vergoß ich um «Das häßliche Entlein». Daß es schließlich ein schöner Schwan wurde,

tröstete mich über all das Unglück, das es erleiden mußte, überhaupt nicht hinweg.

Ich freute mich furchtbar auf die Schule. Ich weiß noch, daß ich als Vorbereitung darauf immer aufsagen mußte: «Mein Name ist Ilse Koehn» (‹ein guter deutscher Name, auf den du stolz sein kannst – alte pommersche Herkunft›, sagte Vati). «Ich wohne in Waidmannslust, Achtundzwanzigste Straße Nummer zwölf.» Ich war so glücklich, als ich in die Schule kam.

«Wenn man dich nach deiner Religion fragt, dann antwortest du Dissident. Das bedeutet Freidenker, und das sind wir auch. Wir haben dich nicht taufen lassen, denn wir glauben, daß wir aufgeklärt sind. Aufgeklärte, klassenbewußte Arbeiter. Wenn du erwachsen bist, kannst du dich selbst entscheiden.»

Als einziger Dissident unter Lutheranern und Katholiken bekam ich sofort den Spitznamen «Heidin». Das machte mir nichts aus. Ich dachte, meine Klassenkameraden seien vielleicht ein wenig neidisch, weil ich früher nach Hause gehen durfte, wenn Religion auf die letzte Stunde fiel. Ich fragte mich, ob das der Grund dafür war, daß mich meine Deutschlehrerin, Frau Katscher, nicht mochte, denn sie unterrichtete auch in Religion. Aber Frau Katscher mochte ohnehin nur reiche Mädchen. Die Schule machte mir Spaß.

Sonntags gingen wir manchmal zum Tegeler See, wo wir die Freunde meiner Eltern in einem Gartencafé trafen. Willy Schmidt, der frühere Gewerkschaftsfunktionär, und seine Frau Frieda waren immer da und die Journalisten Hans und Lotti Koller. Auch die Gerstens waren dort mit ihren Kindern Alla und Rolf. «Die Hähne», Axel und Vera Hahn, kamen auch und die Schauspieler Else und Hans Wagner. Wenn sie da waren, schien mehr gelacht zu werden, und es wurden weniger ernste Gespräche geführt. Bei Kaffee und Kuchen wurde viel geredet, während wir Kinder schwammen oder uns auf der Schaukel und den Wippen vergnügten.

Auf dem Heimweg trug mich Vati immer auf den Schultern, und wir drei sangen leise.

An einem dieser Sonntagabende flog der Luftballon, den er mir gekauft hatte, gegen seine Zigarette und platzte. Als ich weinte,

rief er ärgerlich: «Hör auf! Das Leben besteht nicht nur aus Ballons!»
«Sie ist doch noch ein Kind», sagte Mutti.
«Wir müssen sie zum Leben erziehen, das wirkliche Leben zu sehen, wie es ist, und nicht so, wie wir es gern hätten. Es ist nie zu früh, das zu lernen!»
Vati hatte noch nie so streng geklungen. Ich hatte Angst. Ich fühlte, daß es nicht mein Weinen gewesen war, sondern etwas anderes – «das wirkliche Leben?» –, das ihn so ärgerlich gemacht hatte.
Im Jahre 1935 war ich sechs, ich war glücklich und wußte nichts davon, was in Deutschland los war. Ich hatte keine Ahnung, daß unsere Sonntagsausflüge für die früheren Sozialdemokraten eine der Möglichkeiten waren, sich zu treffen, ohne Verdacht zu erwekken. Meine Eltern sagten mir nicht, daß die Nazis in Nürnberg einen Parteitag abhielten. Auf diesem Parteitag, am Sonntag, dem 15. September 1935, verkündete der Führer drei neue Gesetze. Diese Gesetze, zusammen mit dreizehn Zusatzverordnungen (von denen die letzte am 1. Juli 1943 erlassen wurde) waren die sogenannten «Nürnberger Gesetze». Im ersten wurde das Hakenkreuz zum offiziellen Emblem des deutschen Reichs erklärt. Im zweiten wurden spezielle Bedingungen hinsichtlich der vollen deutschen Staatsangehörigkeit festgelegt, die alle Juden ausschlossen. Im dritten, dem Gesetz zum Schutze des deutschen Blutes und der deutschen Ehre, wurden Eheschließungen zwischen deutschen Bürgern und Juden untersagt. Ehen, die im Widerspruch zu diesem Gesetz geschlossen wurden, erklärte man für ungültig; selbst außereheliche Beziehungen zwischen deutschen Bürgern und Juden wurden untersagt. Das Gesetz verbot den Juden auch, weibliche deutsche Staatsangehörige unter 45 Jahren als Hausangestellte einzustellen, und die Juden durften die Reichsfarben nicht zeigen. Jeder Verstoß gegen diese Gesetze konnte mit Gefängnis bestraft werden.
Diese Gesetze betrafen Millionen von Deutschen. Die grundlegende Definition, die festlegte, wer als Jude galt, wurde am 14. November 1935 veröffentlicht. In den späteren Verordnungen wurden die verschiedenen Kategorien der *Mischlinge* definiert, der Nachkom-

men von Deutschen und Juden. Die drei grundlegenden Bezeichnungen waren: (1) Jude, (2) Mischling ersten Grades, (3) Mischling zweiten Grades.
Ein Jude war jeder mit drei reinrassigen jüdischen Großelternteilen oder eine Person, die der jüdischen Religionsgemeinschaft angehörte oder nach dem 15. September 1935, dem Tag, an dem das Gesetz in Kraft trat, dort eintrat.
Ebenfalls als Jude klassifiziert wurden alle, die mit einem Juden verheiratet waren oder einen Juden nach dem 15. September 1935 heirateten. Nachkommen aus solchen Ehen, einschließlich der unehelichen Nachkommen beider Personen, fielen ebenfalls in die Kategorie Jude.
Ein Mischling ersten Grades war jeder, der zwei jüdische Großelternteile hatte, unter der Voraussetzung, daß diese Person nicht dem jüdischen Glauben angehörte oder mit einem Juden verheiratet war.
Ein Mischling zweiten Grades war jeder, der ein jüdisches Großelternteil hatte, unter der Voraussetzung, daß diese Person nicht dem jüdischen Glauben angehörte oder mit einem Juden verheiratet war.
Das Gesetz stellte als unwiderlegbare Tatsache fest, daß ein Großelternteil Jude war, wenn er/sie von der Rasse her jüdisch war, auch wenn dieses Großelternteil nicht jüdischen Glaubens war und der jüdischen Religionsgemeinschaft nicht angehörte.
Erst nach dem Krieg fand ich heraus, daß Omas Eltern Juden gewesen waren. Aber Oma war «Freidenker» geworden und hatte den «Arier» Willem Koehn geheiratet. Dadurch waren ihr Sohn und ihre Tochter «Mischlinge ersten Grades». Vatis Ehe mit Mutti, einer «Arierin», war jetzt eine «Mischehe», und ich, der Nachkomme, war ab 14. November 1935 ein «Mischling zweiten Grades».
Meine kleine Welt veränderte sich nicht an diesem Tag oder am nächsten oder am übernächsten. Ich war vollkommen ahnungslos, was diese Gesetze betraf. Vati brachte Spielzeug und Süßigkeiten mit nach Hause. Niemand schlug Fensterscheiben ein in unserem ruhigen Vorort von Berlin.
Hitler baute die Wehrmacht auf. Sie legten ihm persönlich einen

Treueeid ab, und im März 1936 marschierten sie ins Rheinland. Sie besetzten ein Gebiet, das im Versailler Vertrag zur entmilitarisierten Zone erklärt worden war. Es gab keinen wütenden Aufschrei von anderen Nationen, sondern nur milde diplomatische Proteste.
Ich erinnere mich, daß meine Eltern über Deutschland redeten. Sie sagten, für unser Vaterland seien schlimme Zeiten gekommen; das Wort Jude erwähnten sie nie.
Und dann kam der Frühling 1936. In diesem Jahr kamen Vatis Schwester, Tante Ruth, und mein Cousin Dieter aus Italien, um uns zu besuchen und um die Olympischen Spiele zu sehen. Dieter war zehn Jahre alt, und ich betete ihn an. Wer konnte denn sonst mit einem Cousin angeben, der Italienisch und Englisch genausogut sprach wie Deutsch, der am Konservatorium in Mailand Klavier studierte und der bestimmt einmal Konzertpianist werden würde? Dieter machte mir Tiere aus Ton und brachte mir bei, auf einer hinunterfahrenden Rolltreppe nach oben zu rennen! Tante Ruth und Dieter besichtigten mit mir die Sehenswürdigkeiten von Berlin, und ich hatte so viel Spaß, daß es mir kaum auffiel, daß Großmutter Dereck uns viel öfter besuchte. Tatsächlich kam sie fast jeden Tag, aber sie ging immer weg, kurz bevor Vati nach Hause kam. Sie sagte mir immer, ich solle «spielen gehen», damit ich nicht hörte, was sie zu Mutti sagte. Aber was immer sie sagte – es brachte Mutti zum Weinen.

Kapitel 2

1937

Zusammenbruch

Was war passiert? Ich verstand es nicht, und ich hatte Angst. Ich saß hinter meinem Vater auf dem Fahrrad und versuchte ungeschickt, mich an ihm festzuhalten. Ungeschickt deshalb, weil er einen Rucksack auf dem Rücken trug. Er enthielt einige meiner Sachen – ein Kleid, etwas Unterwäsche, eine Zahnbürste und Peter, den großen Teddybären, dessen Kopf herausschaute. Wir hatten die Sachen auf gut Glück zusammengesucht, und sie waren nicht sehr gut zusammengefaltet und gepackt. Mutti hätte das gekonnt. Aber Mutti war im Sanatorium, weil sie einen Nervenzusammenbruch gehabt hatte. «Bald geht es ihr wieder gut», sagte Vati. Es klang nicht überzeugend. Und jetzt waren wir auf dem Weg nach Tegel, wo ich «ein paar Tage» bei Leuten namens Ertel bleiben sollte. Alles, was ich über sie wußte, war, daß Vati mit Herrn Ertel zusammen arbeitete. Die Erinnerung an meinen Aufenthalt bei ihnen ist durch Tränen getrübt. Es waren liebe Leute, und sie taten ihr Bestes, um mir das Gefühl zu geben, ich sei willkommen. Das machte es nur noch schlimmer. Wie konnte ich fragen: «Warum hat Vati mich bei Fremden gelassen? Wann kommt er und holt mich nach Hause?», ohne undankbar und unhöflich zu klingen?

Nach zwei Tagen, die mir wie eine Ewigkeit erscheinen, kommt Vati. Sein normalerweise offenes und freundliches Gesicht ist wie eine steinerne Maske. Er sieht überhaupt nicht aus wie mein Vati.

«Mutti ist immer noch im Sanatorium», sagt er. «Wir besuchen sie bald.»

Mein Magen schmerzt, als sei er ganz zusammengeschrumpft, und als Vati hinzufügt: «Wir gehen nicht nach Hause», habe ich plötzlich das Gefühl, ich müsse zu Frau Ertel hinrennen und mich an ihr festhalten. Dann habe ich so ein schlechtes Gewissen, daß ich nicht einmal zuhöre, was Vati sonst noch zu sagen hat. Still nehme ich meinen Platz auf dem Gepäckständer des Fahrrads ein, zu unglücklich, um zu fragen, wohin wir fahren.
Zu Omas Haus. Oma oben auf der Treppe, groß, in ihrem schwarzen Kleid mit Spitzenkragen. Oma, weißhaarig, achtundsiebzig Jahre alt, uralt für mich und furchterregend. Wir werden eine Weile bei Oma leben. Wie lang ist eine Weile?
«Oma, warum ist Mutti krank? Oma, wie lange dauert es noch? Oma, wann ist Mutti wieder gesund? Gehen wir dann wieder in unser eigenes Haus?»
Oma streichelt mir den Kopf. «Kind! Selbst wenn ich die Antworten wüßte, wären sie immer noch zu hoch für dich.»
Zu hoch für mich, das ist einfach. Ich bin klein. Immer wenn Vati und Oma sich ernsthaft unterhalten, dann heißt es entweder: «Sprich nicht vor dem Kind» oder: «Das macht nichts, das ist sowieso zu hoch für sie. Sie versteht es nicht.» Wie soll ich denn verstehen, wenn mir niemand etwas erklärt? Daran bin ich nicht gewöhnt. Vati und Mutti haben meine Fragen immer beantwortet und alles erklärt. Aber jetzt, wenn ich Vati abends sehe – er geht am Morgen weg, bevor ich aufwache – spricht er über alles, nur nicht darüber, wann wir wieder mit Mutti zu Hause sein werden.

«Ilse, steh still! Wie kann ich dein Haar bürsten, wenn du wie ein Apache herumtanzt?»
«Was ist ein Apache, Oma?»
«Ein Apache . . . Ach was, ich sag's dir, wenn du wiederkommst. Wenn wir uns nicht beeilen, dann kommst du zu spät zur Schule – und du mußt noch ein anderes Kleid anziehen.»
«Warum kann ich das nicht anbehalten?»
«Weil ich es noch nicht gewaschen und gebügelt habe.»
«Ich habe es erst einmal angehabt!»

«Keine Widerrede! Ich will nicht, daß irgend jemand sagt, ich könne nicht für dich sorgen, nur weil ich zu alt bin.»
Ich glaube, Oma übertreibt es. Ein frisches Kleid, *jeden Tag!*
Ich ging immer noch in die gleiche Schule. Von Oma aus war es nicht weiter als von zu Hause, aber auf dem Schulweg gab es jetzt interessantere Dinge zu sehen. Villen und schöne Gärten.
Einen Garten gab es, der war verwahrlost und verlassen, und dort konnte ich mich ganz leicht durch den Zaun zwängen. Manchmal nach der Schule saß ich dort zwischen dem hohen Gras und den wilden Blumen und dachte an Mutti und an unseren Garten. Ich konnte nicht allzulange bleiben, denn Oma und unser Kaffeeritual warteten auf mich.
Wenn ich nach Hause kam, lag auf Omas Nähtisch am Fenster schon eine handbestickte Tischdecke. Ich deckte den Tisch mit dem lustigen Butzen-Geschirr. Ich war vorsichtig, sehr vorsichtig, vor allem mit meinem Lieblingsstück, dem niedrigen, kleinen Marmeladentopf. Schon am zweiten oder dritten Tag bei Oma hatte ich eins der Teegläser kaputtgemacht, eins von dem Service auf dem Silbertablett. Oma war vor Zorn knallrot angelaufen und jagte mich um den Tisch herum – und das ausgerechnet mit einem Kissen! Atemlos blieben wir schließlich stehen und starrten uns an. Oma stand da, als wäre sie mitten in der Bewegung erstarrt, kurz davor, den tödlichen Schlag auszuteilen. Es sah so komisch aus, daß ich anfing zu lachen. Und Oma? Sie begann auch zu lachen, dann fiel sie seufzend in ihren Sessel, und ich sprang auf ihren Schoß. Das Eis war gebrochen, wir waren Freunde.
Oma hat Kaffee gemacht, Ersatzkaffee, und hat Butter auf meine Brötchen geschmiert.
«Kann ich nicht auch Margarine essen?»
«Du wächst noch. Du brauchst Butter. Margarine ist besser für alte Leute.»
Oma stellt frische Blumen auf den Tisch, dann legt sie die Zeitung hin. Alles muß an seinem richtigen Platz sein, bevor wir uns hinsetzen. Wir sprechen über die Schule und über Apachen. Sie läßt mich das Wörterbuch holen und Bücher mit Bildern von Indianern.

Dann kommt die Zeitung dran. Ich weiß, was ein Impressum ist, eine Verfasserzeile, ein Essay, ein Leitartikel. Oma hat mir das alles erklärt. Jeden Tag überschlägt sie die ersten paar Seiten. Das sind die mit den Bildern vom Führer von der SA und den Nazis, Wörter, die ich immer öfter höre.

«Nichts für Kinder», sagt sie kategorisch. «Mach weiter – wir wollen hören, was die Gräfin vorhat.»

Ich lese die tägliche Folge des Fortsetzungsromans laut vor.

Oma verläßt das Haus kaum. Das Einkaufen besorge hauptsächlich ich. Aber sie geht mit mir ins Kino, und manchmal geht sie mit zum Metzger Mellmer. Das, was Herr Mellmer sagt, ist so vorausberechenbar, daß wir ein Spiel daraus machen, genau zu erraten, was er sagen wird.

«Mei, mei, Frau Koehn, die Kleine wird jeden Tag dünner. Ich glaube, dagegen müssen wir etwas tun!» ahmt Oma ihn nach.

«Nein!» sage ich.

«Was glaubst *du*, was er sagen wird?»

«Nichts, weil er nicht da sein wird.»

«Er wird da sein, und außerdem wird er dir eine Scheibe Leberwurst geben.»

«Wenn er da ist, dann ist bestimmt die Leberwurst alle», sage ich, nur um zu widersprechen.

Aber er ist da und er sagt: «Mei, mei, Frau Koehn, die Kleine wird jeden Tag dünner. Ich glaube, dagegen müssen wir etwas tun», und reicht mir eine Scheibe Leberwurst. Oma wirft mir den «Was hab ich dir gesagt?»-Blick zu, und wir grinsen beide. Und dann sagt Mellmer plötzlich etwas Unerwartetes: «Wie kommt es, daß ihr zwei immer so fröhlich seid?»

Als Vati und ich Mutti im Sanatorium besuchten, unternahmen wir die längste Zugfahrt, die ich je gemacht hatte. Es war einer dieser Sommersonntage, wo alle helle Kleider anhaben und wo die ganze Welt glücklich zu sein scheint. Aber wir nicht. Mein Herz fühlte sich an wie ein Stein, Vati sah aus wie ein Stein, und das riesige Gebäude war abschreckend. Sogar die Bäume im umliegenden Park waren so hoch und dunkel, daß sie drohend erschienen. Wir gingen an weißgekleideten Frauen vorbei. Eine schrie hysterisch, eine andere brabbelte unzusammenhängend. Ich hielt mich an Vatis Hand fest. Ich weiß nicht, was ich erwartete, aber Mutti sah so aus, wie sie immer ausgesehen hatte – sehr schön und liebevoll. Wir drei spazierten im Park herum, fast so wie früher, wenn wir Spaziergänge im Wald gemacht hatten. Aber dann verkündete ein Lautsprecher, daß es Zeit war zum Gehen. Während wir zum Tor hinausgingen, hielt Vati den Kopf abgewandt.

«Ich habe dir gesagt, du sollst das Kind nicht mitnehmen, Ernst! Das ist zuviel für sie», sagt Oma. «Nächstes Mal gehst du allein!»

Nächstes Mal? Es gab kein nächstes Mal. Mutti kam nach Hause. Nach Hause zu ihren Eltern, den Derecks, nach Lübars.

«Du mußt verstehen», sagt Vati, «da wir uns sehr lieben. Und daß wir dich beide lieben. Großvater und Großmutter Dereck haben es geschafft, daß sich deine Mutter von mir scheiden läßt. Und vielleicht ist es besser so.»

Ich spüre, wie meine Augen größer werden. Die Tränen kommen. «Aber Vati!» Der Schrei in meinem Innern wird zu einem schwachen Schluchzer. «Vati! Wenn du Mutti liebst, und sie dich liebt . . .»

«Du wirst sie immer am Wochenende sehen. Ich weiß, daß es für dich verwirrend sein muß. Das ist es auch. Es ist ganz und gar unverständlich – und trotzdem ist es besser.» Sein Körper bebt plötzlich. Vati weint. «Eines Tages wirst du verstehen.» Das sagt er unterdrückt beim Hinausgehen. Ich stehe allein da, und die Tränen laufen mir übers Gesicht. Ich verstehe nicht. Ich verstehe nicht.

Die beste Zeit des Tages ist nach dem Abendessen. Vati spricht über seine Arbeit und seine Kollegen auf eine Art, daß Oma und ich meinen, wir wären selbst dabei. Er macht vor, wie er und all die anderen Männer in ihrer Montur fassungslos dastanden, als ihr Chef, der als «Der Kleine» bekannt ist, seinen Ärmel hochkrempelte und eine winzige Schraube aus einem riesigen Faß mit schmutzigem Öl herausfischte. Wir lachen, wenn er uns vormacht, wie sich jemand ungeschickt und mühsam über eine Kiste lehnte, um etwas zu reparieren, wo es doch viel einfacher gewesen wäre, um die Kiste herum auf die andere Seite zu gehen. Wenn nur die Abende länger wären. Aber er hat schon die Gitarre in der Hand – Zeit, ins Bett zu gehen. Er singt mir vor: «Die Blümelein, sie schlafen schon längst im Mondenschein . . .» Mit dem Haselnußbaum von zu Hause vor den Augen schlafe ich ein, und ich träume, wir wären alle wieder dort.

Samstags kommt Vati früher nach Hause. Ich renne immer hinunter, um ihn zu begrüßen, aber nie so schnell wie am Zahltag. Dann geht er auf Schatzsuche in Antiquariate. Sogar Oma kommt halb die Treppe herunter und blickt erwartungsvoll auf seine ausgebeulte Aktentasche.

«Na», sagt er, zieht seinen Mantel aus und tut so, als sähe er nicht, daß wir wie auf glühenden Kohlen sitzen. «Was gibt es zum Mittagessen? Wann ist es soweit?»

«Hast du etwas gefunden? Hast du für uns auch etwas gefunden?» sagen wir gleichzeitig.

Liebevoll klopft er auf seine Aktentasche und lächelt. «Was glaubt ihr wohl, was ich da drin habe? Alles *Juwelen* – wartet nur, bis ihr sie seht.»

Oma macht eine ungeduldige Handbewegung. «Spann uns nicht auf die Folter, Ernst! Zeig her!»

Aber Vati macht keinerlei Anstalten, seine Schatzkiste zu öffnen. Statt dessen gibt er uns einen genauen Bericht über die Läden, in denen er war. Er beschreibt eine spezielle Ausgabe des *Faust*, die der alte Gerlach für ihn aufgehoben hat. «Pergament, Ledereinband, wunderschön.» Und er sieht so aus, als hätte er es noch vor Augen. «Sammlerstück. Aber zwanzig Mäuse?» Wenn ein Preis ihn erschreckt, dann benutzt er einen der vielen Berliner Ausdrücke für Geld. «Ich war in Versuchung, aber . . .»

Schließlich nimmt er die Bücher heraus, eins nach dem anderen. Wie bei einer Auktion verkündet er Titel, Autor, Verlag und lobt jeden besonderen Punkt wie Lederrücken oder Illustrationen. Endlich im Besitz unserer Schätze, essen wir, doch anschließend verschwindet jeder in seiner Lieblingsecke, um ein paar Stunden ungestört zu lesen.

«Einen Groschen fürs Winterhilfswerk! Einen Groschen! Einen Groschen!» Die Mitglieder der Hitlerjugend unterstreichen ihre Rufe mit einem heftigen Schütteln der kleinen Münzen in den Blechdosen.

«Ilse, mach das Fenster zu! Da gehen sie wieder und sammeln – damit Hitler Waffen kaufen kann und Krieg machen.» Vati klingt böse.

Ich verstehe nicht. «Aber», sage ich, «sie sammeln für die Winterhilfe. Damit man Essen und Kleidung für arme Deutsche kaufen kann.»

Oma und Vati tauschen einen dieser «Das glaubt nur ein Tauber und ein Blinder»-Blicke.

«Essen und Kleidung! *Ja!*» Vati ist sarkastisch. «Die Leute glauben alles. Sie fallen immer wieder auf den gleichen Schwindel und die gleichen Lügen herein. Jeder Idiot kann kommen und ihnen das Blaue vom Himmel versprechen, und sie machen sich auf und marschieren glücklich zu ihrer eigenen Hinrichtung.»

Oma seufzt. «Ja, das haben wir alles schon einmal erlebt. Wir haben dem Kaiser unser Gold gegeben und bekamen dafür Blechmedaillen, auf denen stand ‹Ich gab Gold für Eisen›.»

«Kanonen statt Butter», sagt Vati. «Wenn man sich überlegt, daß ich bei Beginn des Weltkrieges erst siebzehn war! Noch ein richtiges Kind, scheint mir jetzt. Aber die Jugend fällt schnell auf Schlagworte herein. Ich habe mich sogar freiwillig gemeldet, um für den Ruhm des Vaterlands zu kämpfen. Ruhm? Mist! Ich hatte Glück und habe überlebt, ohne schlimmere Folgen als erfrorene Zehen und Ohren. Aber schon wieder brennt eine Generation darauf, Kanonenfutter abzugeben.»

«Einen Groschen! Einen Groschen für die Winterhilfe.» Wir können sie sogar bei geschlossenen Fenstern hören.

Die Abende am Wochenende sind schrecklich. Wenn Vati ausgeht, um Freunde zu besuchen, geht Oma früh schlafen, und dann kommt mir meine Welt vor wie ein dunkles, leeres Loch. Ich bitte

Vati immer, mich mitzunehmen, und manchmal tut er es. Wir gehen dann Hand in Hand, und die Einsamkeit ist nicht so schlimm, denn wir sind zumindest teilweise eine Familie.
Ich gehe gern zu den Gerstens, wegen Rolf und Alla. Alla ist neunzehn, sie ist schön und so nett, daß ich mir nicht vorstellen kann, daß irgend jemand sie nicht mag. Rolf ist zwölf. Er häuft für uns einen Berg aus Kissen zum Hineinkuscheln auf den Kohlenkasten. Die Gaslampe wirft ein sanftes, unwirkliches Licht auf Allas blondes Haar und auf das Manuskript eines Theaterstücks, das sie uns vorliest. Der Teekessel zischt auf den rotglühenden Kohlen. Alla benutzt für jede Person in dem Stück eine andere Stimme, und die Küche wird zum Märchenland. Vati und Herr Gersten unterhalten sich und spielen dann Schach. Vati und ich kommen erst sehr spät nach Hause, und Oma steht dann oben an der Treppe und sagt: «Unverantwortlich, Ernst! Es ist absolut unverantwortlich von dir, so lange mit dem Kind wegzubleiben und es so lange wachzuhalten!» Ich schlüpfe an ihr vorbei und überlasse es Vati, sich mit ihrem Ärger auseinanderzusetzen. Ich weiß, daß er wie immer sagen wird: «Du hast vollkommen recht!»
Es war bei den Gerstens, wo ich das Wort Börgermoor das erste Mal hörte. Herr Gersten sagte es, und es hatte etwas mit ihrem ältesten Sohn, mit Erwin, zu tun. Es klang, als sei etwas Fürchterliches passiert. Ein Gefühl von schrecklicher Niedergeschlagenheit und drohendem Verhängnis lag in der Luft. Ich wollte mehr darüber herausfinden. Aber Alla führte mich mit festem Griff weg, als hätte sie meine Gedanken erraten. «Komm. Die Erwachsenen sprechen immer über so deprimierende Sachen.» Wieder zu hoch für mich, dachte ich bitter, nichts für Kinder. Ich wußte nicht, wie recht ich hatte. Nach dem Krieg fand ich heraus, daß man Erwin in das Konzentrationslager Börgermoor gebracht hatte, weil jemand gehört hatte, wie er Hitler einen Idioten nannte.

Vati hat mich ein Stück begleitet. Jetzt, für die letzten paar hundert Meter, bin ich allein auf meinem Fahrrad. Ich fühle mich seltsam und unruhig, und ich ertappe mich dabei, wie ich immer langsamer

radele und zurück zu der Ecke gucke, wo Vati mich verlassen hat.
Plötzlich bin ich vor dem Haus meiner Großeltern. Da ist Mutti, und wir fallen uns in die Arme. Großmutter ist auch da. Als ich mich umdrehe, um guten Tag zu sagen, packt sie mich an den Schultern, inspiziert meinen Kragen, kontrolliert die Knöpfe an meinem Kleid, fast so, als versuche sie etwas zu finden, was nicht in Ordnung ist. Nach der Inspektion brummt sie: «Ich glaube, es ist alles in Ordnung. Offensichtlich kümmert *sie* sich um die Kleine.» Ich weiß, sie meint Oma. «Aber ich verstehe nicht, *wie* sie das macht, in *ihrem* Alter.»
«Jetzt hör aber auf, Mutter!» protestiert Mutti. «Ilse sieht gut aus – gesund und *sauber*!» Mutti umarmt mich. «Ich habe dich so vermißt!»
«Ich dich auch!»
«Großmutter hat extra für dich einen Kuchen gebacken. Wir trinken Kaffee und essen Kuchen, und dann machen wir beide einen Spaziergang im Wald.»
«Grete! Ich habe Frau Lampert versprochen, du hättest morgen ihr Kleid fertig zur Anprobe!» sagt Großmutter mit gekränkter Stimme.
Mutti sieht überrascht aus. «Aber Mutter! Wie konntest du nur? Du wußtest doch, daß Ilse kommt! Warum hast du nicht Dienstag gesagt?»
«Sie braucht es für die Hochzeit, und du hast noch nicht einmal angefangen!»
«Wie hätte ich das denn machen sollen? Du weißt, daß ich keine Zeit gehabt habe!»
«Du mußt auch noch Lenis Kleid machen, und wenn du heute nicht anfängst, bekommst du es nicht mehr fertig . . . Also? Wollt ihr hier Wurzeln schlagen? Kommt herein und laßt uns Kaffee trinken.»
«Es ist nicht so viel Arbeit», flüstert mir Mutti ins Ohr. «Vielleicht haben wir noch Zeit zu einem Spaziergang.»
Großvater sitzt schon am Tisch. Er sieht mich kaum an. Ich sage: «Hallo, Großvater, wie geht es dir?»

«Du bist blaß und dünn wie immer», ist seine Antwort. «Du müßtest mehr essen.» Dann widmet er sich dem Kuchen.

Mutti hat oben ein großes Zimmer. Ich sehe, daß es mit den Schlafzimmermöbeln aus unserem Haus eingerichtet ist. Ich frage mich, wo all die anderen Sachen sind, die Möbel, die Vati gemacht hat und . . . Aber ich wage nicht zu fragen. Statt dessen sitze ich Mutti gegenüber, fädele Nadeln für sie ein und ziehe Heftfäden heraus, in der Hoffnung, daß sie bald fertig sein wird.

«Ich gehe wieder zur Schule», sagt sie mir stolz. «Ich war Lehrling in einem der vornehmsten Modesalons, bevor ich deinen Vater geheiratet habe. Jetzt bereite ich mich darauf vor, Schneidermeisterin zu werden. Aber Großmutter –» ihre Stimme wird ganz leise – «wegen ihr muß ich für die ganze Nachbarschaft nähen. Wenn sie nur den Leuten keine Versprechungen machen würde, ohne daß ich davon weiß. Ich habe kaum Zeit, die Arbeiten für die Schule zu erledigen. Und die Leute aus der Nachbarschaft bezahlen auch nicht sehr viel. Ich glaube, weil sie mich kennen, meinen sie . . .» Sie beendet den Satz nicht, sondern fragt statt dessen nach den Gerstens.

Soll ich ihr sagen, was ich über Erwin gehört habe? Aber was habe ich gehört? Börgermoor? Ich entschließe mich, ihr nur Grüße von den Gerstens auszurichten.

«Bist du bald fertig?» frage ich so bescheiden wie möglich, aber ich kenne die Antwort schon.

«Ich fürchte nein.» Das erste Mal, seit sie angefangen hat, blickt Mutti von ihrer Näharbeit auf. Ich kann nicht übersehen, wie müde und unglücklich sie aussieht. Ich habe das Gefühl, ich müsse sie ermutigen.

«Es macht nichts, Mutti! Ich wollte nur bei dir sein.» Das stimmt nicht ganz, aber sie bemerkt den falschen Unterton in meiner Stimme nicht. Ihr Gesicht hellt sich auf, und sie sagt lebhaft: «Nächstes Mal tun wir irgend etwas, was uns Spaß macht. Wir müssen nicht spazierengehen. Vielleicht können wir zusammen schwimmen gehen – was immer du gerne tun möchtest.»

«Ja.» Es wird spät, und ich werfe einen verstohlenen Blick auf die

Uhr. «Mutti, ich muß bald gehen. Vati wartet an der Ecke auf mich.»
«Oh, gut», sagt sie, und es klingt, als ob ihr eine große Last von der Seele genommen sei. «Dann muß ich mir keine Sorgen machen, daß du alleine nach Hause fährst. Bestellst du Vati etwas von mir?» Ich nicke. Ihr Gesicht ist auf die Näharbeit gesenkt. «Sag ihm, daß ich ihn liebe.»
«Er sagt auch, daß er dich liebt.»
«Eines Tages sind wir wieder alle zusammen.»
Ich will lieber nicht fragen, wann. Offensichtlich gibt es keine Antwort, und es würde sie nur zum Weinen bringen. Ich gehe gern wieder zu Vati und Oma zurück.

«Ilse, Bilse, keiner will se . . .» Willy Schmidt bringt mich immer zum Lachen, und wenn *er* lacht, dann spreizen sich seine weißen Schnurrbarthaare und verdecken sein Gesicht von der einen Seite bis zur anderen. Vati hat mich mitgenommen. Ich darf am Tisch sitzen. Willy legt eine Münze auf den Tisch. «Paß auf!» befiehlt er und bewegt schnell seine Hände darüber hinweg. Er meint, er hätte mich abgelenkt, und sagt in einem ganz anderen Tonfall zu Vati: «Wir haben von Erwin gehört», und dann schnell zu mir: «Was hast du gesagt, wo sie ist?» Ich deute. «Nein. Falsch! Paß noch einmal auf!» Seine Hände bewegen sich wieder über die Münze, aber er spricht weiterhin mit Vati über die Nazis. Diesmal deute ich auf seine rechte Hand, aber statt seinen Trick zu wiederholen, reicht er mir geistesabwesend die Münze und redet ohne Pause weiter. «Wir Sozialdemokraten . . . Weimarer Republik . . . Stresemann . . . Gewerkschaften . . . Parteien . . . Mitbestimmungsrecht . . . Demokratie . . . Nazis . . . Nazis . . . Nazis . . .» In meinem Kopf beginnt sich alles zu drehen, seine Stimme wird lauter.
Frieda bleibt mit der Kaffeekanne in der Hand stehen. «Willy! Willy, nicht so laut!»
«In meinem eigenen Haus rede ich so laut, wie ich will!» schreit Willy. «Ich bin immer noch der Herr hier!»
Frieda stürzt zum Fenster, sieht hinaus, geht von da verstohlen

zur Tür. Sie macht sie auf und dann schnell wieder zu. Aber das regt ihn so auf, daß er aufsteht und im Zimmer auf- und abmarschiert.
«In meinem eigenen Haus, auf meinem eigenen Grund und Boden kann ich nicht einmal sagen, was ich will, ohne nachsehen zu müssen, ob jemand herumschnüffelt, lauscht und auf eine Gelegenheit wartet, mich zu denunzieren!» Er schüttelt ärgerlich die Faust. «Diese verdammten, erbärmlichen Hunde! Feige, erbärmliche Hunde! Abschaum, der jedes Recht hat, das Tageslicht zu scheuen! Und *die* denken, sie könnten Deutschland übernehmen und regieren? Nicht, wenn ich es verhindern kann!»
Er blickt sich mit einem wilden Ausdruck auf dem Gesicht um, wird sich meiner Gegenwart bewußt, lächelt. «Ilse, hast du von dem Kerl gehört, der in der Wüste auf die Jagd ging?» Eine lustige Geschichte folgt. Ich lache, aber ich frage mich auch, wer die «erbärmlichen Hunde» sind.

Axel und Vera Hahn mag ich am liebsten. Sie kommen immer unerwartet, und wenn sie durch die Tür gehen, vibrieren plötzlich die Zimmer und hallen wider von Gelächter. Axel, groß und blond, hat die Figur eines Wikingers. Vera, genauso groß, hat kurzes, schwarzes Haar und eine Figur, um die sie eine griechische Göttin beneidet hätte.
Vera macht einen Satz und stößt einen Schrei aus – so als hätte sie sich zu Tode erschrocken. Am Rande des Teppichs steht eine schwankende Maus. Während ich mich hinunterbeuge, erscheint noch eine, dann noch eine und noch eine. Und jede ist kleiner als die zuvor. Eine ganze Familie von aufziehbaren Mäusen.
«Für dich, Ilse! Wir haben sie den ganzen weiten Weg aus Rußland mitgebracht.»
Welche Freude! Selbst die winzigste hat Schnurrbarthaare und ist perfekt geformt. Sollen die Erwachsenen sich doch unterhalten. Ich kann mich mit den Mäusen beschäftigen. Aber da ist es wieder. Obwohl sie leise sprechen, höre ich «Erwin» und «Börgermoor». Sie erwähnen noch andere Namen. Ich will nicht, daß sie über

Politik reden. Ich will, daß sie lachen, Geschichten erzählen und singen.
Sie bemerken es nicht einmal, als ich die Gitarre herunternehme, mich neben Vera stelle und sie ihr hinhalte.
«Vielleicht ist es noch nicht zu spät, Ernst!» sagt sie gerade. «Es ist nie zu spät, daran glaube ich, und wir müssen irgend etwas tun, stimmt's? Wir müssen uns *organisieren*! Wir können nicht einfach untätig dasitzen und den Nazis freie Hand lassen!» Ich möchte unbedingt, daß sie die Gitarre nimmt, aber sie lehnt sich über den Tisch, redet mit großer Eindringlichkeit und bemerkt mich nicht. «Es sind immer noch genug von uns da, Ernst, und wir sollten kämpfen!»
Ich merke, daß alles zwecklos ist. Keiner lächelt, ihre Gesichter sind grimmig und besorgt. Ich werfe meine guten Manieren über Bord und schiebe Vera die Gitarre unter dem Arm durch auf den Schoß. Endlich sieht sie mich an. Und dann die Gitarre, als hätte sie noch nie eine gesehen. Wird sie mit mir schimpfen? Sie runzelt die Stirn, ihre Finger trommeln auf das Holz, und dann endlich lächelt sie, schiebt ihren Stuhl zurück und nimmt das Instrument richtig in die Hand. Versuchsweise zupft sie an den Saiten, stimmt sie und singt mit ihrer tiefen, vollen Stimme: «Wenn uns auch Speier und Spötter verlacht, uns geht die Sonne nicht unter!» Den Refrain singen wir alle mit. Es ist ein Lied der Sozialdemokraten. Ich kenne es gut. Oma schließt das Fenster.
Nach ein paar Liedern reicht Vera Vati die Gitarre und bittet ihn, gewisse Lieder zu singen. Wie gut sie spielen und singen! Aber trotzdem – irgend etwas scheint zu fehlen. Mir wird schmerzhaft klar, daß es Mutti ist.
Oma, die einzige, die nicht mitsingt, lächelt. «Singt ein paar von den schönen russischen Liedern», bittet sie, und Vati übergibt Axel die Gitarre. Sein Lied, sanft zuerst, fast klagend, wird lauter, schneller, wilder, und der Klang reißt mich mit. Sie wechseln über zu spanischen, irischen, italienischen Liedern. Sie sind ausgelassen, dann ruft Axel: «Eins für Ilse!» Die Gitarre ist wieder bei Vera. Sie singt allein, und ich glaube, daß niemand auf der ganzen Welt, nicht

einmal Vati, *so* Kinderlieder singen kann wie sie. Sie kennt meine Lieblingslieder und bittet mich, bei den Refrains mitzusingen. Ich bin außer Atem, aber sie nicht. Sie wechselt über zu einem politischen Lied, dann zu der «Internationalen». Ich kenne den Text, aber ich singe nicht und sehe ängstlich von einem zum anderen. Tatsächlich – die Wolken ziehen wieder auf. Die unheilvolle, drohende, unsichtbare Sache liegt wieder in der Luft, und bevor ich Zeit habe, darüber nachzudenken, hören sie auf zu singen. Sie lehnen sich über den Tisch. Die Gitarre wird achtlos beiseite gelegt. Vati sagt: «Axel, was du vorschlägst, ist Selbstmord.»

«Also – jeder kümmert sich um seinen eigenen Kram», gibt Axel bitter zurück. «Wir wollen nicht unseren Hals riskieren. Ist es das, was du sagen willst? Ausgerechnet du?»

«Ich habe nicht gesagt, wir dürften nichts riskieren.» Vati ist ärgerlich. «Aber es gibt einen Unterschied zwischen Risiko und Selbstmord. Ja, wir müssen und wir werden etwas unternehmen, aber es muß durchdacht sein und sorgfältig geplant. In dieser Sache dürfen wir uns nicht wie enthusiastische Kinder benehmen. Axel, das ist eine ernste Sache – und ist dir klar, mit wieviel Menschenleben du da spielst?»

Axel senkt den Kopf. Seine Stimme ist immer noch bitter. «Jetzt sind wir wieder im alten Debattierverein, hm? Wir wissen, wohin uns *das* gebracht hat. Reden, reden, reden!» ruft er. «Gerede und Vorsätze und noch mehr Gerede! Das ist es, was uns in die Lage gebracht hat, in der wir uns jetzt befinden. Reden, statt zu handeln! Überlaßt das Handeln den Nazis, das können die gut. Ihre Taten sind eindrucksvoller als unser Gerede!»

Ich ziehe mich mit meinen Mäusen in eine Ecke zurück.

Es ist ein schöner Nachmittag. Oma und ich lesen, als ein scharfes Klopfen an der Tür ertönt, unmittelbar gefolgt von einer Serie von noch lauterem und autoritärem Hämmern. Als ich die Tür öffne, stehe ich einem Etwas gegenüber, das wie eine graue Mauer aussieht, die auf mich zukommt. Ich habe das entsetzliche Gefühl, daß sie näher und näher kommen und mich erdrücken wird.

In Wirklichkeit sind es zwei riesige Frauen in langen, gleichaussehenden grauen Mänteln, mit großen, schwarzen Handtaschen und geschnürten Stiefeln. Häßliche, flache, schwarze Stiefel. Die Frauen haben farblose Gesichter, und ihr Haar ist so fest zurückgebunden, daß sie aussehen, als hätten sie eine Glatze.
«Das muß sie sein!» sagt eine und zieht mich an einem meiner Zöpfe auf ihren riesigen Körper zu. Sie hält den Zopf so fest, daß es weh tut, und mit der anderen Hand teilt sie an mehreren Stellen das Haar auf meinem Kopf. Dann läßt sie mich mit einem Stoß los, der mich rückwärts gegen Oma stolpern läßt.
«Wenigstens hat sie keine Läuse!» erklärt sie. «Ist dies das Kind?» fragt sie Oma, als hätte sie diese mit gestohlenen Sachen erwischt. Aber sie wartet nicht auf eine Antwort. «Wir sind Sozialfürsorgerinnen», fährt sie im gleichen Tonfall fort. «Wir sind gekommen, um nachzusehen, ob für das Kind ordentlich gesorgt wird. Wo schläft sie?»
Oma deutet hin, und die beiden Frauen gehen zu meinem Bett hinüber, heben die Decke an, sehen unter das Kissen und die Matratze, ziehen die Laken auseinander und lassen alles so liegen.
«Wo sind ihre Sachen?»
Oma deutet wieder nur, und sofort stürzen sie sich auf die Kommode. Sie wühlen zwischen meiner Unterwäsche, meinen Schals und Handschuhen und meinem Krimskrams. Nachdem sie auch hier ein heilloses Durcheinander angerichtet haben, stampfen sie hinüber zum Schrank und stoßen Oma im Vorübergehen mit einer ihrer riesigen Taschen an. Aber sie entschuldigen sich nicht. Sie zerren an den Kleidern – es fehlt nicht viel, und sie hätten sie von den Bügeln gerissen! Und sie zerren nicht nur an meinen, sondern auch an denen von Oma und Vati!
Schulter an Schulter schieben sie sich wie Dampfwalzen in die Küche. «Machen Sie hier die Mahlzeiten für das Kind?»
Oma sagt nichts. Sie sieht nur zu, als sie die Schränke inspizieren und in Schubladen und Töpfe gucken.
Was suchen sie denn? Warum schickt Oma sie nicht weg? Aber jetzt sind sie offensichtlich fertig. Sie gehen hinaus, bellen: «Sie werden

von uns hören!» und marschieren die Treppe hinunter – immer noch Seite an Seite. Ich schließe die Tür und will Oma ansehen, aber sie versteckt ihr Gesicht, während sie aufräumt.

Nicht lange nach diesem Besuch kommt ein Brief von meinen Großeltern. Ohne Kommentar läßt Oma ihn schnell in ihre Schublade fallen. Das macht mich noch neugieriger, denn normalerweise zeigt sie mir das bißchen Post, das sie bekommt. Als sie ein paar Tage später eine Nachbarin besucht, tue ich etwas, von dem ich weiß, daß ich es eigentlich nicht hätte tun dürfen. Ich mache die Schublade auf. In dem Brief informieren meine Großeltern Oma, daß sie das Sorgerecht für mich beantragt hätten. Mein Herz beginnt zu klopfen. Ich weiß, daß dies bedeuten würde, in Lübars zu leben.

Kurz danach sagt mir Vati Bescheid. «Es ist nur vorübergehend», sagt er. «Ich kämpfe immer noch darum, dich zurückzubekommen.» Als sei ich schon weg! Ich werde herumgeschubst wie ein Tischtennisball! Und man kann noch nicht einmal weinen und unglücklich sein, wenn einem gesagt wird, man müsse bei der Mutter leben, die man liebt! «Nur ein paar Tage» – «Ein kleines Weilchen» – «Nur vorübergehend!» Gehöre ich denn nirgendwo mehr hin?

«Bald gehst du hier in Hermsdorf zur Oberschule», sagt Vati, als wäre das eine Lösung.

Kapitel 3

1938

Lübars

Ich trete wütend gegen den rostigen alten Eimer. Aber natürlich erscheint Großmutter aus dem Nichts. «Warum hast du das getan? Weißt du denn nicht, daß ich den Eimer noch brauche, um den Rhabarber zuzudecken?» Sie geht kopfschüttelnd mit dem Eimer in den Garten.

Nein, das weiß ich nicht. Und es interessiert mich auch nicht. Häßlich, häßlich, denke ich bitter, alles hier ist häßlich. Alles ist rostig, zerbrochen, angeschlagen, abgenutzt. Das macht Großmutter nichts aus – sie kann alles noch brauchen. Ich denke an Oma, versuche sie mir hier vorzustellen, aber ich kann es nicht. Oma würde nicht auf einer Wachstuchtischdecke essen oder von nicht zusammenpassenden und angeschlagenen Tellern. Oma wirft jeden Teller gleich weg, wenn sie eine kleine Beschädigung findet. Welcher Unterschied! All die herrlichen Bücher bei Oma; und hier gibt es kein einziges. Hier kann ich nicht einmal lesen. Wenn ich versuche, mich irgendwo mit einem Buch zu verstecken, dann findet mich Großmutter immer.

«Du wirst dir die Augen verderben! All dieser Unsinn, sich den Kopf mit Träumen vollzustopfen! Wozu soll das gut sein? Hilf mir beim Unkrautjäten! Bring den Apfelkorb in den Keller! Geh und hol ein paar Karotten! Sei vorsichtig, daß du nicht auf die Spinatpflanzen trittst! Schularbeiten? Die kannst du später machen. Ich habe in der Schule nie etwas Brauchbares gelernt! Tu dies, tu jenes!»

Ich habe nie einen Augenblick Zeit für mich selbst. Und Freunde habe ich hier auch keine. Ich frage mich, ob Inge und Waltraut mich vermissen. Seltsam, bei Oma hatte ich immer noch Zeit, draußen zu spielen. Waltraut und Inge sind meine besten Freundinnen. Sie sind schon auf der Oberschule. Noch ein Jahr, dann bin ich auch dort. Noch ein ewig langes Jahr.

Mutti sehe ich nicht oft. Sie kommt spät und müde nach Hause, genauso wie Großvater. Beim Abendessen hören wir im Radio die Nachrichten. Hitler ist in Österreich einmarschiert. «Weiß der liebe Himmel, wo das enden wird», sagt Großmutter. «Was passiert wohl als nächstes?»

«Als nächstes gibt es Krieg», sagt Großvater, ohne von seinem Teller aufzusehen. «Am besten lagerst du noch mehr Kartoffeln. Hinter dem Bienenstock ist Platz.» Er häuft Essen auf meinen Teller. «Iß, iß! Wer weiß, wie lange wir noch so viel haben! Du mußt etwas auf die Rippen bekommen für magere Zeiten.»

«Ich will nichts mehr!»

«Du hast noch gar nichts gegessen!»

Das ist jeden Abend dasselbe. Der Nachrichtensprecher rettet mich. Er beginnt, über den großen Führer zu sprechen, über das Großdeutsche Reich, das gerade entsteht. Das ärgert sie noch mehr als die Tatsache, daß ich nichts esse.

«Mach den Mist aus!» befiehlt Großmutter.

«Mutter! Wenn dich jemand hört!» Mutti sieht ängstlich aus.

Gleich nach dem Abendessen geht Großvater hinauf ins Bett. Ich muß noch Schularbeiten machen. «Die Nacht ist zum Schlafen da», sagt er. Mutti muß jeden Abend mit ihm streiten, bevor ich meine Aufgaben machen darf. «Bleib nicht so lange auf! Die Stromrechnung ist so schon hoch genug. Gute Nacht.» Die Tür fliegt zu. So, wie er Gute Nacht sagt, könnte er genausogut sagen: «Spring vom Dach.» Warum konnten sie mich nicht lassen, wo ich war? Warum haben sie mich hierhergebracht? Offensichtlich sind sie darüber, daß ich hier bin, auch nicht glücklicher als ich. Aber das kann ich zu Mutti nicht sagen und auch sonst zu niemand. Ich habe keinen, mit dem ich reden kann.

Ich kann zuhören, aber der einzige Ort, wo ich etwas höre, ist bei

Tante Martha. Sie ist Großvaters Schwester und hat einen Lebensmittelladen. Großmutter ist immer böse, daß ich nicht sofort zurückkomme, wenn sie mich hinschickt. Sie erwartet Vorzugsbehandlung von Tante Martha, aber das ist unmöglich. Der Laden ist immer voll, und es besteht keine Chance, daß mich all die dicken Frauen mit ihren riesigen Einkaufstaschen auch nur durchlassen. Sie stoßen mich herum, und höchstens muß ich länger warten. Kinder können warten, sie haben sowieso nichts zu tun. Eigentlich macht mir das nichts aus; dadurch kann ich zuhören, kann beobachten, wie mißtrauisch sie sich gegenseitig mustern, wie sie streiten, sich beklagen und über die Söhne von irgend jemand tratschen – über diese Nichtstuer, die so von ihrer eigenen Wichtigkeit überzeugt sind, seitdem sie für den Staat arbeiten. «Arbeiten? Die haben ihr Leben lang noch keinen Tag ehrliche Arbeit geleistet!» Es ist immer mindestens eine Person da, die, wie es scheint, riesige Mengen Lebensmittel bekommt. Jede Tüte und jedes Paket, das Tante Martha auf den Ladentisch stellt, wird von allen neidisch betrachtet.
Man spricht über das neueste Ärgernis, die Hauswarte, Blockwarte und so weiter.
«Sie müssen wissen, wo man ist, falls es brennt», sagt eine Frau, die ich «Rote Hand» nenne. Da ich die Namen der Frauen nicht kenne, erfinde ich welche für sie. «Brennt? Daß ich nicht lache», sagt das «Kaninchen». «Sie wollen nur jede Ecke und jeden Winkel kennen. Wenn sie dann alles registriert haben, gibt es keinen Ort mehr, wo man sich verstecken kann. Nicht, daß wir einen Grund hätten, uns zu verstecken», fügt sie schnell hinzu und wirft einen verstohlenen Blick auf ihre Zuhörer. «Dieser Hausmeister bei mir», fährt sie fort. «Also ich sage hier besser nichts. Er war schon immer verrückt darauf, meine Wohnung genau anzuschauen. Ich habe ihn nie hereingelassen, aber jetzt muß ich es. Jetzt ist er der Hauswart. Der kann nicht einmal einen undichten Wasserhahn reparieren. Das einzige, was er kann, ist, wichtig auszusehen. Sie hätten sehen sollen, wie er meinen Schrank beäugt hat! Weiß der Himmel, was er sich vorstellt, was ich da drin habe. Aber ich weiß, daß seine Frau, diese dreckige Schlampe, liebend gerne meine Möbel in ihre

schmutzigen Pfoten kriegen würde. Den beiden würde es sicher gefallen, sich in meiner Wohnung einzunisten. Und das wundert mich auch gar nicht, wenn ich daran denke, ich welchem Loch *die* leben!»

Ich sehe sie an und kann kaum glauben, daß diese Frau irgend etwas Schönes hat, etwas, worum man sie beneiden würde.

Das Kaninchen redet ohne Unterbrechung weiter. «Ich weiß alles über sie, und er weiß, daß ich es weiß. Aber nichts zu machen! Ich gebe ihm keine Gelegenheit, uns bequemerweise ‹verschwinden› zu lassen! Ich komplimentiere ihn mit ‹Heil Hitler!› zur Tür hinaus. Man muß ihn mit seinen eigenen Waffen schlagen. Ja, so ist das! Ich liebe unseren Führer . . . und Heil Hitler, alle miteinander!» Letzteres wird fast triumphierend gesagt.

Verlegenes Gelächter ertönt, und aus den Gesichtern um mich herum zu schließen, ist niemand ganz sicher, ob sie Spaß macht oder ob sie es ernst meint.

Das Kaninchen ist mit ihren Einkäufen gegangen. Jetzt meldet sich eine leise, weinerliche Stimme: «Mein Mann ist gerade zum Hauswart ernannt worden. Es ist ihm gar nicht recht, aber was kann er machen? Er muß Meldung erstatten über die Leute in unserem Haus, über die Quadratmeterzahl, die sie bewohnen, und das alles. Aber er würde keinen denunzieren! Mein Mann nicht, der tut keiner Fliege etwas zuleide!»

«Sei ruhig! So sei doch ruhig!» sagt die Rote Hand. «Keiner hat deinen Mann beschuldigt. Über *den* spricht doch keiner!»

Endlich bin ich an der Reihe. Das Gespräch hat sich Kindern zugewandt und Kochrezepten . . . Zumindest entgeht mir nichts Wichtiges.

Die wichtigen Neuigkeiten kommen im Radio. Der britische Premierminister Chamberlain, der französische Ministerpräsident Daladier und Mussolini sind nach Deutschland gekommen, zum Führer. Am 30. September 1938 unterschreiben sie in München ein Abkommen.

«Seht ihr!» sagt Mutti beim Abendbrot. «Ihr habt immer das Schlimmste prophezeit, aber ihr habt euch geirrt. Es gibt also doch

keinen Krieg.»
«Grete, du bist dumm!» sagt Großvater scharf. «Was weißt *du* denn? Gar nichts! Das Zeug zu glauben, das aus dem Kasten da kommt!» Er deutet auf das Radio. «Propaganda, nichts als Propaganda! Wer weiß denn, was, zum Teufel, wirklich passiert? Was für Abmachungen getroffen werden? Es gibt Krieg, und das Schlimmste steht uns noch bevor!»

Kapitel 4

1939

Oberschule

März 1939. Deutsche Truppen sind in der Tschechoslowakei einmarschiert, und am 15. sind sie in Prag. Fanfaren und Trompeten – aus dem Radio schallen nur Märsche, lediglich unterbrochen von den Sondermeldungen. In meinem Kopf erklingen auch Trompeten. Dies sind meine letzten Tage auf der Volksschule. Ich bin aufgeregt. Heute kommt Vati zur Schule, um die erforderlichen Papiere von Frau Katscher zu holen. Ich werde zur Oberschule gehen, ich werde Inge und Waltraut wiedersehen, ich werde jeden Tag an Omas Haus vorbeikommen. Und ich werde sie so oft besuchen können, wie ich will.

«Warum wollen Sie sie auf die Oberschule schicken?» Frau Katscher kann es nicht glauben. «Warum?» wiederholt sie. «Sie ist doch nur ein Arbeiterkind!»

«Ilse ist eine der Besten in ihrer Klasse. Oder stimmt das etwa nicht?»

«Ja, aber –» sagt Frau Katscher.

Vati läßt nicht locker, seine Stimme wird lauter. Frau Katscher gibt nicht nach. Ihre Stimme ist schrill. «Arbeiterkinder sollten auf die Volksschule gehen und dann arbeiten. Es ist sinnlos, ihnen eine bessere Ausbildung zu geben. Warum wollen Sie denn, daß Ihre Tochter Latein, Englisch und solche Sachen lernt?» fragt sie.

«Damit sie zur Universität gehen und studieren kann, natürlich!»

«Niemals!» entgegnet Frau Katscher endgültig. «Das schafft sie nie. Auch wenn sie zur Oberschule geht. Ich bin *Lehrerin.* Ich *weiß* das

– und Ihre Tochter wird die Oberschule nur über meine Leiche besuchen!» Ihr Gesicht ist vor Zorn ganz rot, ihre Brust hebt und senkt sich.
Vati nimmt mich an der Hand. Wir gehen, ohne noch etwas zu sagen, gehen zum Büro des Direktors. Er gibt Vati meine Papiere, lobt mich und wünscht mir alles Gute.
Dann gehen wir zum Lyzeum in Hermsdorf, zu Frau Direktor Francke, der ältlichen Schulleiterin. Ich beantworte ihre Fragen mit wachsender Zuversicht. Ich zweifle nicht länger daran, daß ich angenommen werde. Vati setzt sich hin, um ein Formular auszufüllen. Ich stelle mir vor, hier Schülerin zu sein, aber plötzlich legt Vati seinen Federhalter hin, schaut Frau Direktor Francke an und sagt: «Ich kann diese Frage nicht mit ‹ja› beantworten.»
Er gibt das Formular an sie zurück. Sie sehen sich an. Schweigen.
Ich verstehe nicht. Ich würde auch nicht verstehen, wenn ich die Frage lesen würde: «Sind Sie, Ihre Frau, Ihre Eltern, die Eltern Ihrer Frau, Ihre Großeltern und die Großeltern Ihrer Frau Arier?»
Frau Direktor Francke seufzt tief auf. «Ja, Herr Koehn, wir leben in einer schlimmen Zeit.» Geistesabwesend zerknüllen ihre Hände das Papier, machen einen Ball aus dem Formular, lassen es in den Papierkorb fallen. Vati steht auf, bereit zum Weggehen, aber sie fangen an, sich zu unterhalten. Ich verstehe nichts. Aus ihren Gesichtern und ihren Stimmen zu schließen, reden sie über Politik. Jetzt schütteln sie sich die Hand, wir verabschieden uns.
«Herr Koehn?» Ihre Stimme ist fast nicht zu hören. «Ich hoffe, es ist Ihnen klar, daß das, worüber wir gesprochen haben, unter uns bleiben muß.»
«Selbstverständlich», antwortet Vati.
Wir sind schon fast draußen, als sie uns nachruft: «Die Schule fängt Montag um acht Uhr früh an, Herr Koehn. Ilse kommt in die Klasse 1c.»
Vati ist in Gedanken versunken und will offensichtlich nicht angesprochen werden. Ich kann nur noch denken: Ich bin angenommen, ich bin angenommen.

Eigentlich hätte ein Bild vom Führer an der Wand hängen müssen. Das war Gesetz. In der Volksschule hatte in jedem Zimmer eins gehangen. Hier gab es keins. Auf dem einzigen Bild in der Eingangshalle waren pausbäckige Kinder zu sehen, die dümmlich lächelnd auf einem sehr grünen Rasen tanzen. Es war von Hans Thoma, dem Maler, nach dem die Schule benannt war.
Fräulein Beck, meine Klassenlehrerin, war groß und dünn. Eine freundliche alte Jungfer. Das bißchen Haar, das sie hatte, war streng zurückgekämmt und im Nacken zu einem festen kleinen Knoten gedreht. Wir nannten ihn «die Zwiebel». Sie trug immer Grau, sie selbst schien auch grau zu sein. Sie sprach zögernd, als hätte sie Angst, ihre Zuhörer könnten an ihrer dünnen, weinerlichen Stimme Anstoß nehmen.
Die kleine und üppige Frau Brand («*Doktor* Brand, bitte!») trug ebenfalls Grau, mit einem silbernen Ahornblatt auf ihrem stattlichen Busen. Im Gegensatz zur Beck war die Brand eine starke Persönlichkeit, die in ihrem Lateinunterricht strenge Disziplin hielt. Das Ahornblatt tanzte auf und ab, wenn sie sich aufregte. Eine ihrer Leidenschaften war wollene Unterwäsche. Sobald die Temperatur unter fünf Grad Celsius fiel, bestand sie darauf, daß wir diese Schlüpfer mit den langen Beinen trugen. Sie ging so weit, unsere Röcke hochzuheben, um das nachzuprüfen.
Erdkunde, Geschichte und Englisch wurden von Frau Hoffmann unterrichtet – eigentlich Frau Dr. Hoffmann, aber im Gegensatz zu der Brand machte sie von ihrem Titel nicht so viel Aufhebens. Die Hoffmann sah aus wie ein kleiner Vogel. Sie war klein, dünn, mit schwarzem, leicht fettigem Haar. Wir sahen die Hoffmann nie in etwas anderem als in braunem Samt. Die Hoffmann rauchte. Nicht im Unterricht – das wäre undenkbar gewesen. Aber wir wußten, daß sie es tat, genauso wie wir wußten, daß die Brand Zigaretten und Lippenstift ganz und gar ablehnte.
Im Gegensatz zu Frau Katscher, die den Unterricht mit einem energischen «Heil Hitler» begonnen hatte, gefolgt von einem Gebet für Führer und Vaterland, sagten die Beck, die Brand und die Hoffmann einfach «Guten Morgen», wenn sie hereinkamen. Ihr

Unterrichtsstoff wurde so monoton vorgetragen, daß uns klar wurde, daß sie die gleichen Dinge viele, viele Jahre gelehrt hatten. Sie gaben keine politischen Kommentare ab, doch ab und zu gestatteten sie sich einen Seufzer, wenn das Thema aufkam, und ein paar ärgerliche Bemerkungen, als Luftschutzübungen begannen, den Unterricht zu unterbrechen.
Dr. Lauenstein war der einzige männliche Lehrer. Jung, groß und gutaussehend, stand er in ziemlichem Kontrast zu den Lehrerinnen, die alle in den Fünfzigern waren. Nur er trug das Parteiabzeichen, er rief «Heil Hitler», wenn er in die Klasse kam, und er verbrachte die nächste Viertelstunde damit, sich über die «Blut und Boden»-Philosophie des Führers auszulassen. Der alte deutsche Boden war getränkt mit deutschem Blut, wie er sich ausdrückte. Er war unerträglich hochtrabend, wenn er von der überlegenen arischen Rasse sprach. Wandte er sich endlich Goethe zu, erklang immer ein erleichtertes Seufzen. Keiner, am allerwenigsten ich, hatte eine Ahnung, worüber er eigentlich gesprochen hatte. Aber wenn er sich «dem großen Goethe» widmete, dann hielt er uns gefesselt und ließ uns die Schönheit der Sprache Goethes erkennen und fühlen. Dann war er großartig.
Im September 1939 marschierte Hitler in Polen ein. England und Frankreich erklärten Deutschland den Krieg. Jetzt hatten wir Krieg. Vati und sogar Großvater hatten recht gehabt.

Um den gerade erst befreiten Deutschen zu helfen, wird von den Schulkindern verlangt, Kleider zu sammeln und Kerzen zu verkaufen. Die Beck verteilt die Kerzen kommentarlos.
In der Schule sprechen alle über den Krieg. Brüder, Väter und Onkel sind eingezogen worden oder haben sich freiwillig zur Wehrmacht gemeldet. «Wir werden es diesen dreckigen Polacken schon zeigen! Das können die nicht machen! Nicht mit uns! Wir werden jede Greueltat rächen, die jemals an einem Deutschen begangen worden ist», sagen meine Klassenkameradinnen.
Das ist genau das Gegenteil von dem, was ich zu Hause gehört habe. Sowohl in Lübars als auch in Hermsdorf. Ich habe versucht, Groß-

mutter zu fragen, aber sie hat nur wie üblich geantwortet: «Ich habe es dir ja gesagt – in den Schulen wird euch nur Unsinn beigebracht!»
«Aber im Radio wird es auch gesagt!»
«Deshalb drehen wir es immer ab! Ammenmärchen. Und jetzt geh und hol mir etwas Petersilie!»
Meine Familie sagt, Hitler würde Deutschland ins Verderben und in den Untergang führen. Hitler sagt, er würde uns zum Ruhm führen, und meine Klassenkameradinnen scheinen ihm zu glauben. Sie lauschen begierig den Radiosendungen, die bei mir zu Hause abgeschaltet werden. Warum sind wir bloß so anders?
Ich wollte, in meiner Klasse wäre jemand, mit dem ich reden könnte. Inge ist nicht die Richtige. Sie hat mir jubelnd erzählt, ihr Vater sei jetzt bei der SA. Waltraut habe ich noch nicht getroffen, aber ich weiß, daß ihr Vater eine Uniform trägt. Es scheint so, als würde plötzlich jeder auf der Straße eine Uniform tragen. Nur Vati hat immer noch seinen alten grauen Lodenmantel an. Ich entschließe mich, es mit Uschi Bohr, meiner neuen Freundin, zu versuchen. Wir wohnen beide in Lübars und radeln zusammen zur Schule. Eines Tages auf dem Heimweg frage ich sie versuchsweise: «Ist es nicht komisch, daß Lauenstein der einzige ist, der ‹Heil Hitler› sagt?»
Uschi sieht mich nicht einmal an. Ihre starken Beine mit den oft gestopften und zu kurzen Kniestrümpfen strampeln gleichmäßig weiter.
«Was ist denn daran komisch?» fragt sie. «All die alten Jungfern sagen ‹Guten Morgen›!» Sie macht die kraftlose, zittrige Stimme der Beck nach. «Sie sind von gestern, von vorgestern. Das ist alles. Sie sehnen sich immer noch nach der guten alten Zeit. Alles Neue macht ihnen angst. Deshalb sind sie so langweilig. Aber der Lauenstein – der ist aufregend!» Mit fliegenden Zöpfen und mit Wangen, die frischer und rosiger sind als gewöhnlich, dreht sie sich um und guckt mich an. Sie radelt näher zu mir heran. «Findest du nicht, daß er gut aussieht?»
Ich nicke und denke an etwas anderes. «Kannst du bitte bei Großmutter vorbeigehen und ihr sagen, daß ich später komme?» sage ich. «Ich möchte Oma besuchen.»

Oma erklärt es mir auch nicht. «Warum sind wir anders?» Ich will es wissen. Aber sie sagt recht bestimmt: «Wir sind nicht anders. Nur weil unsere Meinung über Hitler anders ist als die der meisten Leute, sind wir noch nicht anders. Du darfst ‹eine andere Meinung haben› nicht verwechseln mit ‹anders sein›. Fang *du* nicht auch noch damit an. Ich höre und lese genug von diesem Unsinn.»
Und ich denke eigensinnig, ich weiß, daß wir anders sind, daß ich anders bin, und ich wünschte, Oma würde es mir erklären.
Die Türklingel läutet. Ich öffne die Tür und stehe dem alten Herrn Michaelis gegenüber, dem Hausbesitzer, der ein Hauswartsabzeichen trägt. Er blickt über meine Schulter in den Flur und versucht offensichtlich, so viel zu sehen wie nur möglich. Verschlagen lächelnd sagt er: «Ist deine Großmutter zu Hause?» An seinem Tonfall ist zu hören, daß er weiß, daß sie da ist, und ich weiß, daß er es weiß. Das Haus ist nicht groß; man kann immer die Schritte der anderen hören.
«Kann ich hereinkommen?» fragt er, und es fehlt nicht mehr viel, und er stößt mich zur Seite. «Ach, Frau Koehn! Sie haben doch nichts dagegen, wenn ich für einen Augenblick hereinkomme, oder?» Er schwenkt einen Stoß Papiere in Omas Richtung. «Ein entzückendes Teeservice haben Sie da . . . Ach ja, sehen Sie, ich muß all diese Formulare ausfüllen, und ich brauche eine Menge Auskünfte von Ihnen. Ach mein Gott, daß ich in meinem Alter noch so viel herumrennen muß! Aber was soll ich tun? Es muß gemacht werden, früher oder später . . . und sollten wir einmal vom Feuer eingeschlossen werden, Gott bewahre, dann muß ich wissen, wo alle sind.»
Oma öffnet das erste Mal den Mund und sagt kühl: «Meinen Sie damit, Sie würden mich retten, wenn ein Feuer ausbricht?»
Das scheint tatsächlich ein lächerliches Vorhaben, wenn man Herrn Michaelis ansieht. Er ist alt, kann kaum laufen, wenn man es überhaupt so nennen kann, und er atmet schwer von der Anstrengung, ein Stockwerk hochzusteigen. Aber er ignoriert Omas Bemerkung und trottet wacklig ins Wohnzimmer. Ohne eine Aufforderung von Oma setzt er sich mit einem tiefen Seufzer der Erleich-

terung in einen Sessel und macht es sich bequem. Er schiebt die Blumenvase zur Seite und breitet seine Papiere auf dem Tisch aus. Sorgfältig befeuchtet er einen Bleistift mit der Zunge. Oma steht immer noch da. Ohne darauf zu achten, beginnt er: «Jetzt wollen wir mal sehen» – Pause und Papierrascheln – «Ach ja, hier. Wieviel Personen gehören zum Haushalt?» Oma antwortet nicht, aber er fährt fort: «Drei? Nein, zwei, nehme ich an. Das Mädchen hier» – er wirft mir einen raschen Blick zu – «gehört nicht zum Haushalt, nicht offiziell, meine ich», murmelt er. «Lebt bei ihrer Mutter, nicht? Ob . . . ob ich das wohl hinschreiben soll? Wahrscheinlich nicht.»

«Das ist nicht nötig, Herr Michaelis», sagt Oma. «Sie ist bei ihrer Mutter in Lübars gemeldet.»

Herr Michaelis hat Schwierigkeiten, seine unsicheren Hände zu kontrollieren. Sorgfältig malt er die Zahl zwei in ein Kästchen und sagt: «Zwei Personen also. Zwei Personen in diesem Haushalt. So, der Haushaltsvorstand ist wohl Ihr Sohn, nehme ich an. Sein Vorname?»

«Das wissen Sie genausogut wie ich, Herr Michaelis. Ich lebe seit vierzig Jahren hier im Haus. Schon länger als Sie.» Oma steht immer noch da.

Ungerührt schreibt Herr Michaelis in Blockbuchstaben. *Koehn – Ernst.* «Und Ihr Vorname?» Oma antwortet rasch: «Edith, Nachname Koehn, geborene Rotenthal.»

Michaelis, der ab und zu seinen Bleistift befeuchtet, schreibt alles auf. «Religion?» will er wissen.

Oma sagt: «Wir sind Dissidenten oder Freidenker, was immer Sie vorziehen. Wir gehören keiner Kirche an. Überhaupt», fährt sie fort, «was hat meine Religion mit einem Feuer hier im Haus zu tun?»

Herr Michaelis antwortet nicht. Er senkt den Kopf so tief, daß seine Stirn den Bleistift berührt. «Wieviel Zimmer?» fragt er schließlich, gibt sich selbst die Antwort und schreibt es auf. Jetzt steht er auf, geht langsam und schwerfällig zur Schlafzimmertür, öffnet sie und starrt so angestrengt hinein, daß ich fast erwarte, die Kommodenschubladen würden sich von selbst öffnen. Oma tritt hinter ihn. Er wendet sich um und geht auf den Flur und auf die Küche zu.

«Dieses Regal da unter der Decke – was bewahren Sie dort auf, Frau Koehn?»

Oma, die dicht hinter ihm steht, geht an ihm vorbei, dann dreht sie sich um und blickt ihn an. «Wollen Sie eine Leiter, damit Sie nachsehen können?»

Er ist überrascht. «Oh, nein, nein, nein, das ist nicht nötig. Sie wissen natürlich, daß auf dem Dachboden nichts aufbewahrt werden darf.»

«Herr Mi-cha-e-lis» – Omas Stimme ist überhöflich, kühl – «das ist nur ein Regal, wie Sie sehen können, und kein Dachboden. Dort werden nur die Geige meines Sohnes und meine Wintervorhänge aufbewahrt.»

«Ach so, ach so», murmelt er, und geht zuerst auf die Küche zu und dann zurück ins Wohnzimmer. Oma tritt beiseite, um ihn vorbeizulassen. Er setzt sich; Oma setzt sich auch, ihm gegenüber.

«Ihr Sohn ist nicht eingezogen worden, oder?» Er schaut an Omas rechtem Ohr vorbei, bewegt sich, schaut am linken vorbei. Herr Michaelis blickt nie jemand direkt an.

«Mein Sohn hat das Einzugsalter überschritten, Herr Michaelis. Außerdem wird er hier gebraucht.»

«Ich verstehe.» Wieder wird sorgfältig geschrieben. «Was haben Sie gesagt, wo er arbeitet?»

«Ich habe es nicht gesagt.» Omas Stimme ist kalt und schneidend. «Ich weiß nicht, *wo* er arbeitet, aber er ist bei der BEWAG angestellt, wenn es das ist, was Sie meinen.»

«Tja, aber es ist doch seltsam, nicht wahr, daß Sie nicht wissen, wo Ihr Sohn arbeitet?» Er scheint fast glücklich zu sein, Oma endlich mit irgend etwas erwischt zu haben.

«Daran ist nichts Seltsames, Herr Michaelis. Er arbeitet im sogenannten Außendienst. Er geht überall dorthin, wo es Probleme gibt. Er ist Spezialist für Hochspannungskabel. Wenn es da einen Stromausfall gibt, dann kann er es reparieren.» Oma klingt stolz.

Michaelis schaut beeindruckt auf. «Das wußte ich nicht.»

Oma sieht aus, als wolle sie etwas sagen, aber dann schweigt sie. Michaelis sammelt seine Formulare ein. Er läßt sich Zeit dabei. Ich würde ihn gern anschubsen, möchte ihn hinausstoßen und schreien: «Oma! Sag dem gräßlichen, dummen Mann nichts! Oma!» Statt dessen stehe ich da wie versteinert. Michaelis hantiert immer noch mit den Papieren. Schließlich steht er unsicher auf und geht zur Tür. Oma folgt langsam. Klapp! Sie schließt die Tür hinter ihm. Sie geht zum Fenster, bleibt dort stehen und sieht hinaus.
Ich erwarte, daß sie sagen wird, sie wolle Vati bitten, Michaelis mitzuteilen, er solle sich um seine eigenen Angelegenheiten kümmern. Aber sie ist still, ist in ihre eigenen Gedanken versunken, und mir fällt nichts ein, was ich sagen könnte.

Kapitel 5

1940

Hitlerjugend und Bomben

«Ein Mädchen von der Hitlerjugend war heute da», sagt Großmutter. «Du bis auf ihrer Liste, und du mußt zu einer Versammlung heute nachmittag.»
«Ich will nicht.»
«Du gehst!» sagt sie kategorisch.
«Warum? Warum muß ich gehen?»
«Weil ich es sage. Wir wollen keine Unannehmlichkeiten.»
«Was für Unannehmlichkeiten?»
«Hör auf, so viel zu fragen. Ich habe gesagt, du mußt gehen.»
Als ich noch in Hermsdorf war, wollte ich wegen Inge und Waltraut den «Jungmädeln» beitreten, wie die zehn- bis vierzehnjährigen Mädchen der Hitlerjugend genannt wurden. Die beiden hatten mir erzählt, wieviel Spaß es machte, zu singen und alle möglichen Spiele zu machen. Als ich das zu Vati sagte, sah er mich an, als sei ich ein Geist, dann brüllte er: «Einer Organisation von diesen Schweinen beitreten?» Darauf beruhigte er sich und setzte sich neben mich. «Hör zu», sagte er. «Es mag ja stimmen, daß sie nur singen und Spiele machen. Aber genau diese Lieder und diese Spiele sind dazu bestimmt, dir die Nazi-Philosophie beizubringen. Und du weißt, daß wir daran nicht glauben. Junge Leute sind leicht zu beeindrukken, und die Nazis benutzen die Begeisterung der Jugendlichen für ihre eigenen Ziele. Es gibt Dinge, die du nicht verstehst, weil du noch zu jung bist. Wenn es soweit ist, werden wir beide uns ausführlich darüber unterhalten.»

Bauer Neuendorff pflügt gerade sein Feld, als ich nach Lübars zur Versammlung gehe. Das Dorf ist siebenhundert Jahre alt, und die Neuendorffs, Ratenows und Quades, die Gründerfamilien, bestellen das Land immer noch. Ich weiß, daß ich mit ihren Töchtern nichts gemeinsam haben werde.
Es sind nur etwa neun der Mädchen da, und die Abneigung zwischen ihnen und mir ist spontan und beruht auf Gegenseitigkeit. Die Versammlung ist kurz, und zum Schluß sagt die Führerin: «Ich brauche jemand für einen wichtigen Kurierdienst.» Wie sie alle betteln! Achtzehn Hände strecken sich nach dem Brief. Ich will nur abseits stehen, will unauffällig verschwinden. Aber nein. «Du siehst am verantwortungsbewußtesten aus», sagt die Führerin und überreicht mir den Brief. Wenn Blicke töten könnten, wäre ich tot umgefallen.
Großmutter ist wütend, als ich es ihr sage. «Wie können sie es wagen, ein kleines Kind den ganzen Weg in die Stadt zu schicken!» Ich bin gar nicht so klein, denke ich, und jetzt will ich natürlich gehen. «Es wird Stunden dauern», sagt sie. «Und außerdem hatte ich mich darauf verlassen, daß du mir im Garten hilfst.» Ich bin nicht sicher, ob sie sich wirklich Sorgen macht um mich oder ob sie lediglich böse ist, daß ich weg muß und ihr nicht helfen kann. Aber als ich zum drittenmal den Bus gewechselt habe und im Verkehr und in den Massen dahineilender Menschen gefangen bin, beginne ich zu glauben, daß sie recht gehabt hat. Ich habe noch nie allein eine so lange und komplizierte Reise unternommen. Ich habe Angst, ich werde nicht mehr nach Hause finden.
Mit dem Zettel, auf dem steht, wohin ich gehen muß, fest in der Hand, finde ich schließlich den Bann. Ich werde zu einem höhergelegenen Stockwerk geschickt, zu Zimmer 17. Ich klopfe und gehe hinein.
Zuerst kann ich nichts sehen. Das Zimmer ist dunkel, und die Jalousien sind heruntergezogen. Langsam gewöhnen sich meine Augen an das Dämmerlicht; ich kann einen großen Schreibtisch in der Mitte des Zimmers erkennen, sonst nichts. Denn auf dem Schreibtisch sitzen, oder vielmehr liegen, ein junger Mann und eine

junge Frau. Sie müssen einen hohen Rang in der Hitlerjugend einnehmen, denn ihre Uniformen sind voll mit Abzeichen, mit Medaillen und mit Schnüren. Aber wie sie aussehen! Total aufgelöst! Er hat Lippenstift übers ganze Gesicht. Lippenstift! Die deutsche Frau raucht nicht, trinkt nicht und schminkt sich nicht! Das Motto des Führers, das weiß sogar ich.
Das Zimmer ist voller Rauch. Der Rock des Mädchens ist zerknittert und bis zu den Hüften hochgeschoben. Ich kann ihre losgelösten Strumpfbänder sehen. Die Strümpfe hängen ihr um die Knöchel, und sie hat nur einen Schuh an, der andere liegt am Boden. Sie scheinen beide außer Atem zu sein, aber als sie mich sehen, beginnen sie hysterisch zu lachen. Ich bin schockiert und stehe sprachlos da mit dem Brief in der Hand. Immer noch lachend nimmt ihn der Mann, unterschreibt eine Empfangsbestätigung. Das Mädchen streicht den Rock glatt. Puterrot fliehe ich die Treppe hinab, gefolgt von ihrem Gelächter.
Das war meine Einführung bei den Jungmädeln. Großmutter kaufte mir den schwarzen Rock, die weiße Bluse, das schwarze Halstuch und den braunen Lederknoten, der das Halstuch festhielt. Die Ehrensymbole. Wir gaben die Halstücher und die Lederknoten ab, und sie wurden uns in einem großen Zeremoniell überreicht. Gehißte Fahne, alle in Reih und Glied, Spielschar, Treueschwur. Sie hatten mich aufgenommen, aber für mich war dies alles schon bedeutungslos. Ein großes Tamtam, eine Fassade, hinter die ich nicht sehen wollte. Ich ging noch zu einer Zusammenkunft, dann ging ich einfach nicht mehr hin. Keiner sagte etwas. Keiner kam und holte mich. Offensichtlich hatte 1940 sogar die Hitlerjugend Wichtigeres zu tun.
Deutschland ist im Krieg. Die deutschen Streitkräfte fallen in Dänemark ein, in Norwegen, Luxemburg, Holland, Belgien und in Frankreich. Italien wird unser Verbündeter. Am 20. Juni kapituliert Frankreich und unterschreibt einen Waffenstillstandsvertrag. Wir sind siegreich, unbesiegbar. Überall herrscht ein Gefühl der Euphorie. Überall, außer natürlich bei mir zu Hause. «Dreh den Mist ab, Ilse!» sagt Großmutter, wenn das Radio lauthals einen weiteren Sieg

verkündet. «Die werden uns geradewegs ins Grab siegen – denkt an meine Worte.» Aber Großmutter tauscht ihr Eingemachtes, ihr Obst und ihre Eier gegen Sachen aus den besetzten Ländern ein. Ein Paar Schuhe für Mutti aus Prag, Seife aus Belgien, Seide aus Frankreich. In all diesen Ländern sind Männer aus der Nachbarschaft, und sie schicken Sachen nach Hause, wo ihre Frauen und Mütter über den Gartenzaun hinweg damit handeln. Dort schimpfen die Frauen auch auf die Luftschutzübungen und auf die neuen Gesetze, nach denen auf jedem Treppenabsatz ein Eimer mit Wasser oder Sand stehen muß. Dummes Zeug! Als ob feindliche Flugzeuge jemals nach Berlin durchkommen würden. Nach Berlin, der Hauptstadt. Aber dann haben wir einen «echten» Alarm, und alle sind ein bißchen verwirrt, weil die ersten Bomben gefallen sind.

Sie fielen auf Neuendorffs Feld, etwa 500 Meter vom Haus meiner Großeltern. Die Bombeneinschlagstelle war die größte Attraktion Berlins. Etwa eine Woche lang schien die Schlange der Schaulustigen endlos, obwohl nichts zu sehen war außer vier großen Löchern. Bombensplitter wurden für die Kinder zum interessantesten, begehrenswertesten Tauschobjekt. Einer davon war genausoviel wert wie eine ganze Bildersammlung von Filmstars oder von Fußballspielern. Vor allem die Splitter, an denen noch ein wenig vom Außenanstrich hing. Die waren so viel wert wie ein signiertes Bild des U-Boothelden Günther Prien.

Großmutter ist in der Küche, als ich eines Tages von Tante Martha zurückkomme. Ich kann es kaum erwarten, ihr zu sagen, was ich gehört habe: «Sie schicken alle Kinder weg!»

Großmutter klopft die Teigrolle zu einer Kugel, flacht sie ab, knetet sie und guckt mich an. Sie braucht nicht hinzusehen, was sie tut. Ihre Hände wissen es. Sie haben Teig geknetet für viele Brotlaibe, Kuchen und Plätzchen, haben unzählige Male den Kessel angehoben, in der Kohle darunter gestochert, nach Topflappen gegriffen, haben Deckel angehoben, haben geschält und zerschnitten, gesiebt und gerührt – und deshalb genügt ein gelegentlicher Blick.

«Wer sagt das?» will sie wissen, während sie den Teig in eine Kuchenform drückt und sich die Hände an der Schürze abwischt.

«Ein paar Frauen bei Tante Martha.»
«Unsinn.» Sie bückt sich und stellt den Kuchen in den Ofen.
«Aber eine Frau sagte, sie wisse es ganz sicher. Ihr Bruder ist ein hoher Beamter.»
«Bah! Nichts als Gerüchte.» Sie sieht ins Wohnzimmer, wo die Uhr ist, dann auf mich. «Mach dir auf jeden Fall keine Sorgen. Du bleibst bei uns. Wenn ich alles glauben würde, was ich höre, müßte ich verrückt werden. Hol mir ein paar Karotten, ich fange besser mit dem Abendessen an.»
Ich gehe durch den Garten, schaue auf das spärliche Grün der Beerenbüsche, sehe den zerbrochenen, rostigen Eimer an der Stelle, wo der Rhabarber wachsen wird. Bemerke die ordentliche Reihe der kleinen Spinatpflanzen, den krummen Kaninchenstall mit dem geteerten Dach, den unebenen Zement im Hof und die vier Holzpantinen an der Treppe. Ich sehe alles, als wäre es das erste Mal. Hier bleiben? Oder in Hermsdorf? Weggeschickt werden – wohin? Frühling 1941. Im August werde ich zwölf Jahre alt.

Kapitel 6

1941

Lager Nummer 1

Im April war ich in der Tschechoslowakei – in Radoczowitz, um genau zu sein. Ilse Koehn, ein winziger, unwichtiger Teilnehmer an der Kinderlandverschickung (KLV). *Deutschland schützt seine Zukunft, seine Jugend* – das war es, was unseren Eltern gesagt worden war, damit sie erlaubten, daß wir evakuiert wurden. *Die ganze Schule geht!* Aber von den fünfhundert Mädchen an der Hans-Thoma-Schule sind nur achtzig auch wirklich hier. Alle Lehrer? Die Beck, die Hoffmann und die Lenz, die Musiklehrerin, sind dabei. *Unter der Aufsicht der Lehrer wird der Unterricht normal fortgesetzt.* Mutti hatte wenig überzeugt über Sicherheit gesprochen, Vati sagte, eine dunkle Zukunft läge vor uns und es ginge mir besser mit «all den anderen». Jeder seiner Sätze hatte mit diesen Worten angefangen oder damit aufgehört. Ich wollte nicht gehen. Sie sagten, sie wollten nicht, daß ich ginge. Weshalb ließen sie mich dann weg? Vielleicht wollen sie mich los sein. Nein. Sie lieben mich. Ich weiß, daß sie mich lieben. Aber warum? Ich weine, und dadurch wird es auch nicht besser. Ich sehe die Beck an, die zum Fenster hinausstarrt. «Ich werde mich um Ihre Töchter kümmern, als wären es meine eigenen.» Das hatte sie zu unseren Müttern gesagt. Also – ich wollte, mir fiele ein wirklich böser Ausdruck für sie ein.
Wir, der erste Transport von tausend Berliner Kindern, sollten angeblich nach Ostpreußen geschickt werden. Noch eine Lüge. Was für ein Trara auf dem Bahnhof gewesen war! Girlanden, Fahnen, Hitlerjugend-Kapellen. Militär, hohe Tiere von der Hitlerju-

gend und von der Partei. Sogar Baldur von Schirach, der Reichsjugendführer, war da gewesen und hatte am Zug entlang Hände geschüttelt. Meine auch.
Jetzt bin ich also hier. Gefangen in der Wildnis der Tschechoslowakei. Es hat vierundzwanzig elende Stunden gedauert, bis wir hier waren. Der Proviant und die Süßigkeiten, die unsere Mütter uns mitgegeben hatten, hatten nicht so lange gereicht. Wir sind hungrig und durstig. «Die Kinder werden versorgt werden!» Wenn das ihre Vorstellung von «versorgen» ist . . .
Ich tauche zum zigsten Mal meinen Federhalter ins Tintenfaß. «Lieber Vati und liebe Oma» ist alles, was ich bisher habe. Das ist noch so eine Sache: Ich werde die einzige sein, die *zwei* Briefe schreiben muß, wenn sie nach Hause schreibt.
Die ganze elende Reise kommt mir wieder in den Sinn. Wir verließen Berlin um zehn Uhr morgens, aber wir hielten nach einer Stunde an, rollten ein bißchen weiter, wurden auf ein anderes Gleis umrangiert, fuhren langsam, bis die Nacht anbrach, und dann wurde der Zug plötzlich schneller. Um Mitternacht überquerten wir die Grenze vom Deutschen Reich zur Tschechoslowakei. Bis dahin war es jedem aufgefallen, daß wir in die falsche Richtung fuhren. Zum erstenmal war das Haar der Beck, die hin und her rannte, um herauszufinden, wo wir hinfuhren, völlig zerzaust. Die Lenz hatte ihr Lächeln verloren, und die Hoffmann sah ängstlicher aus als wir alle. Als wir am Morgen Prag erreichten, stiegen sie aus, aber sie befahlen uns, zu bleiben, wo wir waren. Sie schafften es fast nicht rechtzeitig zurück. Prag. Dort kamen Rita und Hilde in den Zug. Die beiden Jungmädelführerinnen, die uns zugeteilt waren. Wir kamen um zehn Uhr morgens in Ricany an. Die Kinder, die noch im Zug waren, mußten unser Gepäck zu uns herunterwerfen. Sogar mein neues Akkordeon, Vatis Geschenk, das mich über die Klavierstunden hinwegtrösten sollte, die ich nun versäumen würde. Ricany. Es gab nicht einmal einen Bahnsteig, nur ein Schild und eine Hütte am Rand des Waldes. Mitten im Nichts. Dort standen wir und warteten eine ganze Stunde lang, während Rita und Hilde nach einer Transportmöglichkeit Ausschau hielten. Eine häßliche Mischung aus

Regen und Hagel fiel vom Himmel und bedeckte den Boden. Wir trugen leichte Sommermäntel. In Berlin war es warm gewesen. Schließlich kehrten Rita und Hilde mit einem alten Mann zurück, der einen Handkarren zog. Ich fühle, wie mein Gesicht ganz heiß wird vor Zorn, wenn ich nur daran denke. Meine Tränen fallen genau auf das Wort «Vati». «Die Kinder können ihr Gepäck selber tragen. Es ist nur ein Marsch von einer Dreiviertelstunde», verkündete Rita, als sie ihr eigenes Gepäck, das von Hilde und das der Lehrerinnen auf den Wagen stapelte. *Nur* eine Dreiviertelstunde! Es gab nicht einmal einen Weg! Wir stolperten und rutschten im Gänsemarsch durch urwaldartige Wälder. Kein Haus, keinerlei Anzeichen von Zivilisation. Ich hatte so etwas noch nie gesehen. Nach einer Weile war ich die Letzte in der Schlange, hinter allen anderen. Mein Koffer war zu groß, vollgepackt mit Kleidern für mindestens ein halbes Jahr, wie man uns befohlen hatte. Und ich hatte auch noch das Akkordeon. Zuerst trug ich abwechselnd eins der beiden Gepäckstücke und stieß das andere vor mir her. Schließlich schob ich beide. Mein neues Akkordeon! Aber ich hatte panische Angst. Die Mädchen vor mir wurden immer kleiner und verschwanden schließlich ganz. Ich war allein. Noch nie hatte ich mich so verloren, so allein gelassen gefühlt. Vati und Mutti würden nicht mal wissen, wo sie nach mir suchen sollten. Sie glaubten, ich sei in Ostpreußen. Sie würden eine Ewigkeit brauchen, um herauszufinden, wo ich in Wirklichkeit war. Dann wäre es zu spät. Dieser Gedanke trieb mich wieder vorwärts. Ich schaffte es und holte die anderen in Radoczowitz ein. Ein paar Häuser mit Strohdächern und ein Hotel – das war Radoczowitz. Das Hotel sollte unser Lager sein. Es war nicht so geplant gewesen. Die Besitzer, ein altes tschechisches Ehepaar, mußten erst aufgeweckt werden. Sie wollten uns nicht hierbleiben lassen. Sie ließen uns in der kleinen Eingangshalle stehen und bestanden darauf, man hätte ihnen eine Gruppe Jungen angekündigt und nicht Mädchen. Und vor allem nicht heute. Nächsten Sonntag.
Rita rief den Gauleiter des Distrikts von Prag an, der schließlich gegen Nachmittag auftauchte. Der glatzköpfige, fette Mann in funkelnder Uniform umarmte und küßte Rita und Hilde, aber er

ignorierte die Beck und die Lenz, die sich ihm praktisch an den Hals geworfen hatten. Er befahl dem tschechischen Ehepaar, uns hierbleiben zu lassen und uns etwas zu essen zu machen. Im Weggehen brummte er in die Richtung der Beck und der Lenz: «Kleiner organisatorischer Irrtum. Solche Sachen passieren. Alles in Ordnung jetzt.»
Rita und Hilde waren es, nicht die Lehrerinnen, die uns unsere Zimmer zuwiesen. Ich teile meines mit Hanni, Ruth und Sigrun. Ich weiß nicht viel über sie, aber ich mag sie. Das Zimmer ist klein. Vier Betten mit groben Wehrmachtsdecken, ein Tisch, ein Schrank und ein Waschbecken. Bis wir im Zimmer waren und unser Gepäck abgestellt hatten, waren wir zu müde und unglücklich, um irgend etwas zu empfinden. Aber jetzt wird mir klar, daß dies alles passiert ist, daß es nicht nur ein Alptraum ist, aus dem ich in einer freundlichen Umgebung aufwachen werde. Es ist Wirklichkeit. So wirklich wie die Schüsse, die wir gestern nacht hörten, und so wirklich wie die Stimme der Lenz, als sie schrie: «Kein Licht! Bitte kein Licht!» Aber heute morgen leugnen sie, daß irgend etwas passiert ist.
«Es war nichts.» Die Beck sieht von uns weg. Ich starre auf ihren Rücken und den Knoten aus wirrem Haar. Sie weiß nicht viel mehr als wir, das ist offensichtlich. Genauso offensichtlich wie die Tatsache, daß *sie*, die Reichsjugendführung, nie vorgehabt hatte, uns nach Ostpreußen zu schicken, sondern die ganze Zeit schon geplant hatte, uns hierhier in die Tschechoslowakei zu verfrachten, ein Land, das aufgehört hatte zu existieren, als unsere Truppen einmarschiert waren. Jetzt wird es das Protektorat Böhmen und Mähren genannt. Wenige der Eltern hätten eingewilligt, ihre Kinder hierherzuschicken, denn sie hätten gewußt oder zumindest vermutet, daß die ansässige Bevölkerung allen Deutschen, sogar den Kindern, feindlich gesinnt ist.
Die Köpfe sind über Briefe gebeugt. Außer dem Kratzen der Federn ist es vollkommen still. Irgendwie habe ich alles zu Papier gebracht. Zweimal! Aber ich bin ganz sicher, daß meine Briefe mit den gleichen Worten enden wie die der anderen: «Bitte kommt und holt mich! Bitte kommt und bringt mich nach Hause!»

Blaß und mit zusammengekniffenen Lippen sammelt die Beck die Briefe ein. Sie will sie für uns abschicken, sagt sie.
Beim Mittagessen sitzen wir da, als hätte uns der Blitz getroffen. Die Suppe wird kalt. Rita, die zwei Hände mit Briefen schwingt, brüllt: «Das geht so nicht! Was fällt euch ein, solchen Mist, solchen Unsinn, solchen . . .» Die Worte scheinen ihr zu fehlen, und ihr Gesicht ist rot vor Zorn. «Ihr setzt euch sofort hin und schreibt noch einmal. Ihr schreibt, daß ihr hier, in einem schönen Erholungsgebiet, gut angekommen seid und daß ihr in einem schönen Hotel wohnt. Daß ihr mir nur schöne Sachen schreibt!»
Die Beck, die Hoffmann und die Lenz, die am Kopf des Tisches neben Hilde und Rita sitzen, sagen nichts, starren ins Leere und weichen unserem Blick aus.
«Es gibt keinen Grund, so traurig auszusehen!» Rita schreit so laut, daß mir das Trommelfell wehtut. «Alles ist in Ordnung! Ihr wißt nicht, wie gut ihr es habt! Wie könnt ihr es wagen, eure Eltern unnötig zu beunruhigen! Ihr habt genau eine Stunde Zeit, um neue Briefe zu schreiben. Ich versichere euch, daß ich *nicht eine einzige Zeile* durchgehen lasse, die eure Eltern vielleicht aufregen könnte!»
Pause. Stille. Dann redet Rita mit einer etwas normaleren Stimme weiter: «Später machen wir einen Spaziergang. Wenn ihr mich pfeifen hört, dann stellt ihr euch vor dem Lager auf. In Uniform natürlich. Was für eine Gruppe!» Sie schüttelt den Kopf, schaut von einer zur anderen. Ein zaghafter Schluchzer durchbricht die Stille. Dann noch einer. Es ist ansteckend. Ich weine, alle weinen, als hätte man die Schleusen geöffnet.
Hilde springt auf und fuchtelt wild mit den Armen. «Hört auf, sage ich! Hört auf! Das lasse ich mir nicht bieten! Ihr seid Jungmädel! Dieses Verhalten ist unseres Führers unwürdig! Was ist das Motto des Führers für seine Jugend?» Sie deutet auf jemand am anderen Ende des Tisches. Erschrocken springt das Mädchen auf, öffnet den Mund. Aber kein Ton kommt heraus.
«Zäh wie Leder, hart wie Kruppstahl, flink wie Windhunde», ruft Hilde ungeduldig. «Wenn ihr das jetzt noch nicht seid, dann werdet ihr es bald sein, das garantiere ich euch. Was hier gebraucht wird ist

Ordnung! Und Disziplin! Vielleicht mögt ihr das sogar mit der Zeit – und mich auch.»
Unsicheres Lachen. «Geht jetzt und schreibt eure Briefe.»
Ich kann mir nicht vorstellen, daß ich sie, oder irgend etwas hier, jemals mögen werde. Ich hasse sie, hasse alles hier. Ich will nach Hause, und es ist mir sogar egal, ob das Hermsdorf ist oder Lübars.

Mai–Juni 1941. Zerrissene Wolken ziehen schnell am kalten Mond vorbei. Hanni Knaak schnarcht. Es ist nicht schlimm, nur ein leichtes Pfeifen. Im Bett darunter liegt ganz zusammengekauert Ruth. Ruth Schubert, die Wilde, die Starturnerin. Unter mir bewegt sich Sigrun.
«Sigrun? Bist du wach? Sigrun?»
Keine Antwort. Sigrun Knust, bescheiden, ein langsamer Denker, ein Mitläufer. Wir sind eine gute Gruppe im Zimmer 18. Es dauerte eine Weile, bis wir wirklich begriffen hatten, daß wir hier in der Falle sitzen. Mein Gott, all die albernen Fluchtpläne, die wir ausbrüteten. Zwei der älteren Mädchen rannten tatsächlich weg während der ersten Woche. Wo sie wohl sind? Vermutlich wurden sie geschnappt, bevor sie noch Ricany erreichten, und wurden in ein «Spezialarbeitslager» geschickt. Das muß *noch* schlimmer sein, obwohl man sich schlecht vorstellen kann, wie das möglich ist. Unser Motto hier, der Satz, den man hundertmal am Tag hört: «Man gewöhnt sich an alles.» Welche Idiotie oder Schikane Rita und Hilde auch auskochen mögen – wir zucken die Schultern und sagen: «Man gewöhnt sich an alles.»
Unser Zimmer ist der Neid des ganzen Lagers. Ein Minimum an Bestrafungen. Toiletten putzen – brr, wer will das denn schon machen? Ja, wir wurden schlau, was *ihre* Spiele betrifft. Ich bin der Dekorateur und der Experte im Bettenbauen. Haarscharfe, vollkommen rechtwinklige Ecken (ich benutze ein Dreieck), ganz und gar faltenfrei. Selbst Rita macht große Augen. Die Zeichnungen an den Wänden sind von mir, und es war meine Idee, ein Bettuch zu bemalen und es als Tischdecke zu benutzen. Wir haben immer frische Blumen. Zehn Extrapunkte für Zimmer 18. Hanni ist ver-

antwortlich für die Unterwäsche. Nur sie schafft es, sogar Flanellnachthemden zu den vorgeschriebenen Quadraten zu falten. Ich schüttle den Kopf. *Die* prüfen tatsächlich nach, ob alle zusammengelegten Kleidungsstücke gleich lang und gleich breit sind – mit einem Lineal! Sigrun putzt. Sie läßt kein Staubflöckchen auf der Vorhangstange, noch nicht einmal auf der Wandleiste hinter dem Bett. Ruth putzt die Schuhe, und die Sohlen glänzen genauso wie das Oberleder. Das wäre nichts für mich. Aber sie sagt, sie würde es gern machen. Sogar nach *denen ihren* blöden Kriegsspielen, wenn die Schuhe schlammig sind. Dieser häßliche, klebrige Lehmschlamm, der für die Gegend typisch ist.

Man gewöhnt sich an alles, sogar daran, um halb zwei Uhr morgens von *ihrer* Pfeife aufgeweckt zu werden. Uniformappell und Schweigemarsch, weil jemand während der Nachrichten geredet oder gekichert hat. Fünf Minuten nach dem Pfeifen stellt sich Zimmer 18 auf – noch nicht einmal ein Knopf ist lose. *Die* würden ihn sofort abreißen. In Viererreihen marschieren wir über den Dorfplatz. *Sie* wagen es nicht, uns weiterzuführen seit dem ersten Mal, als im Wald auf uns geschossen wurde. Wie schnell *sie* gerannt sind, schneller als wir alle! Jetzt dürfen wir das Lager überhaupt nicht mehr verlassen. Wir müssen im Hof bleiben oder drinnen. Herrliches Erholungsgebiet – daß ich nicht lache!

Man gewöhnt sich an alles, selbst daran, sich zu Boden zu werfen, wenn *sie* rufen: «Nieder!» Es macht nichts, wenn da eine Pfütze ist. Wir bleiben liegen, bis wir das Kommando hören: «Auf!» Wenn das nicht Wahnsinn ist, was dann? Wenn ich das Großmutter erzählte, würde sie mit dem Finger an die Stirn deuten: «Doof, weißt du.» Mutti würde es nicht einmal glauben, wenn sie es sähe. Vati würde sie sofort zum Aufhören bringen. Er würde sie zu Tode erschrekken. Er kann so laut schreien, daß die Wände zittern, ohne sich dabei anzustrengen. Aber was soll's! Sie sind nicht da, und ich kann es ihnen nicht einmal schreiben.

Ob sie sich wohl wundern, daß ich dauernd um Geld bitte? Geld für Schnürsenkel, Knöpfe und Faden, Geld für Papier, Tinte und Zahnpasta. Ich muß mir immer etwas Neues einfallen lassen. Großmutter ist so praktisch veranlagt, daß sie mir lieber die Sachen schicken würde als das Geld. Und wenn ich ihnen schreiben würde, daß ich es alles für Zahnpasta ausgebe, dann würden sie mich für verrückt halten. Aber Blendax-Zahnpasta ist mein eigener persönlicher Triumph über die verdammten Flöhe. Wenn ich nur an sie denke, muß ich wieder kratzen. Mein Gott! Mein ganzer Körper ist voller Stiche. Ich schwöre, nichts juckt so furchtbar wie Flohstiche. Eines Nachts, als ich dachte, ich könne es nicht mehr aushalten, war ich so verzweifelt, daß ich an die Tür der Beck klopfte. Ich dachte, sie würde vielleicht etwas Mitgefühl zeigen. «Ich werde mich um Ihre Töchter kümmern, als wären es meine eigenen.» *Denkste, Pustekuchen.* Sie machte mir die Tür vor der Nase zu, mit einem wenig mitfühlenden: «Was soll *ich* denn da tun?» Auf der Suche nach etwas, das meine Haut kühlt und das Jucken verhindert, entdeckte ich Blendax-Zahnpasta. Von da an reibe ich mich jede Nacht mit Blendax ein. Ich wette, der Tscheche in dem kleinen Gemischtwarenladen auf dem Dorfplatz versteht diesen plötzlichen Ansturm auf Zahnpasta nicht.

Juli–August 1941. Die Nacht ist die einzige ruhige Zeit hier. Es macht mir nichts aus, wach zu sein. Heute war Hausputz. Alles mußte geschrubbt und alle Matratzen zum Auslüften in den Hof hinuntergezerrt werden. Und es war meine Idee, auf den Matratzen runterzurutschen, anstatt sie die steile Treppe hinunterzutragen. Alle fanden es prima. Es war ein Riesenspaß, solange er andauerte. Natürlich mußten sich die Beck, die Lenz und die Hoffmann ausgerechnet *den* Tag aussuchen, um uns zu kontrollieren. Ausgerechnet an diesem Tag fühlten sie sich *nicht* «nicht wohl», blieben *nicht* auf ihren Zimmern, und sie hatten *keine* «wichtigen Geschäfte in Prag». Resultat: eine Woche lang Nachtmärsche. Na und? Man gewöhnt sich an alles. Außerdem habe ich Glück gehabt. Die anderen hätten mir die Schuld geben und mich verprügeln können. Andere wurden hier von ihren Kameradinnen schon für weniger verprügelt.
Es hört sich einfach an, sich daran zu gewöhnen, keine Schule zu haben. Aber das ist es nicht. Selbst die schlechtesten Schülerinnen

sehnen sich jetzt danach. *Der Unterricht wird normal fortgesetzt.* Das hatten sie doch gesagt, nicht? Keine hier ist dumm genug, zu glauben, was am Schwarzen Brett steht. Erdkunde, Deutsch, Musik, sogar Latein und Englisch. Es ist alles aufgeführt, vermutlich für den Fall einer Lagerinspektion. Aber wir haben seit einer Ewigkeit keine einzige Stunde gehabt. Außer in Musik – falls man das Singen von schmalzigen Volksliedern Musikunterricht nennen kann. Wenn die Lenz mit ihrem Lieblingslied anfängt – dem «Rote Wolken am Himmel, in den Tannen der Föhn» – gibt es immer ein Höllenspektakel. Dieses Lied hassen wir am meisten, und wir machen die hohe Stimme der Lenz nach, aber sie singt ungerührt weiter. Vielleicht ist sie taub. Respekt vor den Lehrern? Wir nicht. Bei dem einen Mal, als die Beck eine Deutschstunde geben wollte, habe ich um mein ganzes Diktat herum Bilder gemalt, aber zumindest habe ich etwas geschrieben. Die meisten anderen rannten nur herum, borgten sich lautstark Bleistifte, Radiergummis und alles mögliche. Aber jetzt wären wir alle froh, wenn wir Unterricht hätten. Dafür sind Lehrer ja da. Aber unsere tun gar nichts, außer nach Prag fahren. Manchmal fragen wir uns, was für «wichtige Geschäfte» sie dort zu erledigen haben.
Vielleicht ist das nicht nett, aber – wie alle anderen – habe ich mir ins Fäustchen gelacht, als sie sich ebenfalls Kopfläuse holten. Und es war lustig, als wir uns alle im Hof aufstellten, um unseren Kopf in Cuprex zu tauchen, das Heilmittel, das sie benutzen. Die Beck, die Lenz und die Hoffmann, jede mit einem Handtuch über dem Arm, und dann wir anderen. Rita und Hilde besorgten mit viel Gelächter das Eintauchen. Unsere Lehrerinnen lächelten nicht einmal.
Wie lange sind wir nun schon hier? Eine Ewigkeit. Wie lange bleiben wir noch? Keiner weiß es. Ein Tag geht in den nächsten über. Es ist langweilig. Wenn das Wetter gut ist, spielen Hilde und Rita draußen mit uns. Ballspiele und andere Spiele. Wenn es regnet, sitzen wir in dem großen Eßzimmer, singen Nazilieder, machen Scharaden. Mit dem Buch von Hitler, *Mein Kampf*, sind wir fertig. Gott sei Dank. Rita und Hilde sind eigentlich ganz nett. Zumindest sind sie jung, beide Anfang Zwanzig, sie sind lebhaft, und sie lachen

gern. Ja, abgesehen von den nächtlichen Märschen und den Uniform- und Stubenappellen sind sie in Ordnung. Sie saßen sogar die ganze Nacht bei Ruth, als die sich den Knöchel verstaucht hatte. Sie tun ihr Bestes, um die Langeweile zu vertreiben. Aber trotzdem . . . Ich stelle mir vor, ich sei Karlson, die kleine Magd, die sich um das Haus des Troll Goinguae kümmern muß, in dem Buch *Die kleine Magd Karlson* von Ossian Elgstrom. In Wirklichkeit ist Karlson Lillimor, der Troll Goinguae ist ihr Vater, und der große weiße Berg ist sein Bett. Ich wollte, mein Name wäre Lillimor, und der Troll Goinguae wäre Vati, und er würde mir befehlen, ihm gebratene Reifen zum Frühstück zu bringen und einen rotglühenden Automotor zum Mittagessen. Ich habe Lust, das Licht anzuknipsen und die Bilder in dem Buch anzusehen. Aber meine Zimmerkameradinnen würden sich aufregen. Die «Hähne» haben mir das Buch zu meinem zwölften Geburtstag geschickt. Ich finde es sehr schön. Es macht mich sowohl glücklich als auch traurig und, ja, Heimweh bekomme ich auch davon.

September 1941. Durch das Licht im Flur sieht das runde Fenster in der Tür aus wie eine riesige Orange. Aus jedem der acht Krankenhausbetten ertönt Schluchzen und Schniefen. Ich war noch nie krank, keinen einzigen Tag lang. Nur weil dieser doofe Dr. Kühne meinte, ich hätte ein paar rote Flecke! Ich hatte keine! Ich muß es ja schließlich wissen! Aber was macht dem das schon aus! Für ihn bin ich nur eine Nummer unter vielen. Ich bin schwach und machtlos, möchte schreien, aber das haben wir schon getan, und es war zwecklos. Die Tür ist abgeschlossen. Keiner kümmert sich um uns. Hardy tat es. Hardy, Hardy, Hardy. Ich liebe Hardy immer noch. Das tun wir alle. Alle lieben Hardy. Ich denke daran, als er das erste Mal im Lager auftauchte. Natürlich mußte Ruth die erste sein, die zu ihm ging, als es sich herumsprach, daß wir einen Lagerarzt hatten. Eine Aspirintablette gegen ihre nicht existierenden Kopfschmerzen und einen Schal. Das war es, was sie von dem Besuch bei ihm zurückbrachte. Er tat so, als zöge er den herrlichen Schal aus ihrem Ärmel, und dann durfte sie ihn behalten. Danach stellte sich das ganze Lager mit völlig unglaubwürdigen Geschichten vor seinem Zimmer auf. Aber das bewältigte er spielend. Er sah sich jede einzelne an und schenkte jeder etwas. Wie verlegen ich war, als ich an die Reihe kam und er mich fragte: «Was fehlt dir denn?» Anstatt eine von den hundert Ausreden zu benutzen, die ich mir ausgedacht hatte, hörte ich mich sagen: «Ich wollte Sie nur einmal kennenlernen.» Und er lachte – war überhaupt nicht böse und zog eine winzige silberne Pfeife aus meinem Ohr. Ich habe sie immer noch. Hardy mochte jede einzelne von uns. Zumindest sah es für uns so aus. Ich glaube, er tat es wirklich.

Ich fasse unter mein Kissen. Die Pfeife ist immer noch da. Der gutaussehende junge Hardy mit all seinen Tricks. Zum Beispiel nahm er ein Paket Spielkarten, warf sie in die Luft, und wenn er sie wieder auffing, waren sie nur noch halb so groß wie vorher. Aber am liebsten mochten wir den Trick mit seiner chinesischen Schachtel. Er öffnete jede einzelne Seite, den Deckel und den Boden, bis wir sicher waren, daß da überhaupt keine Schachtel war. Hardy werde ich nie vergessen, mein ganzes Leben lang nicht, und auch nicht den Bunten Abend von allen und für alle, den er sich ausdachte.

Hardy sorgte dafür, daß jede von uns daran beteiligt war. Selbst den dümmsten und untalentiertesten Mädchen brachte er einen kleinen Trick oder eine sonstige Nummer bei. Für Beck, Lenz und Hoffmann trieb er Umhänge auf und machte sie zu seinen Assistentinnen. Was für phantastische Kulissen wir unter seiner Aufsicht bauten! Und Kostüme – fast aus nichts! Er kannte all diese Sachen, selbst Schminke.

Hardy, der Arzt, hatte nur zwei Heilmittel. Aspirin – für alles, angefangen vom verstauchten Knöchel bis zu den Kopfschmerzen, und Tetanusspritzen für aufgeschlagene Knie und Ellbogen. Die roten Flecken und die heißen Köpfe, über die sich viele Mädchen beklagten, schrieb er weiblichen Besonderheiten zu. Aber Hardy hatte nur zwei Semester Medizinstudium hinter sich und war kein richtiger Arzt. Als man ihm in seinem richtigen Beruf als Unterhalter eine Anstellung anbot, ging er weg. Alle weinten, sogar die Lehrerinnen.

Dr. Kühne, der gemeine, böse Dr. Kühne, kam eine Woche später. Er ging von einem Zimmer zum anderen, um sich vorzustellen, und als er mit seiner Inspektion fertig war, raste er zum Telefon und bestellte sieben Krankenwagen. Er mußte viele Anrufe machen. Offensichtlich war es nicht einfach, und wir hofften, es würde sich als unmöglich erweisen, aber noch am gleichen Nachmittag schickte er achtundsechzig von uns ins Bulovka-Krankenhaus nach Prag. Er sagte, wir hätten Scharlach – aber nur zwei von uns fühlten sich ein bißchen krank. Der Rest fühlte sich wohl. Doch er mußte sich unbedingt wichtig machen. Krankenwagen! Weg mit uns in eine vierwöchige Quarantäne. Beck, Lenz und Hoffmann hielten plötzlich großen Abstand von uns. Als sie uns zum Abschied zuwinkten, stand ihnen die Erleichterung, daß sie uns los waren, im Gesicht geschrieben.

Dr. Kühne hatte heftig protestiert, aber es war ihm nicht gelungen, Rita und Hilde fernzuhalten. Sie quetschten sich in die Krankenwagen, um sich von uns zu verabschieden, sie weinten mit uns, umarmten uns und küßten uns sogar. Das werde ich auch nicht vergessen. Seitdem hat niemand mit uns gesprochen. Mein Magen knurrt. Wir haben nichts gegessen seit gestern morgen im Lager. Bald ist es wieder Morgen. Die «Orange» erblaßt, und im Zimmer wird es heller. Ich setze mich auf, und meine Augen treffen die von Ruth. Die ersten Sonnenstrahlen fallen auf den Linoleumboden. Wortlos starren wir uns an. Wie zwei Marionetten, die am gleichen Faden hängen, drehen wir uns plötzlich um und verkriechen uns mit einem erneuten Tränenausbruch unter den Decken.

Stunden vergehen. Ich bin sicher, daß alle wach sind, aber keine rührt sich. Keine sagt ein Wort. Gegen Mittag dreht sich ein Schlüssel in der Tür; acht Augenpaare verfolgen die Schwester, die den Essenwagen hereinschiebt. Plötzlich reden wir alle auf einmal, bombardieren sie mit Fragen. Sie teilt Tabletts aus, schüttelt den Kopf, geht hinaus. Die Tür wird abgeschlossen.

«Was ist denn das hier? Ein Gefängnis? Warum, zum Teufel, sagst du denn nichts? Überhaupt nichts? Du blöde Ziege!» Das ist Ruth, die das kreischt. Wir haben keine Möglichkeit, unserem Ärger und unserer Frustration Luft zu machen. Wir sehen auf das Essen. Einen Moment lang herrscht Stille, und Hanni sagt: «Vielleicht ist sie taubstumm?» Dann ertönt ein Schrei, noch einer und noch einer. «Iiiih! Igittigitt! Das ist doch nicht möglich! Die können doch nicht von uns verlangen, *das* zu essen! Guckt euch das mal an! Pfui – da verhungre ich lieber!» Dicke schwarze Käfer kriechen zwischen den Erbsen auf meinem Teller herum. Ich zähle acht. Ruth gewinnt – sie hat vierzehn. Und das einzige, was sonst noch auf dem Teller ist, sieht aus wie weiches Brot, ist aber innen steinhart, wie sich herausstellt. Es fehlt nicht viel, und wir werfen der Schwester die Teller an den Kopf, als sie hereinkommt, um sie abzuholen. Wir deuten auf die Käfer, sie hebt die Augenbrauen, zuckt die Schultern, geht hinaus. Das brotartige Zeug behalten wir für einen Wurfwettbewerb.

Wie viele Tage sind vergangen? Eingeschlossen. Gefangene, die bestraft werden, aber wofür? Für den Scharlach, den wir nicht haben? Diese Schweine erlauben uns nicht einmal, auf die Toilette zu gehen. Wir müssen Töpfe benutzen, die unter unseren Betten stehen. Ich hasse das. Sie haben uns die Kleider weggenommen zum Desinfizieren! Wir haben nur diese blöden Krankenhaushemden. «Das Bulovka-Krankenhaus ist eins der modernsten Krankenhäuser», hatte Kühne gesagt. Aber sie haben uns natürlich in den alten Flügel gelegt. Außer unseren Betten und einem Waschbecken gibt es nichts in diesem riesigen Zimmer. Wir haben keine Bücher, kein Spielzeug, nichts, womit man sich beschäftigen könnte. Auf der anderen Seite des Fensters liegt Prag. Ja, wir haben eine phantastische Aussicht, die uns noch mehr bewußt macht, daß wir gefangen sind. Hier eingeschlossen zu sein und dabei auf den wunderschönen Park gegenüber blicken zu müssen, die vielen vergoldeten Dachspitzen, die Kirchtürme, die Brücken und die Boote auf der Moldau – das macht mich so wütend, daß ich gern . . . Ich weiß nicht was. Das ist es ja gerade. Pech, Ilse. «Das wirkliche Leben.» Es ist scheußlich. Vati und Mutti hätten mich nie weglassen sollen.

Der Höhepunkt unserer Tage? Wenn wir ein Pärchen entdecken, das sich im Park küßt. Ich überlege mir, wie es sich anfühlt, wenn

man gar nicht existiert. Alles muß besser sein als das hier. Ja, wir erhalten jetzt drei Mahlzeiten pro Tag. Nicht gut, aber auch nicht schlecht. Keine Käfer mehr.
Nach vielem Schreien und Flehen haben wir endlich von einer der Schwestern Papier und Umschläge erhalten, damit wir nach Hause schreiben können. Sie reden immer noch nicht mit uns. Ob sie wohl denken, sie könnten uns dazu bringen, verrückt zu werden? Tatsächlich wäre ihnen das vielleicht gelungen, wenn Rita und Hilde nicht wären. Sie haben uns zweimal besucht und haben volle Einkaufstaschen mitgebracht. Sie dürfen natürlich nicht herein, deshalb stehen sie vor unserem Fenster, zwei Stockwerke tiefer, und werfen Äpfel und Orangen zu uns herauf. Wir fangen sie auf. Glücklicherweise können sie beide gut werfen. Sie haben auch Briefe und Päckchen von zu Hause gebracht. Das haben wir erst vor ein paar Tagen erfahren, als sie uns hinausließen auf die Toilette. Im Flur, vor dem Ärztezimmer, lag ein ganzer Stoß Pakete. Als Ruth die Briefe sah, nahm sie sie einfach und verteilte sie schneller, als wir «Hier!» rufen konnten. Aber die Schwestern verteidigten die Pakete mit körperlicher Gewalt und schrien auf tschechisch, bis die Ärztin herauskam und uns zurück ins Zimmer bugsierte. Sie ist schön, und wir glauben, daß sie deutsch spricht oder es wenigstens versteht. Wenn das stimmt, dann behält sie das allerdings für sich. In drei Wochen war sie zweimal in unserem Zimmer! Sie und etwa ein Dutzend anderer Ärzte und Schwestern, eine ganze Prozession, kamen hereinmarschiert, gingen an den Betten vorbei, und während sie sich auf tschechisch unterhielten, maß eine Schwester unseren Blutdruck. Wir haben es aufgegeben, ihnen irgendwelche Fragen zu stellen. Sie antworten einfach nicht. Wir könnten genausogut Steine sein. Als die Schwester fertig war, gingen sie. Das war unsere ganze medizinische Behandlung. Und sie weigern sich, uns unsere Pakete zu geben. Ruth – wer denn sonst? – versuchte, eins zu stibitzen. Die diensthabende Schwester nahm es ihr nicht nur weg, sondern gab ihr auch noch einen Stoß. Beide schrien so laut sie nur konnten – die eine auf tschechisch, die andere auf deutsch, bis die Ärztin kam. Jetzt schließen sie unsere Tür wieder ab. Scheiße!

Es ist alles vorbei! Wir sind frei! Selbst das Lager, das blöde, alte, schreckliche Lager in Radoczowitz kommt uns plötzlich schön vor. Beinahe wie zu Hause. Beck, Lenz und Hoffmann strahlen, heißen «ihre Töchter» willkommen. Sigrun, die einzige von uns, die von dem Bulovka-Krankenhaus verschont blieb, hat für die Dekoration des Zimmers 18 einen Preis verdient. Aufgeregt unterhalten wir uns die halbe Nacht lang.
«Ich verstehe das nicht», sagt Sigrun. «Warum haben sie euch denn die Pakete nicht gegeben?»
«Ich könnte es verstehen», unterbricht Hanni, «wenn sie den Inhalt armen tschechischen Kindern gegeben hätten. Aber alles verderben zu lassen!»
Sigrun schüttelt immer noch ungläubig den Kopf, als wir bis ins kleinste Detail beschreiben, wie der Paketstapel sich langsam in einen Ameisenhaufen verwandelt hatte. «Man kann den Ameisen keinen Vorwurf machen – meine Mutter backt phantastischen Kuchen.»
«Du hast den Kirschmandelring von meiner Mutter noch nicht versucht! Das ist mein Lieblingskuchen, und wie sie schreibt, hat sie den geschickt», sage ich. Wenn ich daran denke, läuft mir das Wasser im Mund zusammen. Ich will ihn beschreiben, aber Hanni unterbricht mich. Wir unterbrechen uns dauernd gegenseitig, weil es so viel zu erzählen gibt. «Tausende, Millionen von Ameisen – du würdest es nicht glauben!»
«Zumindest haben wir uns gerächt oder wenigstens ein bißchen», sagt Ruth nicht ohne Stolz. «Als wir gingen, mußte ich einfach gegen den Haufen treten.» Und Hanni fährt fort: «Und dann machten wir anderen das auch, bis alles auf dem Boden verstreut herumlag.»
«Mußtet ihr es nicht aufheben?» fragt Sigrun.
«Nein! Wir gingen einfach weg. Die Autos warteten. Aber ich hätte es sowieso nicht getan. Ich hätte die Pakete nicht angerührt», sagt Ruth angeberisch. «Das sollen *die* doch machen. Sollen sie doch Kuchen essen mit Ameisen. 'sticken solln se dran!»

28. September 1941. Alles ist gepackt. Das Lager wird aufgelöst. Keiner weiß weshalb. Morgen fahren wir nach Hause. Ich fahre nach Hause. Nach Lübars, nehme ich an. Ja, ich freue mich, aber nicht so wie die anderen. Es wäre anders, wenn ich zu Mutti und Vati und *unserem* Haus nach Hause führe. Aber so bin ich unsicher, habe ein bißchen Angst, wie es wohl sein wird. Ich weiß wirklich nicht warum.

Kapitel 7

1941–1942

Berlin

Mutti! Mutti! Wo ist Mutti! Ich werde sie nie finden in diesem Chaos. Vielleicht hat sie meinen Brief nicht erhalten. Alles ging so schnell. Wir wurden in kleine Gruppen aufgeteilt, und jede Gruppe wurde auf einer anderen Strecke nach Berlin zurückgeschickt. Keine Fanfaren, keine Girlanden, kein Reichsjugendführer heißen uns willkommen. Uns? Ich bin die einzige, die noch übrig ist. Die anderen Drei von meiner Gruppe sind schon weg. Ich hätte mit ihnen gehen können, aber ich habe Mutti geschrieben, wir würden uns am Bahnhof Gesundbrunnen treffen, damit sie nicht ganz in die Stadt kommen muß. Selbst von da aus braucht man noch eine Stunde nach Lübars.

Wie hätte ich wissen sollen, daß hier so viele Menschen sind? Ich kann weder Bahnsteig noch Züge sehen, nur Menschen. Schiebende, stoßende Menschen. Sehr wenige Zivilisten. Die meisten haben irgendeine Uniform an, und alle tragen Gepäck, Bündel oder Schachteln. Wo sie wohl alle hinwollen? Ich hatte noch Glück, daß ich hier überhaupt aus dem Zug herauskam. Die Menschenmenge, die sich voranschob, um in den Zug zu kommen, war so wild entschlossen, daß ich einen Moment lang Angst hatte, ich würde es nicht schaffen.

Das verkohlte Gerippe eines ehemaligen großen Theaters ragt in den dunklen Himmel. Große und dicke Wolken ziehen dahin. Ich habe zwischen zwei Schildern eine Stelle gefunden, wo ich mit dem Akkordeon im Arm auf meinem Koffer sitzen kann. Eine kleine

Insel in diesem Durcheinander. Lautsprecher plärren: «Achtung, Achtung. Schnellzug nach Stettin auf Gleis drei. Zurücktreten! Zurücktreten!» Etwas stößt mich in den Rücken, als die Menge sich vorwärtsschiebt. Und dann sehe ich sie. Sie sieht mich auch. Wir drängen aufeinander zu, ich verliere sie aus dem Blickfeld, finde sie wieder. Sie umarmt mich und das Akkordeon. Wir werden gestoßen und geschoben, während wir uns nicht einigen können, wer von uns meinen Koffer tragen soll. Es ist unmöglich, zu reden.

«Vorortzug nach Oranienburg auf Gleis vier!» Unser Zug. «Zurücktreten, zurücktreten!» Wir werden auf den Zug zugestoßen, eingeschlossen in einen Strom, der sich durch die Türen schiebt. Etwas stößt mir von hinten gegen die Knie, aber ich kann nicht hinfallen, werde von den Umstehenden aufrecht gehalten. Leute sind zwischen den Türen eingeklemmt. Ein kräftiger Stoß von denen, die noch draußen sind, und zischend schließen sich die automatischen Türen. Der Zug setzt sich in Bewegung. Wir sind drinnen. Mutti und ich sind getrennt worden, und wir können uns nur ansehen, wenn der Zug uns in eine bestimmte Richtung schwanken läßt. Das Akkordeon habe ich noch, aber ich habe keine Ahnung, wo mein Koffer ist.

Wollankstraße, Schönholz, Reinickendorf, Wittenau – wir lassen die Stationen hinter uns, und der Zug wird immer leerer. Schließlich kommt Waidmannslust. Wir steigen ohne Schwierigkeiten aus. Endlich beisammen.

«Ilse, es tut mir leid, ich weiß nicht, wie das passiert ist!»

«Es ist alles in Ordnung.»

«Ach Ilse, bitte verzeih mir!»

«Ich bin so froh, daß ich wieder da bin, Mutti. Wir sind zusammen, das ist das einzige, was zählt.»

Mutti ist so nervös. Sie umarmt mich, packt den Koffer, stellt ihn wieder ab, streicht ihr Haar glatt, umarmt mich wieder. Sie hat Tränen in den Augen. «Ilse, ich weiß nicht, wie das passiert ist! Ich habe überall gesucht.»

«Ich habe nicht lange warten müssen, Mutti, ganz bestimmt nicht. Ich wußte, du würdest kommen. Jetzt ist alles gut.»

«Ja, ja, aber . . . ich weiß nicht, wie ich es dir sagen soll . . .»
«Was?» Ich habe plötzlich Angst.
«Das mit dem Akkordeon», sagt sie und beginnt zu weinen.
Zwischen den Schluchzern, während sie nervös an ihrem Haar herumspielt und mich umarmt, kommt es heraus. Sie hat ein neues Akkordeon, Vatis Willkommensgeschenk für mich, in einem Zug liegengelassen. Sie hat versucht, es zu finden, hat telefoniert, ist herumgerannt, aber natürlich ist es weg.
«Mach dir keine Sorgen, Mutti, mein jetziges ist gut genug.» Was hätte ich sonst sagen sollen? «Wie viele Bässe hatte es?»
«Achtundzwanzig!»
Mein jetziges hat nur acht. Man kann nicht viel damit anfangen. Trotzdem. «Ich hätte wahrscheinlich sowieso nicht darauf spielen können.» Ich versuche, sie zu trösten. «Hatte es einen richtigen Akkordeonkasten? So einen, wo man sieht, daß es ein Akkordeon ist?»
«Ja», antwortet sie, und die Tränen fließen wieder.
«Bitte, Mutti, hör auf, es macht nichts», sage ich und denke an den viereckigen Kasten, den meins hat. «Bitte, Mutti! Dafür, wie ich spiele, ist meins gut genug.»
«Sagst *du* es Vati?»
«Ja. Bitte mach dir keine Sorgen.»
Ihr Gesicht hellt sich auf. Sie ist schöner, als ich sie jemals gesehen habe. Ihre Haut ist makellos und genauso weich, wie sie aussieht. Das Hervorstechendste an ihrem Gesicht sind ihre Augen, große, haselnußbraune Augen. Vati sang früher immer über ein Mädchen mit haselnußbraunen Augen. Dabei sah er Mutti an, und man wußte, daß er *sie* meinte. Mutti hat ein außergewöhnliches Gesicht – exotisch, geheimnisvoll. Ich kenne niemand, der ihr auch nur im geringsten ähnlich sieht. Warum bin ich so häßlich? Ich wäre schon glücklich, wenn ich halb so schön wäre. Die dunkelblaue Reichsbahnuniform, die sie trägt – ich habe sie gerade bemerkt – sieht phantastisch aus an ihr. Sie redet über ihre Arbeit, und während ich zuhöre, denke ich darüber nach, wie schön es ist, ihrer Stimme zuzuhören und ihrem Lachen. Hans Wagner hatte immer gesagt, sie

solle es versichern lassen, denn ihr Lachen sei das schönste Lachen auf der ganzen Welt.

Mutti erzählt lebhaft. «Kannst du dir das vorstellen? Wegen einem Tag! Ich hatte alles andere bestanden. Nur noch einen Tag hätte die mündliche Prüfung gedauert, und sie haben mir nicht einmal erlaubt, die noch zu machen. Ich hatte alles mit ‹sehr gut› bestanden. Noch ein Tag, und ich wäre Schneidermeisterin gewesen. Wenigstens hatte ich die Wahl, bei der Eisenbahn zu arbeiten oder in einer Munitionsfabrik. Es ist jetzt Gesetz, daß jeder arbeiten muß, der kann. Einige Frauen, die ich kenne, wurden nicht einmal gefragt, sondern einfach eingeteilt. Die Arbeit am Fahrkartenschalter macht mir nichts aus, die Leute sind sehr nett, vor allem mein Chef. Er hat mir erlaubt, heute die Schicht zu tauschen, damit ich dich abholen konnte. Ja, es gefällt mir wirklich, selbst mit der Nachtschicht, die ich ab und zu machen muß.»

Wir sind zu Hause, zu Hause in Lübars. Alles sieht noch genauso aus, nur ein wenig kleiner. Großmutter, rundlich wie immer und fast ohne Taille, trägt dieselbe alte und oft geflickte grauweißgestreifte Schürze. Unter ihrem langen Rock sieht man nur die Knöchel über den alten Schuhen, die von Großvater zu sein scheinen. Ihr Gesicht ist runzlig, ihr graues Haar ist im Nacken hochgesteckt. Sie muß früher einmal hübsch gewesen sein, aber ob sie wohl jemals schlank war? Ich kann es mir nicht vorstellen.

«Ich kann nicht bleiben, das weißt du doch», sagt Mutti, als sie den Kaffeetisch sieht, der für drei gedeckt ist.

«Du hast doch bestimmt Zeit für eine Tasse Kaffee und ein Stück Kuchen!»

«Mutter!» Mutti klingt gereizt. «Du weißt, daß ich den Zug um 2 Uhr 40 kriegen muß, der um 3 Uhr 35 ankommt, also schon zehn Minuten zu spät für Frau Schmid. Ich muß sie ablösen. Sie war so freundlich, mir zu versprechen, auf mich zu warten. Das *muß* sie nämlich nicht!»

Großmutter zuckt die Achseln und beginnt, den Kuchen zu schneiden, während Mutti mir hilft, meine Sachen nach oben zu tragen. Ich hatte nicht gewußt, daß Mutti schon so schnell wieder weg muß.

Ich bin ganz niedergeschmettert. Sie ist gerade erst den ganzen Weg aus der Stadt gekommen. Zuerst mußte sie mit dem Bus und dem Zug in die Stadt fahren, um mich abzuholen, dann hat sie die gleiche Fahrt von mehr als einer Stunde hierher gemacht, und jetzt kehrt sie wieder um und fährt zurück. Das dritte Mal an einem Tag.
«Gefallen sie dir?» unterbricht sie meine Gedanken. «Ich habe sie früh heute morgen gepflückt – etwas Hübsches als Willkommensgruß.»
Ein bunter Strauß aus Ringelblumen, Schwertlilien, Schleierkraut, Astern und Flammenden Herzen steht auf dem Tisch neben einer großen Schale mit Trauben, Äpfeln, Birnen und Pfirsichen.
«Alles aus unserem Garten», sagt Mutti stolz. «Sieh dir mal die Äpfel an! Sind sie nicht herrlich? Ich habe sogar einen vom Lieblingsbaum deines Großvaters, dem ‹Großen Herzog›, genommen. Ich hoffe, er hat nichts dagegen. Er zählt sie nämlich.»
Neben den Blumen und dem Obst liegen Süßigkeiten und ein nagelneuer Tuschkasten, ein Zeichenblock und Bücher.
«Ja, das ist alles für dich», sagt Mutti. «Ich habe dich so vermißt, und außerdem warst du an deinem Geburtstag nicht hier.»
Alles ist so schön aufgebaut, wie nur Mutti das kann. Aus Angst, diesen Aufbau zu zerstören, traue ich mich nicht, etwas anzufassen. Außerdem – was viel wichtiger ist als Geschenke – ich habe meine Mutter wieder. Ich umarme sie, küsse sie, will sie nie mehr weglassen. Und dann fallen unsere Augen gleichzeitig auf den Wecker. Es ist Zeit!
Vor sich hinbrummend, packt Großmutter für Mutti zum Mitnehmen ein Viertel von dem Kuchen ein. Mutti, die vor einer Minute noch da war, ist weg.
«Aber dazu bist du viel zu groß», protestiert Großmutter, als ich mich entschlossen auf ihrem breiten Schoß niederlasse. Aber ich bleibe dort, während ich meinen Kuchen esse, und noch lange hinterher. Ich muß ihr all die Sachen übers Lager erzählen, die für Muttis Ohren bestimmt waren. Schließlich befreit sie sich und sagt: «Also genau, wie ich es mir vorgestellt habe. Die ganze Evakuiererei war zu nichts gut. Hier wäre es dir besser gegangen, und Gott weiß,

daß ich dich hätte brauchen können. Der Garten, das Haus, die Tiere – es wird mir alles zuviel. Ich mache jetzt besser das Abendessen. Du kannst dich ums Geschirr kümmern, und dann kannst du deine Sachen auspacken. Der Wäschekorb ist im Keller.»
Sie geht unten herum. Ich höre die Verandatür, dann: «Hier, tuck, tuck-tuck tuck», als sie die Hühner füttert. Ich fühle mich verlassen. Unsicher, wo ich was hintun soll, setze ich mich aufs Bett, gucke die Geschenke auf dem Tisch an und beginne zu weinen. Warum bin ich so unglücklich? Ich bin zu Hause. Nein, es ist nicht wegen dem verschwundenen neuen Akkordeon. Ich hatte es nicht erwartet, hatte nicht einmal Zeit gehabt, mich darauf zu freuen.
Plötzlich weiß ich es. Es ist, weil hier kein Platz für mich ist. Die kleine Leere, die ich vielleicht hinterlassen hatte, ist gefüllt, so ähnlich wie bei Teig, der langsam das Loch ausfüllt, das von einem Löffel stammt. Mein Platz hier ist ausgefüllt. Mutti hat ihren Beruf. Ich weiß, daß sie ihn mag. Großmutter, Großvater – alle haben etwas zu tun. Sie brauchen mich nicht.
Ich höre unten seine schweren Schritte, dann seine rauhe, laute Stimme. «Ist Ilse gekommen?»
«Ja, sie ist da», antwortet Großmutter, dann ruft sie: «Ilse!»
Wir essen fast schweigend. Er ist müde, hat Kopfschmerzen, geht ins Bett. «Nacht», sagt er und: «Vergiß nicht, das Rollo herunterzuziehen, bevor du Licht machst. Oder noch besser – mach überhaupt kein Licht an. Zum Ausziehen brauchst du kein Licht. Als *ich* jung war, hatten wir überhaupt keins.»
Die einzigen beiden Sätze, die er sonst noch zu mir sagte, waren altbekannt: «Blaß und dünn wie immer. Haben sie dir nichts zu essen gegeben?» und «Gut, daß du wieder da bist. Großmutter braucht Hilfe.»
«Hoffentlich kommen sie heute nacht nicht», sagt Großmutter, dann fügt sie hinzu: «Die Flugzeuge, meine ich. Ich hoffe, daß es keinen Luftangriff gibt. Und denk an das mit dem Licht.»
Ich hatte die Luftangriffe vergessen, und die Angst packt mich, als ich mich nach oben taste, mich im Dunkeln ausziehe und in das frühere Bett von Vati schlüpfe. Tick-tack, tick-tack. Die Leuchtzif-

fern des Weckers starren mich an. Ein Mondstrahl zwängt sich durch den engen Spalt zwischen dem Rollo und der Fensterscheibe, sitzt auf einem meiner zerknüllten Söckchen wie eine helle, kleine Glühbirne. Ich schließe die Augen, ziehe die Decke über den Kopf und rolle mich zu einem festen, einsamen Ball zusammen.

«Kind, Kind», sagt Oma immer wieder und umarmt mich. «Kind! Wenn man daran denkt, daß all dieser Wahnsinn noch nicht vorbei ist!»
Omas Gesicht ist ganz eingefallen, und mir scheint, als hätten die Sorgen – mehr als alle körperlichen Anstrengungen – ihre stolze Gestalt gebeugt. Sie geht eilig im Zimmer hin und her, hebt dieses und jenes auf, stellt Fragen, aber hört kaum auf meine Antworten. Schließlich dreht sie sich um und guckt mich an. Sie lächelt, aber es sieht so aus, als koste sie dieses Lächeln eine ungeheure Anstrengung.
Wieder einmal sitzen wir an ihrem Nähtisch am Fenster, essen Kekse und trinken Ersatzkaffee. Das Gespräch ist unzusammenhängend, denn wir sehen öfter aus dem Fenster als zueinander hin. Wir warten auf Vati. Vati weiß, daß ich komme, aber . . .
«Beim letzten Luftangriff trafen sie eins der Hauptkabel», sagt Oma. «Er ist jetzt schon weg seit –» sie guckt auf die Uhr, zählt – «fast vierundzwanzig Stunden. Ach, er muß so viel arbeiten in diesen Tagen. Er ist kaum zu Hause, und wenn er da ist, dann ist er zu allem zu müde, außer zum Schlafen. Er müßte bald da sein.»
Und dann sehe ich ihn, mit offenem Lodenmantel und mit der schäbigen alten Aktentasche unterm Arm. Er überquert die Straße. Wie der Blitz bin ich unten und in seinen Armen.
Bis zum Rand mit Geschichten angefüllt, komme ich kaum zum Mittagessen. All die Ereignisse, die aufgestauten Gefühle des letzten halben Jahres. Aber ich komme nicht zum Erzählen, nicht mit all den Einzelheiten wie früher. Frage folgt auf Frage, und das läßt mir nur Zeit für ein «ja» oder ein «nein». So kann man keine Sachen erzählen. Vati, der gerade den letzten Bissen hinunterschluckt, steht auf und legt sich hin. Ich weiß, daß er müde ist. Trotzdem bin ich

enttäuscht. Ich muß nach Lübars zurück, jede Minute ist kostbar, eine Stunde ist eine Ewigkeit.
«Nur eine Stunde, kleiner Hase. Nein, ich finde, es ist Zeit, daß du lernst, dich zu verteidigen, und daß du ein paar Stacheln entwikkelst. Deshalb werde ich dich von jetzt an Igel nennen. Ich habe dir einen ins Krankenhaus geschickt, einen kleinen, ausgestopften, weißt du.»
«Nein, das weiß ich nicht. Ich erinnere mich daran, daß du etwas von einer Überraschung geschrieben hast, aber wir haben die Pakete nie bekommen, sie ...»
Vati ist in seine Decke gewickelt. Nur seine geschlossenen Augen und seine Nase gucken heraus. Ein kleiner Brummer ist zu hören. Er ist fest eingeschlafen. Oma flüstert: «Ja, ein Steiff-Igel, sehr weich. Du bekommst einen anderen», und sie setzt sich mit einem Buch in ihren Sessel.
Ich versuche zu lesen, aber ich kann mich nicht konzentrieren. Statt dessen beobachte ich die Uhrzeiger. Sie scheinen sich nicht zu bewegen. Ich überlege mir, was sich geändert hat. Sogar hier fühle ich mich nicht mehr zu Hause. Keinen Platz, keine Zeit für Ilse. In diesem Augenblick wäre ich gern mit Ruth, Sigrun und Hanni zusammen. Wenn ich wenigstens am Telefon mit ihnen reden könnte! Aber nur sehr reiche Leute und Geschäfte haben ein Telefon.
Genau nach einer Stunde wecke ich Vati auf. Gut gelaunt knufft er mich, und wir jagen einander um den Tisch herum wie früher. Das ist Vati, so wie ich ihn in Erinnerung habe, oder zumindest fast. Und dann reden wir über die Tschechen und die Pakete, und er sagt, daß «wir Deutschen» in Polen und in der Tschechoslowakei schreckliche Sachen gemacht haben. Noch wußten wir nichts von dem kleinen tschechischen Dorf Lidice, wo im Jahr darauf die arischen Supermänner des Führers, die stolzen Truppen, jeden Mann, jede Frau und jedes Kind an die Wand gestellt und kaltblütig erschossen haben, während man die Häuser niederbrannte.
«Ernst!» unterbricht Oma. «Ist das nötig?»
«Ja, das ist es», gibt Vati ärgerlich zurück. «Ganz bestimmt! Ich will, daß Ilse weiß, warum alles, was mit Deutschland und den

Deutschen zu tun hat, für den Rest der Welt bald etwas Hassenswertes und Verabscheuungswürdiges sein wird. Und das haben wir dem großen Adolf und seinen Anhängern zu verdanken.»

Ich nicke. Oma, das sehe ich, möchte das Gesprächsthema wechseln. Sie sagt: «Die Waldmanns sind angekommen – und sie sind in Sicherheit!»

Ich weiß nicht, wer die Waldmanns sind oder wo sie angekommen sind. Vati starrt ins Leere, sagt ewig lange nichts, dann: «Sie haben Glück – oder vielleicht auch nicht. Irgendwo neu anzufangen, wo man niemand ist, wo einen niemand kennt? Ich weiß nicht. Für uns existiert die Frage einer Auswanderung sowieso nicht. Sie haben Verbindungen, Geld, Bildung. Wir leben von der Hand in den Mund, wir hätten noch nicht einmal das Geld für eine Zugfahrt nach ... Wohin sollten wir auch fahren? Wir kennen niemand im Ausland. Ich spreche nur deutsch ...»

Oma spielt mit den Händen herum, blickt zu Boden. Ich kann ihr Gesicht nicht sehen. Vati fährt fast trotzig fort: «Selbst, wenn wir durch irgendein Wunder Paris erreichen würden, was dann? Wie würde ich Arbeit bekommen? Wo würden wir leben? Und wovon?» Wieder macht er eine lange Pause, dann sagt er: «Nein! Unsere einzige Überlebenschance haben wir hier, auf unserem heimatlichen Boden. Zumindest kennen wir uns hier aus.»

Ich bin nicht sicher, ob ich weiß, wovon er redet. Ins Ausland gehen? Es ist schlimm genug, daß ich keine Familie habe wie die anderen, kein Zuhause, wo ich mich zu Hause fühle. Und was Vati sagt, hört sich an, als könne ich mich nicht einmal mehr darauf verlassen, daß es Omas Wohnung gibt und daß man hier sicher ist. Ich will ihn umarmen, will ihm körperlich nah sein, aber er und sogar Oma sehen abweisend aus und scheinen weit weg.

«O Ernst!» Oma seufzt wieder. «Ich hoffe nur, dein Chef, der Kleine, kann dich hierbehalten.»

«Mutter! Wir wissen beide, daß sich die Lage noch verschlechtern wird. Ich bin schon in seiner Forschungsabteilung. Wichtige Arbeit. Die Luftangriffe werden weitergehen, vermutlich werden sie schlimmer werden. Sie brauchen uns, damit der Strom fließt. Der

Kleine wird alles tun, was er kann, mehr kann ich nicht verlangen, und es ist schon mehr, als die meisten tun würden.» Vatis Gesicht hellt sich auf, er wendet sich zu mir. «Und für den Rest, kleiner Igel, verlassen wir uns auf ein bißchen Glück, stimmt's? Was wäre ohne Glück?»

Gehorsam liefere ich den Rest dieser albernen Berliner Redensart: «Ohne Glück verliert man selbst das Wasser aus der Kiepe.»

«Komm, ich bringe dich nach Hause.»

Wir radeln nach Lübars und verabschieden uns an der Ecke.

«Bis nächsten Samstag», sagt er. «Aber sei nicht allzu enttäuscht, wenn ich nicht da bin. Ich weiß es nie vorher, und wenn die Tommies eine von unseren Hauptleitungen treffen, dann müssen wir raus, ob es Morgen ist oder Nacht, Samstag oder Sonntag. Das weißt du!»

Ja, das weiß ich, und ich versuche, verständnisvoll auszusehen, trotz der Wut in mir. Es ist ein Zorn, den ich nicht so einfach erklären kann, nur, daß er sich gegen diese Arbeitszeiten richtet, die den Eltern nicht einmal gestatten, nach einem halben Jahr der Trennung mit ihrer Tochter zusammen zu sein.

Ich sitze auf meinem Fahrrad, halb an einen Baum gelehnt. Wie gewöhnlich kommt Uschi Bohr zu spät. Sie war nicht da, als ich bei ihr zu Hause war, um herauszufinden, was in der Schule los ist. Ihre Mutter sagte mir, daß die Hälfte der Schule jetzt von der Wehrmacht als Kaserne benutzt wird und daß der Unterricht deshalb in verschiedenen Schichten abgehalten wird. Wir haben diese Woche Spätschicht.

«Tut mir leid, ich weiß, ich bin zu spät dran.» Uschi, mit roten Wangen und fliegenden Zöpfen, trägt immer noch die gestopften Kniestrümpfe, die jetzt kaum noch die Waden bedecken.

Wir treten in die Pedale wie wild, haben keine Zeit zum Reden. Da ist sie, die gute alte Hans-Thoma-Schule. Da sind Soldaten in Kampfuniform, und auf den Gängen stehen Feldbetten. Was für ein Durcheinander! Ich eile Uschi nach, froh, daß sie weiß, wohin wir gehen müssen. Sie winkt mir zu, mich neben sie zu setzen.

«Ich habe es geschafft, dir einen Platz freizuhalten.» Sie lächelt übers ganze Gesicht. «Es war nicht leicht.»
Ich lächle zurück, versuche, all meine Gefühle in ein breites Grinsen zu legen. Ich hätte sie gern umarmt und bin vor Dankbarkeit den Tränen nahe. Uschi hat mir einen Platz aufgehoben. Es gibt also doch einen Platz für mich. Wie kann ich ihr erklären, was mir das bedeutet? Vielleicht fühlt sie es, denn sie sagt: «Schön, daß du wieder da bist», während die Beck hereinkommt.
«Guten Morgen.»
«Auf meiner Uhr ist es halb zwölf», sagt Ruth hinter mir. Wir stoßen uns unter der Bank mit den Füßen an, und wir halten beide nach Sigrun und Hanni Ausschau. Sigrun, die in der ersten Reihe sitzt (typisch!), winkt uns zu.
Die Beck schaut sich um. «Ich freue mich zu sehen, daß wir alle wieder hier sind.»
Hanni kommt herein, grinst, winkt, läßt sich Zeit, einen Platz zu finden und sich hinzusetzen.
«Wie ich schon sagte», sagt die Beck, «bin ich froh, daß wir alle hier sind.»
«Das sollten Sie auch», flüstere ich in Uschis Richtung.
«Ruhe bitte!» sagt die Beck. «Wir fahren heute mit der Interpunktion und dem richtigen Gebrauch des Kommas fort.»
Nicken von denen, die zu Hause geblieben sind, Geflüster, Bemerkungen und Gekicher von den Evakuierten.
«Ich sagte *Ruhe!* . . . Das Komma! Wann benutzen wir das Komma?»
Hände gehen in die Höhe, auch die von Uschi.
«Habt ihr das gehabt?» frage ich. Sie nickt. Fragen von der Beck, Antworten . . . nicht von den Evakuierten. Ich melde mich.
«Ja?»
«Fräulein Beck, wir haben die Interpunktion nicht gehabt!» Die anderen Evakuierten stimmen zu. Was wird die Beck sagen?
«Tja . . .» Einen Augenblick lang ist sie unsicher, dann: «Aber das müßtet ihr können. Interpunktion ist äußerst wichtig. Das müßtet ihr können.»

«Ja, bloß woher? Vom Heiligen Geist vielleicht?»
Ruth kichert.
«Ruhe», befiehlt die Beck, «oder ihr werdet vom Unterricht ausgeschlossen.»
«Das würde nicht den geringsten Unterschied machen, oder?» Ruth ist hartnäckig.
Die Beck hat es entweder nicht gehört, oder sie hat sich entschlossen, es nicht zu beachten. Sie macht weiter mit dem Komma, dem Bindestrich und den Anführungszeichen.
Ist das möglich? frage ich mich. Kann sie so weitermachen, so tun, als sei nichts geschehen? Sind Radoczowitz und das Bulovka-Krankenhaus schon vergessen? Ein halbes Jahr verloren?
Es läutet. Die Beck, die ahnt, daß wir sie belagern werden, ist mit ein paar Schritten an der Tür. «Eure Geschichtsstunde ist am anderen Ende des Gebäudes. Schnell, macht schon, oder ihr kommt zu spät!»
Aber wir, die Evakuierten, versammeln uns um sie herum, drücken sie gegen den Türrahmen, bombardieren sie mit Fragen.
«Lest es nach, lest es nach! Ihr müßtet diese Dinge wirklich schon wissen!»
An der Tür wird geschoben und gestoßen.
«Macht schon! Macht schon!»
Als ich an ihr vorbeikomme, gibt sie mir einen kleinen Schubser, dann einen gefühlvollen Blick, und dann tätschelt sie mich am Kopf. Dieses herablassende Tätscheln reicht, um mich in Bewegung zu setzen. Jetzt bin ich vorbereitet auf die in Samt gekleidete Hoffmann.
Aber die Hoffmann hat sich entschlossen, im Stoff zurückzugehen und zu wiederholen. «Schlagt eure Bücher auf beim . . . Dreißigjährigen Krieg. Nein, wartet, noch nicht. Wann hat er begonnen?»
Ein Stöhnen aus der Klasse. Jemand ruft: «Aber das haben wir schon gehabt!»
Die Hoffmann fährt fort, ohne die Augen zu heben: «Dann nehmen wir es noch einmal durch. Wie begann er?»

Nichts hat sich geändert, außer daß die Pause mehr Spaß macht, seit wir auf den Feldbetten herumhüpfen können. Zusammen mit der Klingel ertönen Sirenen. Wir rennen alle in verschiedene Richtungen, stoßen ineinander, kreischen, lachen. Lehrer rufen, fuchteln mit den Armen. Soldaten setzen den Helm auf, und ihnen gelingt es schließlich, uns in einer Reihe aufzustellen und in den Keller zu treiben. Bis sich die letzte Gruppe hereinschiebt, ertönt die Entwarnung. Natürlich lassen wir uns Zeit beim Hinaufgehen. Keiner hat es eilig. Wir haben sowieso nur noch eine Stunde. Musik.
«Wollen wir wetten, daß die Lenz singt?» fragt Ruth. Hanni, Sigrun und ich verdrehen nur die Augen.
«Ist sie immer noch bei ihren roten Wolken?» will Uschi wissen, und «Zimmer 18» bricht in Gelächter aus.
Die Lenz, die dürre Lenz mit ihrem Sacharin-Lächeln, ihrem langen Rock und den weißen Socken in den Wanderschuhen, begrüßt uns: «Meine Kinder!»
«Ich bin nicht Ihr Kind», brumme ich.
«Meinst du vielleicht *ich*?» kommt von Ruth.
«Ist es nicht schön, daß wir alle wieder zu Hause sind?» sagt die Lenz.
Augenbrauen gehen in die Höhe. Von hinten piepst jemand: «Rote Wolken am Himmel» mit einem verrückten Extratremolo. Gelächter. Ist die Lenz böse?
«Genau damit sollten wir beginnen», sagt sie und lächelt immer noch.
Zimmer 18 tauscht wissende Blicke, aber die Lenz ist schon am Klavier, schlägt den ersten Ton an und sagt, ohne aufzublicken: «Ihr wißt, daß das mein Lieblingslied ist.»
«Leider», kommt es von hinten. Jemand sagt mit gespielter Begeisterung: «Ja, ja, Frau Lenz, wir wollen Ihr Lied singen.» – «Wir wollen das von den roten Wolken hören.» – «Ja, und von dem Föhn. Bitte, Frau Lenz!»
Die Lenz dreht sich auf dem Klavierstuhl um, beehrt uns mit einem entschuldigenden Lächeln. Ihre hohe Stimme erklingt, und sie hebt ihr Gesicht himmelwärts.

«Rote Wolken am Himmel,
in den Tannen der Föhn,
und ich freu-heu mich, und ich freu-heu mich,
daß der Morgen so schön.»

Die Klasse fällt mit ein und singt in jeder erdenklichen Tonlage. Wir klingen wie ein Haufen Ferkel, die gerade abgestochen werden. Wir brechen ab und lassen sie den letzten Refrain allein singen.

«und ich freu-heu-heu mich, freu-heu-heu mich,
daß der Morgen so schön.»

Während der kalten und dunklen Wintertage im Jahre 1941 gibt es nichts zu freuen. Überall ist Krieg. Nach einem Angriff auf die amerikanischen Schiffe in Pearl Harbor steht Japan mit den Vereinigten Staaten im Krieg. Vier Tage nach diesem Angriff, am 11. Dezember, erklärt Hitler Amerika ebenfalls den Krieg. Hitler ist größenwahnsinnig, sagt Großmutter. Großvater nickt, wenn sie das sagt. Le Havre, Scapa Flow, Spitzbergen, Tobruk, Kreta, Ploesti. Überall sind deutsche Truppen, von Frankreich bis Norwegen, von Nordafrika bis Griechenland und Rußland. Der Dnjepr, die Ukraine, die Krim. Russische Namen dominieren in den Nachrichten, während die Deutschen in dieses riesige Land eindringen, bis vor die Tore Moskaus. In Rußland ist es kalt, der russische Winter ist ein bitterer Feind, so bitter wie die russische Armee. Hier ist es auch kalt. Alle Seen, selbst die Flüsse, sind zugefroren. Ich will, daß Uschi mit mir schlittschuhlaufen geht. Nächste Woche haben wir wieder Nachmittagsschicht, dann ist es zu dunkel. Die Schicht ist auf drei Stunden verkürzt worden, aber wenn wir aus der Schule kommen, ist es draußen stockdunkel, und wir haben Angst, wenn wir durch die verlassenen Straßen nach Hause fahren. Die wenigen Straßenlampen haben wegen der Luftangriffe blaue Birnen, und mit dem bißchen Licht, das sie abgeben, könnten sie genausogut ausgeschaltet sein.
«Ich wollte, ich könnte gehen, ich laufe so gerne Schlittschuh», sagt

Uschi, «aber du weißt . . .»
Ich weiß. Ihre Mutter ist immer krank, und Uschi muß auf ihre beiden kleineren Schwestern aufpassen, muß in den Geschäften anstehen und muß sogar kochen. «Vielleicht, wenn ich mit deiner Mutter spreche . . .?»
Uschis Mutter ist in der Küche. Die Küche dieser Mietswohnung ist so winzig, daß wir kaum Platz haben zum Stehen. Alles scheint grau, beengt, einschließlich Frau Bohr, die auf dem einzigen Stuhl sitzt. Sie sieht aus, als würde sie jeden Moment anfangen zu weinen. Aber sie sieht ja immer so aus.
«Ich fühle mich nicht wohl», seufzt sie. «Uschi weiß das, oder nicht?»
Uschi schaut ihre Mutter mitleidig an. «Ich weiß, Mama», sagt sie leise, «aber ich dachte, ich könnte heute vielleicht . . . nur für eine Stunde . . .»
Ihre Mutter hat den Kopf gesenkt, sagt nichts. Ich bettle. Sie schweigt weiter. Man kann sich nicht vorstellen, wie jemand, der so klein ist, so schwerfällig sein kann beim Aufstehen. Als ob sie kein einziges Wort gehört hätte, geht sie zum Herd, hebt einen Löffel hoch, als sei er aus Blei, und fischt damit in einem Topf herum, der auf kleiner Flamme steht.
«Da, seht!» Auf dem Löffel liegt ein vollkommen weißer Markknochen. «Drei Suppen habe ich damit gekocht!» So, wie sie das sagt, habe ich das Gefühl, es sei meine Schuld. «Ich habe gehört, daß heute eine Fleischlieferung war. *Ich* kann nicht Schlange stehen!»
Das letzte Wort klingt wie ein Wehklagen. Ihre Stimme verliert sich. Sie läßt den Löffel und den Knochen auf den Tisch fallen, setzt sich wieder hin und schlägt die Hände vors Gesicht.
«Ich werde gehen, Mama.» Uschi tätschelt die Schulter ihrer Mutter und wirft mir einen entschuldigenden Blick zu, der sagt: Siehst du? Was soll ich machen? und sie wiederholt: «Alles in Ordnung, Mama, ich werde gehen.»
«Die Lebensmittelmarken sind auf dem Büfett; vergiß nicht, Zeitungspapier mitzunehmen, um das Fleisch einzuwickeln», sagt ihre Mutter, und ihre Stimme klingt ein wenig kräftiger. «Nicht einmal

Einwickelpapier! Sie haben nichts! Nichts!»
Sie sieht immer noch nicht auf. Ich bin nicht sicher, ob sie überhaupt weiß, daß ich hier bin. Weint sie? Ich verabschiede mich schnell, gehe auf Zehenspitzen hinaus. «Morgen um die gleiche Zeit?»
Uschi flüstert zurück: «Morgen um die gleiche Zeit.»
Links, rechts, links, rechts – meine Füße radeln automatisch. Großmutter hätte mich gehen lassen. Ich denke wieder an den Knochen. Großmutter hebt Knochen auf, aber so sehen sie nie aus, und außerdem zermahlt Großvater sie in einem Apparat, den er extra dafür gebaut hat. Das Knochenmehl wird an die Hühner verfüttert. Meine Großeltern verwenden alles, haben alles: «Wir haben, weil wir arbeiten», klingt mir noch im Ohr. Großvater gerbt jetzt sogar Kaninchenfelle. Auf Brettern aufgezogen liegen sie überall im Keller herum. Und Vati und Oma? Sie sprechen nie über Lebensmittel. Omas Suppen sind sehr dünn geworden, ist mir aufgefallen, schmackhaft, aber dünn – und ich will lieber nicht mehr daran denken. Ach, ich habe alle möglichen Pläne geschmiedet, wie Lebensmittel von Lübars mitzunehmen und sie Oma zu bringen, aber ich habe sie alle aufgegeben. Erstens weiß Großmutter über jeden Bissen genau Bescheid. Und zweitens würde ich mich schämen – ich wüßte nicht, wie ich Oma so etwas geben sollte. Es wäre, als würde ich sagen: «Ich mag das, was du mir gibst, nicht» oder: «Dein Essen ist nicht gut genug für mich». Das kann ich Oma nicht antun.
Meine Gedanken kehren zu Uschi zurück. Gleich geht es mir ein wenig besser, denn Uschi ißt meine Brote und ich die von ihr. Meine sind zweimal so groß wie die von allen anderen. Großmutters dicke Scheiben aus selbstgebackenem Brot mit all dem, was daraufgehäuft ist! Auf jedem muß fast ein Viertelpfund Butter sein. Und sie besteht darauf, daß ich zwei mitnehme. Ich mag keine Butter, und ich mag die fette Wurst darauf nicht. Ich mag Margarine und die komischen, dünn geschmierten Brotaufstriche von Uschis Mutter. Es hat eine Weile gedauert, bis Uschi überzeugt war, daß sie mir einen Gefallen tut. Ich werde ausgeschimpft, wenn ich meine Schulbrote wieder mitbringe.
Zu Hause höre ich Stimmen und Gelächter. Großmutter hat heute

ihr Kaffeekränzchen. Das bedeutet, daß es im Wohnzimmer warm ist. Tatsächlich. Acht Frauen sind versammelt, alle aus der Nachbarschaft. Berge von Kuchen stehen auf dem Tisch, und der Geruch von frisch gebrautem, richtigem Bohnenkaffee durchzieht das Haus. Sie stopfen, stricken und sticken, während sie sich unterhalten und mich drängen, die Kuchen zu probieren. Ich weiß, daß die Kuchen gut sind. Diese Frauen essen gern. So sehen sie auch aus. Ich glaube nicht, daß eine dabei ist, die weniger als hundertfünfundvierzig Pfund wiegt. Sie backen sagenhafte Gebilde, und bei den seltenen Gelegenheiten, wo sie zusammenkommen, versuchen sie sich gegenseitig zu übertreffen. Langsam und bedächtig arbeite ich mich durch die verschiedenen Sorten, während das Gespräch um mich herum weitergeht. Jemand hat eine Firma gefunden, wo man Zukker bekommt im Austausch gegen Zuckerrüben. Großmutter entschließt sich sofort, eine Ladung von ihren Rüben hinzubringen. «Ilse und ich gehen mit einem vollen Handwagen.»
Ich lehne gegen den Kachelofen. Wir haben keine Zentralheizung, nur einen von diesen Öfen in jedem Zimmer. Aber meine Großeltern sind sehr knauserig mit den Kohlen; der Ofen hier ist der einzige, der benutzt wird. Mir ist selten warm genug. Muttis und mein Zimmer ist nicht geheizt. Da wir dort nur schlafen, wäre es laut Großvater so, als würde man die Kohlen zum Fenster hinauswerfen, wenn man dort heizte. Manchmal versuche ich heimlich, eine oder zwei Extrakohlen in den Ofen hier zu werfen, aber Großmutter merkt es immer. Jetzt neckt sie mich.
«Ilse glaubt, der Ofen würde umfallen, wenn sie sich nicht dagegenlehnt. Man sollte doch meinen, es sei warm genug hier drin.» Alle stimmen zu. «Dünnes Blut. Das ist es.»
Ich bin froh, als Trude Kort sie unterbricht und sie anfangen, über den jungen Schmid zu reden, der wieder für die NSDAP gesammelt hat. Stricknadeln klappern, zwei links, zwei rechts. Es stellt sich heraus, daß sie ihm alle etwas gegeben haben. Niemand will Schwierigkeiten. Und sie sprechen über die «Naziziege», die allen nachspioniert, und über die Bunker, die in der Platanenstraße gebaut werden. Luftschutzräume für die Zivilbevölkerung, für Mütter mit

kleinen Kindern und für alte Leute.
«Es wird noch eine Weile dauern, bevor sie fertig sind, und . . . kann man sie denn groß genug machen für uns alle?»
«*Uns* alle? Meine liebe Luise, wie kommst du denn darauf, sie könnten für *uns* sein? Sie sind gerade groß genug für die Parteibonzen, das ist alles.»
«Na klar», sagt Großmutter und schenkt Kaffee nach, «diese Helden sind die ersten, die ihre Hosen voll haben.»
Gelächter ertönt, und ich schleiche mich hinaus, gehe auf Zehenspitzen die Kellertreppe hinunter, denn mir ist gerade etwas eingefallen. Ich singe leise: «Lumpen, Knochen, Eisen und Papier, ausgefallne Zähne sammeln wir . . .», während ich mich durch den dunklen Keller taste. Es ist das offizielle Sammel-Lied. Schnell, Ilse, sage ich mir, mach dir nicht die Mühe, das Licht anzudrehen. Ich kann die Birne nicht erreichen ohne Kiste; es gibt keinen Schalter, und ich vergesse anschließend immer, daß die Birne heiß ist, und verbrenne mich. Über mir kann ich ihre Stimmen hören. Meine Äpfel gegen dein Eingemachtes, Zigaretten gegen Kaffee, Kaffee gegen Butter, der übliche Handel. Luises Stimme übertönt alle anderen: «Ich weiß nicht, Alma, wie du das alles schaffst! Ich wollte, ich hätte deine Kraft. Aber mir geht es nicht gut. Überhaupt nicht gut.» Und Großmutters Antwort: «Ich habe keine Zeit, krank zu sein.»
«Lumpen, Knochen, Eisen und Papier, ausgefallne Zähne sammeln wir . . .» Der alte Jutesack, in den ich die Lumpen stopfe, ist fast voll, als ich die Schritte von Großmutter höre. Das Licht geht an. Ich sitze in der Falle.
«Was tust du denn hier?» Sie reißt mir den Sack weg. «Was in aller Welt machst du denn da?» Und jetzt nimmt sie alles wieder heraus und untersucht jedes einzelne Stück sorgfältig. «Großvaters Jacke!» ruft sie. «Meine Schürzen! Und hier! Das ist das Tuch für die Kaninchenställe, wenn es zu kalt wird! Was wolltest du denn damit machen?»
«Ich . . . ich . . .»
«Heraus damit!» Jetzt ist sie wirklich böse. «Was hattest du damit vor?»

«Morgen ist in der Schule der letzte Sammeltag und –»
«Was? Du wolltest die guten Gartenhosen von Großvater als Lumpen zur Schule mitnehmen?» Sie kocht vor Wut. «Hast du den Verstand verloren? Und meine Schürzen! Ich glaube tatsächlich, *die* hättest du auch als *Lumpen* abgegeben! Ich habe dich gerade noch erwischt. Mein Gott! Wenn ich nicht heruntergekommen wäre ... Was hast du dazu zu sagen?» Vorsichtig hängt sie «die guten Gartenhosen» wieder an den Nagel, glättet die geflickten Schürzen, die für mich immer noch wie Lumpen aussehen. «Mach das nie, nie mehr! Hörst du?»
«Aber», sage ich schließlich, «was soll ich in die Schule mitnehmen? Ich bin in meinem Soll weit zurück, und meine Zensuren hängen davon ab! An wen soll ich mich denn wenden? Die Leute, die ich kenne, haben selbst Kinder. Von denen kriege ich nichts.»
«Ich finde etwas für dich», sagt sie und klingt schon ein wenig besänftigt. «Aber versuche nicht mehr, etwas zu ‹finden›! Versprich mir das!»
Ich verspreche es, aber trotzdem denke ich, wie leicht es für sie wäre. Auf dem Boden, im Keller, im Schuppen und im ganzen Haus gibt es genug Sachen, um mein Soll auf Jahre hinaus zu erfüllen. Anders als in Omas sauberer Wohnung, wo es überhaupt nichts gibt, was man als Abfall bezeichnen könnte. Oma, die mir helfen will, hebt ihre sauber gefaltete Tageszeitung für mich auf. Sie hat mir schon einen Großteil ihrer Zinnsachen für die Altmetallsammlung gegeben, und sie hätte sich sogar von der Fischschüssel getrennt, die zufällig meine Lieblingspuddingform ist. Der Gedanke daran macht mich gleichzeitig wütend und traurig. Welcher Unterschied zwischen meinen beiden Großmüttern und ihrem Lebensstil!
«Fast vergesse ich noch, weswegen ich heruntergekommen bin», sagt Großmutter und unterbricht meine Gedanken, während sie ein paar Gläser mit eingemachten Kirschen nimmt. «Trude gibt uns ein halbes Pfund Butter dafür, damit wir ein bißchen Weihnachtsgebäck backen können. Weihnachtsgebäck für dich, du undankbare Göre!»

Ich weiß, daß alles wieder gut ist, denn «undankbare Göre» ist eins ihrer Koseworte.
«Sch!» macht sie, als wäre ich eins von den Hühnern. «Hinaus jetzt. Hinaus mit dir! Ich suche dir später etwas heraus.»

Das Heulen der Sirenen durchdringt die Nacht. Der dreimalige gleichmäßige Ton für Vorwarnung. Ich taste im Dunkeln nach meinem Zeug, finde die Tasche mit den Dokumenten und den wichtigen Sachen, die wir mit in den Keller nehmen. Ich taste mich an der Wand im Flur entlang. Kein Laut aus dem Schlafzimmer meiner Großeltern. «Großmutter?» Keine Antwort. «Großmutter? Großvater?» Von weitem hört man ein Flugzeug. Ich habe Angst, beginne zu rufen: «Großmutter! Großvater!»
«Ruhe! Laß uns schlafen!» Das ist die mürrische Stimme von Großvater. Jemand dreht sich im Bett um, dann sagt Großmutter: «Geh zurück ins Bett, es ist nur Vorwarnung.»
«Ich habe Angst.»
«Wenn du Angst hast, dann geh in den Keller.» Großvater klingt ärgerlich. «Geh um Himmels willen hinunter, aber laß uns schlafen. Ich muß in ein paar Stunden aufstehen.»
Ich will nicht allein in dem häßlichen Keller sitzen. Ich weiß nicht, was ich tun soll, und so bleibe ich, wo ich bin, stehe wie angewurzelt im Dunkeln und lausche auf jedes Geräusch. Mutti ist wieder auf Nachtschicht. Vati? Als die Entwarnung ertönt, schleiche ich ängstlich und leise zurück ins Zimmer und krieche ins Bett. Wenn ich wenigstens Peter, den Teddybären, hätte! Es tut mir leid, daß ich ihn bei Oma gelassen habe.

Frühling 1942. Der Erdhaufen neben dem riesigen Loch, das Großvater gegraben hat, ist zu einem Berg geworden. Kein Wunder, denn das Loch ist zwei Meter tief, drei Meter lang und drei Meter breit. Holzbretter und Balken liegen überall im Garten herum. Es wird wie verrückt gearbeitet. Unser *Splittergraben*, das heißt unser Bunker, wird gebaut. Jeder muß einen haben, und alle diejenigen, die keinen Keller haben, müssen einen Bunker oder Splittergraben bauen als Schutz gegen Bomben- und Granatsplitter. Unser Keller ist offiziell ausreichend für fünfundzwanzig Personen, aber Großvater und Großmutter haben sich trotzdem entschlossen, außerdem noch einen Bunker zu bauen.

Die Nachbarn haben das Graben mit großem Interesse verfolgt und über die Sache ausgiebig diskutiert. Ihre Meinungen reichten von: «Natürlich ist ein Bunker besser. Wer will schon von seinem eigenen Haus begraben werden?» bis «Was macht es schon aus, wo man ist? Wenn's einen treffen soll, trifft's, so oder so.»

Meine Großeltern hatten angeführt, daß es gut sei, einen Bunker zu haben, falls das Haus brennt – Gott bewahre. Und wenn es bei einer Bombenexplosion zusammenstürzt, dann müsse der Bunker weit genug entfernt sein, damit das Haus nicht darauf fallen könne. Sie haben die Entfernung sorgfältig ausgemessen und haben genau die richtige Stelle gefunden, nahe genug, um hinzurennen.

«So haben wir uns das wenigstens vorgestellt», sagte Großmutter, «aber wer weiß, was passieren wird?»

Sie und Mutti haben große Mengen zu essen gemacht, sogar eins der Hühner und ein Kaninchen. «Wir müssen den Männern etwas zu essen geben», sagte Großvater. «Einer der Gründe, warum sie zum Helfen kommen, ist, daß sie wissen, daß wir immer etwas zu essen im Haus haben.»

Der Bunker, das kleine unterirdische Zimmer, ist fast fertig. Die Männer haben gerade Aluminiumrohre eingebaut; eins für Frischluft tief unten und eins oben für die verbrauchte Luft. Jetzt bringen sie Scharniere an der Tür an. Die Erde darüber wurde wieder verteilt, und Großmutter hat dort schon Kartoffeln gepflanzt.

«So fängt man zwei Fliegen mit einer Klappe», erklärt sie den vielen Zuschauern, alles Nachbarn, die gekommen sind, um sich das fertige Produkt anzuschauen. «So ist der Hügel getarnt, und außerdem haben wir noch etwas zum Essen. Sofern wir überleben, ha, ha. Und wenn es uns erwischt, dann sind wir wenigstens auf unserem eigenen Grund und Boden beerdigt.» Während sie aus der nächsten Kartoffel ein Auge aussticht, lacht sie. Die Umstehenden bringen nur ein verzerrtes Lächeln zustande. Offensichtlich findet es keiner lustig.

«Aber wohin geht *ihr*?» frage ich Vati mit schlechtem Gewissen, weil ich mir das nie überlegt habe. Das Haus in Hermsdorf hat keinen Keller, nur einen überirdischen Verschlag, den Oma den Kohlenkeller nennt.
«Mach dir keine Sorgen, Igel», sagt Vati nach einer kurzen Pause. «Wir passen schon auf uns auf, nicht wahr, Oma?» Oma nickt. «Und du mußt uns versprechen, daß du das auch tust. Halt die Augen und die Ohren offen. Sei wachsam!»
Während ich mich frage, wie Wachsamkeit gegen Bomben helfen kann, sagt Oma: «Ja, Kind. Sei wachsam. Schau dich um und gerate nicht in Panik, was auch immer passieren mag.» Dann fügt sie nachdenklich hinzu: «Ich bin eine alte Frau. Ich bin nicht so wichtig. Komm, du mußt dir etwas angucken.» Offenbar will sie das Thema wechseln. «Hast du das neue Radio gesehen, das Vati gekauft hat?»
Es ist ein prima Radio. Das modernste und das schönste Radio, das ich je gesehen habe.
«Phantastisch, nicht?» fragt Vati stolz.
«Bekommst du tatsächlich all diese Sender?»
Vati lacht. «Ich möchte wetten, daß du bei den meisten nicht einmal weißt, wo du sie auf der Landkarte suchen mußt.» Und dann erklärt er, zeigt mir das magische grüne Auge, an dem man sehen kann, ob man den Sender richtig eingestellt hat. Plötzlich sieht er auf die Uhr: «Es ist fast Zeit!» Oma wirft ihm einen von diesen «Paß auf, das Kind»-Blicken zu. «Ist schon in Ordnung, Mutter», beruhigt er sie. «Ilse ist klug. Sie weiß bestimmt, wann sie den Mund halten muß.»
«Das Allerbeste ist», fügt Oma hinzu, «niemand etwas von dem Radio zu erzählen. Sag überhaupt nichts darüber.»
Zuerst erklingt Piepsen und Pfeifen, dann ein *bumm-bumm-bumm*, Pause, dann die gleiche Trommelfolge noch einmal, mit einem letzten, besonders tiefen und langgezogenen *bumm*. Dann eine Stimme: «London calling! London calling! Hier spricht Lindley Frazer von der BBC.» Es ist aufregend. Ich halte den Atem an. Vati flüstert unnötigerweise: «Hörst du das?», als der Sprecher auf deutsch weiterspricht.

«Leise! Dreh es leise, leiser, Ernst!» Oma klingt beunruhigt. Sie reicht Vati ihre Decke. «Hier, nimm das!»
Die Decke liegt wie ein Zelt über uns und dem Radio, während wir einer Sendung lauschen, die anders ist als alle anderen, die ich je gehört habe. Dieser Mann, weit weg in London, spricht über deutsche Truppen auf dem Rückzug aus Moskau und Leningrad, über General Rommel, der in Nordafrika besiegt worden ist. Er benennt bestimmte Wehrmachtseinheiten, Kommandeure und Orte, die unsere «siegreichen Truppen» aufgegeben haben. Ich frage mich, woher er das weiß, und plötzlich fallen mir die Plakate ein, die man überall in Berlin sieht. Sie zeigen einen Mann mit schwarzem Umhang und bösem Gesicht, und darüber steht: «Psst! Feind hört mit!» Ich verstehe jetzt besser, was ich dauernd von den deutschen Radiosendern höre: «Wer Auslandssender hört und über unsere Truppenbewegungen spricht, ist *der Feind unter uns.*» Im Geist höre ich die hysterische Stimme unseres Propagandaministers Goebbels: «Diese verabscheuungswürdigen Kreaturen erdolchen das deutsche Volk von hinten. Sie müssen vom Erdboden verschwinden. Der Strick ist noch zu gut für sie.» Und jetzt habe ich noch mehr Angst als Oma, und ich wollte, Vati würde das Radio noch leiser drehen, aber ich bin auch fasziniert und will noch mehr hören. «Jetzt wendet sich das Blatt. Endlich, mein Mädchen, wendet sich das Blatt», sagt Vati. Zu meiner großen Erleichterung dreht er einen Sender mit Musik an. «Sei auf der Hut, aufmerksam und wachsam. Du weißt, daß ich dich gerne beschützen und auf dich aufpassen würde, aber das kann ich nicht. Das mußt du selbst tun. Wir werden überleben. Stimmt's, Oma?»
Oma nickt, aber sie sagt nichts.
Vati fährt fort: «Wir werden es schon schaffen, was immer vor uns liegen mag. Wir werden es noch erleben, daß Deutschland wieder frei ist.»
Als ich mich verabschiede, bittet mich Oma: «Vergiß es nicht erzähle niemand etwas von dem Radio, Ilse!»
Ich weiß, daß es ernst ist, wenn sie mich Ilse nennt. Ich hätte ihr gern begreiflich gemacht, daß ich verstehe, aber ich weiß nicht wie. Und

auf dem Weg nach Hause mache ich mir noch mehr Sorgen und habe noch mehr Angst vor allem. Angst vor Bomben, Angst wegen Oma, die nirgends hingehen kann während der Luftangriffe, wegen Vati, der vielleicht draußen auf der Straße ist, oder daß jemand herausbekommt, daß er Feindsender hört. Sorgen wegen Mutti, die immer weg ist, und wegen dem Keller, wo ich mich überhaupt nicht sicher fühle. Der Bunker . . . Vergiß ihn, sage ich mir. Wenn da eine Bombe drauffällt, dann gute Nacht! Man ist nirgendwo mehr sicher.

Natürlich, wie als Bestätigung meiner düsteren Gedanken, findet in dieser Nacht ein Luftangriff statt. Wenigstens ist Mutti zu Hause. Steif vor Angst sitzen Mutti und ich im Keller und halten uns an der Hand. Aber Großmutter? Sie kippt sich einen Korb voller Bohnen in den Schoß und sagt, was wir im Lager immer gesagt haben: «Man gewöhnt sich an alles. Wer hätte jemals gedacht, daß wir die Hälfte unserer Nächte im Keller verbringen würden? Aber hier sitzen wir jetzt.»

Von draußen ertönt der geräuschvolle Chor der Flak. Großmutter entschotet ungestört Bohnen. Großvater läuft oben herum. Seine Schritte werden schneller. Er kommt heruntergerannt, gerade als wir über uns Flugzeuge hören.

«Sieht so aus, als kämen sie geradewegs auf uns zu», sagt er atemlos.

Als sei nichts geschehen, sagt Großmutter gleichmütig: «Hier, wollt ihr beiden mir nicht helfen, statt hier herumzuhocken? Wir können genausogut etwas Nützliches tun, wenn wir sowieso wach sind.»

Draußen scheint die Welt auseinanderzubrechen. Der Krach ist ohrenbetäubend. Das Haus – sogar der Kellerboden – zittert. Verputz bröckelt von der Decke. Muttis Stimme, gepreßt vor Angst, ist fast nicht zu hören: «Ich verstehe nicht, wie man *jetzt* etwas arbeiten kann!»

«Großmutter hat recht!» ruft Großvater über das Getöse hinweg. «Ihr beiden solltet auch etwas tun, statt dem Herrgott den Tag zu stehlen – ha, ha, ich meine die Nacht.» Ein wenig zittrig lacht er, er findet das spaßig.

Aber Mutti und ich halten uns krampfhaft an der Hand. Ich weiß, daß sie wie ich glaubt, die nächste Bombe wird uns treffen, wenn wir uns auch nur ein bißchen bewegen. Großvater lehnt an der Tür. Großmutter wirft die leeren Bohnenhülsen in den Korb und die Bohnenkerne in eine Schüssel. Sie lassen uns in Ruhe. Schließlich läßt der Lärm nach, und Großvater geht auf seine Inspektionstour. «Vom Dachbodenfenster aus kann man es sehen», sagt er beim Zurückkommen. «Sieht aus wie Siemensstadt oder dort in der Gegend. Alles, was sie getroffen haben, brennt. Der ganze Himmel ist rot! So, ich glaube, das ist alles für heute.»
Großmutter rafft ihre Schürze mit den Bohnen zusammen und geht zur Treppe.
«Du kannst noch nicht hinaufgehen!» sagen wir entsetzt. «Die Entwarnung ist noch nicht gegeben worden. Vielleicht ist noch ein Flugzeug in der Nähe!»
«Dann komme ich wieder herunter.»
Großvater schließt Fenster. Wir machen sie immer auf, damit sie nicht zerspringen. Es ist schwer, Glas aufzutreiben. Er schließt die Türen ab. Nur Mutti und ich bleiben im Keller, bis die Sirenen Entwarnung heulen. Die anderen liegen zu diesem Zeitpunkt schon mindestens seit einer halben Stunde im Bett.

Es vergeht kaum mehr eine Nacht ohne Luftangriff. Alle sind müde. In den ersten beiden Stunden in der Schule sprechen wir nur darüber, wo die Bomben letzte Nacht gefallen sind und was sie getroffen haben. Die Lehrer reden auch mit. Hundert Leute sind in einem bestimmten Luftschutzkeller umgekommen? Nein, zweihundert, fünfhundert. Woher weißt du denn das?
«Mein Onkel wohnt dort. Aber er geht nie in den Keller», schneidet Ruth auf. «Weißt du, was passiert ist? An seinem Haus wurde die ganze Hauswand weggerissen, einfach so.»
«Wurde er verletzt?»
«Nein, überhaupt nicht. Er hatte ein Glas auf dem Nachttisch, und nicht einmal das ist kaputtgegangen. Er sagte, er hätte einen wahnsinnigen Krach gehört, und als er den Kopf unter der Decke hervor-

streckte, blickte er geradewegs in den Himmel. Die Wand war einfach nicht mehr da.»
«Stell dir das mal vor! Die ganze Nachbarschaft sieht, wie man im Bett liegt!»
Die Klasse kichert, sogar die Beck, die einen schwachen Versuch macht, mit dem Unterricht zu beginnen. Aber sie wird sofort durch eine andere Geschichte über ein märchenhaftes Überleben unterbrochen. Diese Geschichten werden jeden Tag verrückter, und die besten werden immer wieder erzählt. Der nächste Versuch der Beck, uns etwas beizubringen, wird ebenfalls vereitelt. Wir bestehen darauf, daß sie mit uns über die «Erntehilfslager» spricht. Die Information, wie deutsche Jugendliche sich an der Kriegsarbeit beteiligen können, indem sie beim Einbringen der Ernte mithelfen, ist heute herausgegeben worden. Großmutter wird sagen, daß hier bei ihr genug zu ernten ist, aber es gibt ein Lager auf der Ostseeinsel Rügen, und ich weiß, daß ich dort hin möchte. Natürlich nicht allein. Uschi muß auch mitkommen. Ich fange sofort mit meiner Kampagne an, spreche von weißen Dünen, herrlichen Stränden, der See. Ich mache solange weiter, bis wir schließlich überzeugt sind, daß wir auf jeden Fall hinmüssen. Wir sehen uns schon beim Schwimmen und beim Sammeln von Muscheln. Keine von uns denkt an die Ernte – den anderen Teil der Abmachung. Was soll es denn dort auch zu ernten geben? Rügen ist eine sandige Insel, das weiß doch jeder! Wir werden vier Wochen lang das Wasser, die Sonne und die Strände genießen. So haben wir uns das vorgestellt!

Kapitel 8

1942

Lager Nummer 2

Amerikaner kämpfen gegen die Japaner auf der Insel Guadalcanar. In Afrika führt Generalfeldmarschall Rommel, der «Wüstenfuchs», eine große Offensive gegen El Alamein durch. In Rußland reicht die deutsche Front von Tallin im Norden bis nach Sewastopol im Süden, eine Strecke von über 3000 Kilometer. *«Das kann nicht gut gehen»*, flüstert man in Berlin und schüttelt den Kopf. Als ob sie das bekräftigen wollten, werfen die Tommies, wie wir die Briten nennen, eine nächtliche Bombenladung nach der anderen auf uns herunter. Ich habe gehört, daß sie 175 000 Brandbomben auf Hamburg geworfen haben. Und das in weniger als einer Stunde.

Uschi und ich haben es geschafft, wegzukommen. Auf der Insel Rügen gibt es keine Luftangriffe, nicht einmal Alarm. Sind wir glücklich? *Scheiße!* «Scheiße» ist unser Lieblingswort, das schlimmste, das wir kennen, und das, welches unsere Gefühle am besten ausdrückt. Ist es besser, Angst vor Bomben zu haben oder im Gefängnis zu sitzen? Aber selbst das ist eine müßige Frage. Wir sind hier, und man hat uns gesagt, daß niemand, absolut niemand, das Lager verläßt. Das wär's. Das Lager ist von einem drei Meter hohen Stacheldrahtzaun umgeben, und es ist weit bis zur Küste. Wir spüren nicht einmal eine Brise von der See, denn der Gestank aus dem Kartoffelschuppen ist stärker als alles andere. Wir arbeiten in Zwei-Stunden-Schichten, aber manche halten nicht einmal das aus. Sie haben gerade das dritte Mädchen weggeschleppt. Ich wollte, ich würde auch in Ohnmacht fallen.

Die Kartoffeln vom letzten Jahr liegen an einer großen Wand auf einem riesigen Haufen, der bis zu dem pfeilergestützten Dach reicht. Das nennen sie den Kartoffelschuppen. Die Kartoffeln verfaulen in der Hitze. Unsere Arbeit ist es, die guten Kartoffeln auszusortieren und die Keime abzumachen. Wir arbeiten mit bloßen Händen. Die meisten Kartoffeln sind nicht mehr zu retten – eine verfaulte, stinkige Masse, die man in Eimern wegtragen muß und in Löcher schütten, die von der anderen Schicht gegraben werden. Ernten – daß ich nicht lache! Aber es ist ja auch eine Strafe. Die hundert Mädchen aus unserer Baracke sind bestraft worden, weil sich jemand beim Fahnenappell bewegt hat. Eine Woche abkommandiert zum Kartoffelschuppen wegen einer kleinen Bewegung.

Die Baracken stehen um einen kahlen, viereckigen Platz herum, mit der hohen einsamen Fahnenstange in der Mitte. Jeden Morgen um sechs Uhr fünfzehn kommen tausend uniformierte Kinder in perfekter Formation aus diesen Baracken herausmarschiert und stellen sich im Viereck um die Fahnenstange herum auf. Mit zum Hitler-Gruß ausgestreckten Armen müssen wir bewegungslos dastehen, während der Musikzug spielt, die Fahne gehißt und die Parole ausgegeben und von uns allen wiederholt wird. Auf Befehl drehen wir uns um und marschieren zurück. «Keiner bewegt sich während dieser Zeremonie, und keiner spricht», hatte uns Hanka, die Lagerleiterin, am ersten Tag gesagt. «Ich leite dieses Lager mit eiserner Hand. Hier herrscht Disziplin.» Und so ist es auch. Wir hätten genausogut im Gefängnis sein können.

Ich bin dankbar für Uschis gleichbleibend gute Laune. Ich kann nicht recht verstehen, warum sie mir nicht böse ist, denn ich habe sie ja hierhergeschleppt.

«Etwas Gutes ist an dieser Sache», sagt sie. «Wenigstens können wir hier im Schuppen reden. Die fetten Schweine halten sich fern, weil sie Angst haben, der Gestank könnte ihre blitzsauberen Uniformen beschmutzen.»

Die fetten Schweine sind Eva und Anita, unsere Führerinnen, die fast aus den Nähten platzen. Kein Wunder, daß sie so fett sind, denn

sie verschlingen riesige Mengen von Brötchen, Schinken, Eiern, Fleisch und Kuchen – und das unter den Augen von hundert wahnsinnig hungrigen Mädchen. Sie stopfen sich mit all diesen herrlichen Sachen voll, während wir zum Frühstück eine Scheibe – eine dünne Scheibe – Marmeladenbrot bekommen. Mittags gibt es wäßrige Suppe mit einer weiteren Scheibe Brot. Und zum Abendbrot kriegen wir breiige alte Kartoffeln mit zerkochtem Kohl und einen Fleischkloß. *Sie* bekommen immer einen Nachtisch; wir dagegen nie. Sie reden und reden, aber uns ist es verboten, auch nur ein einziges Wort zu sagen. Wir müssen mit den Händen auf dem leeren Tisch dasitzen und warten, bis sie fertig sind. Scheiße! Alles ist Scheiße hier. Die Toiletten und die Duschen sind von der Wehrmacht, und sie sind nicht abgeteilt. In den beiden Schlafsälen mit je fünfzig Betten ist sonst gar nichts, nicht einmal ein Stuhl. Und sie haben keine Türen. Eva und Anita stehen am offenen Eingang und befehlen uns, ins Bett zu gehen. Und das Letzte, was wir abends hören, ist ein Befehl: «Augen zu! Gesicht zur Tür!» Machen wir. Wer will schon eine Stunde lang barfuß auf dem kalten Zementboden stehen? Uschi und ich haben diese Bestrafung schon zwölf Stunden lang ausgekostet – und dabei hatten wir nichts Schlimmeres angestellt als zu kichern oder zu flüstern.
Wir arbeiten acht Stunden pro Tag auf den umliegenden Feldern – das heißt, wenn wir nicht auf Kartoffelschuppendienst sind. Wir marschieren im Verband los, kommen vor dem Werkzeugschuppen zu einem militärischen Halt, bekommen Körbe und Eimer, und dann verteilen wir uns zum Ausgraben von Rüben oder zum Beerenpflücken. Eva und Anita suchen sich einen der wenigen Bäume aus und lassen sich im Schatten nieder, während wir in der heißen Sonne arbeiten. Immer wenn sie die Beine strecken wollen, glaube ich, dann pfeifen sie. Das ist das Signal für uns, strammzustehen, während sie jede einzelne inspizieren und nach Spuren suchen, ob wir ein paar der Johannisbeeren oder der Stachelbeeren gegessen haben. Diejenigen, die etwas essen, sind «Saboteure am deutschen Volk».
«LINKS zwei-drei-vier, LINKS zwei-drei-vier. Laßt die Füße

nicht nachschleppen!» Für Anita ist es einfach, frisch und munter zu sein. Aber die Truppe, die hinter ihr marschiert, ist es ganz und gar nicht. Wir tragen unsere älteste Kleidung, und wir sind nach vierstündigem Unkrautjäten in der glühenden Sonne zu Tode erschöpft und total verschwitzt. Natürlich ist es gegen die Vorschriften, sich zu unterhalten, aber wenn Eva und Anita außer Hörweite sind, dann geht es, solange man das Gesicht nach unten gerichtet hält und aus dem Mundwinkel zur Seite hin spricht.

«Hast du gehört?» fragt Uschi. «Das war mein Magen, der da geknurrt hat. Das hat er schon den ganzen Morgen getan.»

«Ich dachte, es sei meiner gewesen.»

«Nein. Ich bin sicher, daß es meiner war. Ich freue mich sogar schon auf den Teller mit Wasser, den sie hier Suppe nennen.»

«Ich bin so hungrig, daß ich ein ganzes Pferd essen könnte.»

«Hör auf, über all diese Delikatessen zu reden. Ich halte es nicht mehr aus. Sag mal, meinst du, wir können jemals wieder normal gehen – schlendern, zum Beispiel?»

»Ich glaube nicht, denn ich gehe schon im Paradeschritt, wenn ich aufs Klo muß.»

«Ich weiß. Ich auch. Ist das nicht komisch?» Uschi grinst. «Wenn ich daran denke, daß ich das alles *dir* zu verdanken habe!» Unsere Augen treffen sich. «Ach, sei nicht böse», sagt sie. «So habe ich es nicht gemeint. Ich wäre auch ohne dich hierhergekommen. Ich habe eine andere Umgebung gebraucht. Mach dir keine Sorgen. Nur noch zweieinhalb Wochen.»

«Nur!» Ich stöhne unfreiwillig. Im Geist sehe ich Bilder von Sandstränden vor mir. Meine blöden Illusionen und meine Dummheit, denke ich. Ich hatte alles über Lager gewußt – klar, Ilse, die immer alles ganz genau weiß. *Scheiße, Scheiße, Scheiße.*

Scheiße, Scheiße, Scheiße. Mittagsruhe. Ich liege im Bett mit geschlossenen Augen und mit zur Tür gewandtem Gesicht. Ich scheine nur noch an das eine Wort denken zu können. Langsam arbeite ich mich mit der Hand nach hinten, bewege die Finger und hoffe, daß Uschi, die hinter mir liegt, die Geste sieht und versteht. Es soll nur ein «Hallo» sein. Statt dessen donnert Evas Stimme durchs

Zimmer und hallt von den Wänden zurück. *«Ihr beiden!»* Wir öffnen alle die Augen, aber niemand bewegt sich. *«Ihr beiden!* Uschi und Ilse! Es herrscht Mittagsruhe! Das bedeutet, daß ihr ausruhen sollt – und stilliegen! Eine Stunde draußen stehen! Es wird Zeit, daß ihr diese Dinge endlich lernt!»
Wir stehen auf, stellen uns im Flur mit ausdruckslosem Gesicht an die Wand. «Schaut euch das an!» schreit Anita. «Krumm und bucklig wie alte Säcke! Reißt euch zusammen, ihr seid doch Jungmädel!»
Sie verschwinden in ihr Zimmer, schlagen die Tür zu, machen sie wieder auf.
«Und keine Grimassen, bitte!» sagt Eva. «Vielleicht ist es Zeit, einmal ernsthaft mit den beiden zu reden?»
Anita nickt. «Ja, ich glaube, du hast recht. Kommt hier herein. Kommt *herein*!» schreit sie, weil wir zögern. Sie schieben uns hinein, und wir stehen in unseren Nachthemden und barfuß ganz unbeholfen da. Sie setzen sich.
Eva hat plötzlich eine Zigarette in der Hand, zündet sie an. Eva, ein Supermitglied der Hitlerjugend mit einer Zigarette! Auch Anita raucht. Sie lehnt sich auf ihrem Bett zurück und lächelt. «Ach, setzt euch doch, um Gottes willen, und macht kein so blödes Gesicht. Ihr seid die einzigen Vernünftigen unter all den Dummköpfen hier. Ihr wißt das, und wir wissen das auch. Mein Gott, was für einen Haufen Idioten sie uns dieses Jahr geschickt haben! Unglaublich!»
Sie schiebt mir einen Stuhl zu, Uschi erhält einen von Eva. Wir setzen uns, hocken uns ganz vorn auf die Stuhlkante, denn wir wissen nicht, was wir als nächstes zu erwarten haben. Anita flüstert: «Ihr beiden seid die einzigen in unserem Schlafsaal, die etwas im Kopf haben. Das wißt ihr doch, oder nicht?»
Wir nicken. Uschi und ich finden das auch, aber in diesem Augenblick sehen wir sicher ausgesprochen doof aus.
«Wir brauchen euch nämlich, versteht ihr», sagt Anita eindringlich. Ich verstehe es nicht, aber ich halte meinen Mund. «Wir brauchen jemand, der morgen für uns einspringt. Ihr beiden werdet das übernehmen. Wir geben es heute abend bekannt. Wir geben euch unsere Pfeifen, mehr braucht ihr eigentlich nicht. Hanka ist morgen

weg, sie nimmt den Zug heute abend . . . sie ist nicht einmal zum Fahnenappell da. Eva und ich gehen auch heute abend – aber wir haben ganz andere Dinge zu erledigen.» Sie tauschen einen verschwörerischen Blick. «Wir erklären euch den Rest später. Ihr bleibt heute abend länger auf, damit wir eure Pflichten durchsprechen können, und dann machen wir vier einen Spaziergang.» Die beiden tauschen noch einen Blick und grinsen. «Und jetzt – wo ihr schon fast Führerinnen seid – stehen euch ein paar Privilegien zu. Das ist für euch.» Anita deutet zum Tisch, auf zwei Schalen mit Pudding und zwei Stücke Kuchen. Wir haben die Sachen schon die ganze Zeit mit den Augen verschlungen und lassen uns nicht zweimal bitten. Alles ist weg, bevor man auch nur «bitte» hätte sagen können. Und sie reden und reden, aber ich verstehe nicht . . . In meinem Kopf dreht sich alles. Ich bin immer noch benebelt, als sie uns hinausscheuchen, weil die Mittagsruhe vorbei ist.
Den ganzen Nachmittag über bin ich verwirrt; ich lasse das Unkraut stehen und reiße die Salatpflanzen aus; dann versuche ich, sie wieder einzupflanzen, ohne daß es jemand merkt. Was ist los? Was bedeutet das alles? «Verratet niemand etwas!» Warum nicht, wenn sie uns öffentlich als Führerinnen für einen Tag benennen? Was haben sie über den Zaun gesagt? Und darüber, daß Hanka spät kommt und daß wir aufpassen sollen, daß uns niemand erwischt, weil wir sonst alle im Lagergefängnis landen? Warum? Was haben sie vor? Was für Dinge haben sie zu erledigen?
Nach dem Abendessen hält Eva ihre Rede. Zuerst spricht sie über die Hitlerjugend, führt die üblichen Hitler-Mottos an: «Fallen kann jeder, es ist nur eine Schande liegenzubleiben» und «Zäh wie Leder, hart wie Kruppstahl, flink wie Windhunde». Und ohne mit der Wimper zu zucken sogar das Motto, auf das ich im geheimen gewartet habe: «Die deutsche Frau trinkt nicht, raucht nicht und schminkt sich nicht.» Die Hitlerjugend ist höflich und ehrlich, mutig und sauber?
Eine kleine Stimme in meinem Kopf sagt: *Scheiße!* Vom Rest ihrer Rede höre ich nur Bruchstücke. «Nur wer gehorchen gelernt hat, kann später auch befehlen!» Ich habe all das schon gehört – diese

Art Gerede könnte selbst ich von mir geben. «Führungsqualitäten» und – ah, jetzt kommt sie zur Sache – «wir haben zwei junge *Führerinnen* in unserer Gruppe hier ... blah, blah, blah ...» Schließlich, während alles applaudiert, werden Uschi und ich aufgefordert, aufzustehen. Eva und Anita nehmen feierlich ihre Rangsymbole ab – die Metallpfeifen an den rotweißen Schnüren, und legen sie uns um den Hals. Keiner protestiert, daß wir aufbleiben, als die anderen ins Bett geschickt werden.
«Augen zu! Alle Gesichter zur Tür!» Wir hören es, aber wir müssen nicht gehorchen. Uschi und ich tauschen einen Blick, aber wir wagen nicht zu reden. Ängstlich warten wir im Zimmer von Eva und Anita. Welche Instruktionen werden wir wohl erhalten?
«Ihr wißt sicher beide, was ihr tun müßt!» Sie reden gleichzeitig, lachen und schließen die Tür. «Ihr marschiert mit den Mädchen aus unserer Baracke zum Fahnenappell», sagt Eva, während Anita eine Zigarette anzündet. «Ilse vorne, Uschi hinten. Frühstück, hinaus aufs Feld, wie immer. Was gibt es sonst noch zu sagen?»
«Laß sie besser alles Schritt für Schritt wiederholen», unterbricht Anita zwischen zwei Zügen an ihrer Zigarette. «Ilse, du zuerst.»
Wir gehorchen, aber ich merke, daß sie nicht richtig zuhören. Sie kämmen sich, legen sorgfältig Lippenstift auf. Lippenstift!
Uschi beschreibt gerade, wie wir die Geräte zurückbringen werden, als Anita plötzlich sagt: «Fertig?» und Eva antwortet: «Fertig! Los, ihr jungen Führerinnen! Jetzt wird es lustig. Kommt! Und denkt daran – macht keinen Krach! Wir müssen sehr vorsichtig sein.»
«Hast du die Taschenlampe?»
«Ja, ja. Kommt, wir gehen.»
Die Nachtluft ist kühl, und die Sterne sind klar und wunderschön. Wir schleichen im Schatten der Baracken, kriechen durch Büsche.
«Verdammt! Ich glaube, ich habe meine neue Bluse zerrissen», flüstert Eva.
«Macht nichts. Im Dunkeln sieht es keiner.»
«Und morgen?»
«Da ziehst du sie sowieso aus.» Kichern.
Plötzlich sind wir am Zaun. Eva bläst mir ihren Zigarettenatem ins

Gesicht und flüstert: «Hier kommen wir morgen wieder an. Hört gut zu. Falls Hanka früher zurückkommt, muß eine von euch hierherkommen und dreimal blinken.» Sie gibt mir die Taschenlampe. «Verstanden? Nur wenn sie früher kommt. Und paßt auf, daß euch keiner sieht! Wir glauben nicht, daß sie früher kommt, aber – ach, ihr wißt ja, was ihr dann zu tun habt. Wiedersehen. Und denkt daran, sagt keinem etwas.»

«Aber wo seid ihr? Wo geht ihr hin?» stammle ich und komme mir doof vor, weil ich solche Angst habe.

«Das braucht euch nicht zu interessieren. Sehr wichtige Geschäfte.» Beide kichern, während sie über den Zaun klettern, der an dieser Stelle praktisch bis zum Boden heruntergedrückt ist. «Geht zurück und paßt auf, daß euch niemand sieht.»

Wir schleichen auf dem gleichen Weg zurück. In der Ferne wird irgendwo ein Bootsmotor angelassen. Männliche und weibliche Stimmen sind neben dem Tuckern zu hören, dann verschwinden die Geräusche in der Ferne. «Das müssen sie sein», sage ich zu Uschi, und wir erstarren beide, als die Hitlerjugend-Wache vor unserer Baracke hustet.

Als wir schließlich sicher drinnen angelangt sind, reden wir. «Was meinst du, wo sie hin sind?»

«Es klang wie eins dieser Boote vom Luftwaffenstützpunkt auf der anderen Seite der Bucht.»

«Natürlich! Das ist es!» verkünde ich fast schreiend.

«Sie haben ein Rendezvous mit ein paar Soldaten von der Luftwaffe.» Jetzt, wo ich kapiere, fühle ich mich gleichzeitig besser und schlechter. Besser, weil ich jetzt wenigstens weiß, warum ich nichts sagen darf, und schlechter, weil ich an den ganzen Tag denke, der vor uns liegt, und daran, was passieren könnte. Was ist, wenn jemand fragt? Ich kann nicht gut lügen. Was werden wir sagen?

Aber alles geht glatt am nächsten Morgen, und der Junge, der für die Felder verantwortlich ist, schickt uns zum Beerenpflücken, ohne zu fragen, wo *sie* sind. Als wir zurückkommen, zählt er die Körbe nicht, und das ist gut so, denn wenn man pflückt *und* ißt, dann ist die Ausbeute nicht so groß. Wir versuchen, die Essensportionen

von Eva und Anita zu verteilen, aber es ist unmöglich. Mit allgemeiner Zustimmung behalten wir das ganze Fleisch, sonst nichts. Der Kartoffelbrei und der Nachtisch werden unter allen verteilt. Das gibt für jeden kaum einen halben Bissen. Die Mittagsruhe verläuft nicht so still wie sonst, weil wir vergessen, die richtigen Befehle zu geben. Im Laufe des Nachmittags werden Uschi und ich immer nervöser. Bei allem, was sich auch nur im entferntesten nach einer Lokomotivenpfeife oder dem Klick-Klack von Rädern anhört, blicken wir uns mit der unausgesprochenen Frage an: Kommt Hanka früher zurück?
Als Eva und Anita auftauchen, stoßen wir ein erleichtertes Seufzen aus. Wir sitzen noch lange mit ihnen in ihrem Zimmer und verschlingen die Berge von Aufschnitt und Pflaumenkuchen, die sie uns auftischen. Aber ihre heißen, glücklichen Gesichter machen mich neidisch. Ich wollte, *wir* hätten einen freien Tag. Einen einzigen Tag, am dem wir tun können, was uns Spaß macht.
Anita muß geahnt haben, was ich denke. Sie überrascht mich mit: «Demnächst gehen wir mit euch für einen Tag an den Strand. Bald. Aber morgen früh marschieren wir als erstes zum Krankenrevier. Ihr bekommt alle die Zähne nachgesehen.»
So ein Pech. Morgen ist mein Geburtstag. Aber das weiß keiner. Nicht einmal Uschi.
«Halleluja! Hurra! Sogar ins Krankenrevier müssen wir *marschieren.* Es ist ein Wunder, daß wir keine Uniformen tragen müssen. Wo ist heute denn ihr Sinn für Ordnung und Disziplin?» sagt Uschi spöttisch.
Ich bin so sauer, daß ich nicht antworte, sondern nur nicke. Heute ist mein dreizehnter Geburtstag. Und ausgerechnet *so* muß er anfangen. Der Himmel ist blau und wolkenlos. Das perfekte Badewetter! Aber hier stehen wir nun in Reih und Glied, um unsere Zähne nachsehen zu lassen. Meine fühlen sich an, als wären sie in Ordnung. Hoffentlich ist keiner kaputt.
Ein grimmig aussehender ältlicher Mann mit einem weißen Mantel über der Uniform taucht auf. «Wir fangen mit der Kleinsten an», sagt er und deutet auf mich. Ich drehe mich um und hoffe, daß er

jemand anderes meint. «Ich meine dich!»
Ich folge ihm nach drinnen, und ganz verängstigt von all den funkelnden Instrumenten setze ich mich in den Zahnarztstuhl. Aber mit einem «Ich glaube, ich überlasse dich meinem Neffen» läßt er mich allein.
Der Neffe kommt herein, und ich mag ihn sofort. Er ist sehr jung, höchstens zwanzig Jahre alt, lächelt breit und trägt keinen weißen Mantel. Es kann nicht allzu schlimm werden, denke ich und öffne willig meinen Mund. Er erzählt mir lustige Späße. Es fällt mir schwer, den Mund offenzulassen, denn ich muß lachen. Ich lache und achte nicht auf das, was er macht. Ich lache, bis ich ein entsetzliches Krachen höre und meine, der Schädel würde mir zerspringen. Das Krachen geht weiter, mein Kopf und meine Trommelfelle platzen fast, und mein Mund füllt sich mit Stückchen von einem Zahn. Oder vielleicht von mehreren Zähnen? Und dann sehe ich, daß er mit einem verwirrten Ausdruck auf dem Gesicht und einer blutigen Zange in der Hand vor mir steht. Ich springe schreiend auf und stoße mit einer Krankenschwester zusammen. Beide drücken mich in den Stuhl zurück und halten mich fest, während die Zange noch einmal in Aktion tritt. Dann bin ich frei und rase zur Tür hinaus; das Blut läuft über mein Kleid, mein Lieblingskleid, und Tränen strömen mir übers Gesicht.
Draußen schrecken alle zurück, als sie mich sehen. Ich renne, renne, renne zu unserer Baracke und werfe mich auf mein Bett. Ich weine und weine und weine. Mit den Armen über dem Kopf liege ich da, bis die anderen zurückkommen. Und auch während des Mittagessens und der Mittagsruhe bleibe ich liegen. Ich liege immer noch in der gleichen Haltung da, als sie sich auf den Weg machen zur Nachmittagsarbeit. Alle lassen mich in Ruhe. Und ich rühre mich nicht, bis kurz vor dem Abendbrot. Dann reiße ich mich schließlich zusammen, weil ich weiß, daß alle gleich zurückkommen werden. Ich schreibe zwei verzweifelte Briefe, einen an Vati, den anderen an Mutti. Ich gehe in den Waschraum, gucke in den Spiegel. Das reicht für einen neuen Weinkrampf, aber ich wasche mich und mein Kleid. Jetzt weiß ich, daß vier meiner vollkommen intakten Backenzähne

genau über dem Zahnfleisch abgebrochen sind. Unsere einzige Chance, hier herauszukommen, sind die Briefe, die jetzt unter der Matratze versteckt sind. Wie kann ich sie nur abschicken?
Strandtag. Heute ist Strandtag. Ich trage die Briefe in meiner Unterhose versteckt bei mir. Uschi und ich haben tagelang beraten, was wir machen, wenn wir einen Briefkasten sehen. Sie will so tun, als würde sie stolpern, und sich dann am Briefkasten festhalten. Hinter ihr versteckt kann ich mein Kleid heben, die Briefe herausziehen und sie einwerfen, während alle meinen, ich würde Uschi festhalten. Wir sehen ihn im gleichen Augenblick und lassen uns zurückfallen. Das ist einfach, denn ausnahmsweise marschieren wir einmal nicht in Reih und Glied. Alles verläuft nach Plan. Bis Anita bei uns ankommt und mißtrauisch auf uns und den Briefkasten sieht, sind die Briefe in Sicherheit.
Wir haben eine herrliche Zeit heute, ich noch mehr als alle anderen. Wir klettern über die Dünen, hüpfen, schwimmen weit in die See hinaus, kugeln uns im weichen, weißen Sand. *Ein* glücklicher Tag. Fast vergesse ich meine Zunge. Sie ist wund, weil sie ständig an den zackigen Resten meiner Zähne reibt. Was für ein herrlicher Tag – und die Briefe sind abgeschickt. Ich bin überzeugt, daß es nur ein paar Tage dauern kann, bis Mutti oder Vati kommen, um uns hier wegzuholen. Ich weiß, daß Uschi keine Hoffnung hat – sie meint, ihre Eltern würden nicht glauben, was ich geschrieben habe, und würden darauf bestehen, daß sie den Rest dieser Ferien – denn dafür halten sie es – hier verbringt. Sie haben noch weniger Geld als meine Eltern und haben alles, was sie zusammenkratzen konnten, ausgegeben, um ihr einen Badeanzug zu kaufen, den Badeanzug, den sie heute zum erstenmal trägt. Aber ich weiß, daß es meine Eltern irgendwie schaffen werden. Ich habe geschrieben, sie müßten sich irgendeinen «Notfall» ausdenken. Nur bei einem Notfall darf man hier weg.
Tage vergehen. Ich habe jede Möglichkeit mit einberechnet – wie lange die Post dauern könnte, wie lange es dauert, einen Beweis aufzutreiben, daß ein Notfall vorliegt, wie lange man für die Reise hierher braucht. Langsam bekomme ich Zweifel.

Vielleicht sind die Briefe bei einem Luftangriff verbrannt? Was dann?

Wir sind auf dem Weg in die Felder, als ich eine einsame Gestalt über den kahlen Platz kommen sehe. «Meine Mutter!» rufe ich und renne, wie ich noch nie gerannt bin. Uschi folgt mir. Wir kommen beide zur gleichen Zeit an. Und wie meine Mutter noch jahrelang erzählt, hängen plötzlich zwei Mädchen an ihr, als ginge es um deren Leben. Meine Mutter, ganz weiß vor Müdigkeit, war sofort nach der Arbeit aufgebrochen und war die ganze Nacht gefahren. Bei ihrer Ankunft hatten die Wachen sie zu Hankas Büro gebracht, wo sie Hanka die notariell beglaubigten ärztlichen Bescheinigungen vorgelegt hatte. In der einen stand, Großmutter hätte sich ein Bein gebrochen und man würde mich sofort zu Hause benötigen, um die Kriegsarbeit – das heißt, den Gemüseanbau und die Geflügelzucht – fortzuführen. Im anderen Dokument stand, Uschis Mutter sei schwer krank. Die Tochter Ursula, hieß es dort, müsse sofort die Rolle der Hausfrau übernehmen.

«Glücklicherweise», sagt Mutti, «kennen wir Dr. Wegner. Er ist so ein netter, alter Mann. Trotzdem bezweifle ich, daß er es gemacht hätte, wenn ich ihm nicht ein Pfund Zucker und ein Pfund Butter hätte geben können. Er sieht so dünn aus. Ich nehme an, daß niemand für ihn sorgt.» Dr. Wegner tut ihr leid, ich weiß. Das ist typisch für Mutti, glaube ich.

Hanka war mißtrauisch gewesen. Zwei plötzliche Notfälle? Bei zwei Mädchen, die miteinander befreundet sind? Sie hatte mit meiner müden, sanften Mutter eine lautstarke und heftige Diskussion begonnen, aus der meine Mutter siegreich mit unseren Entlassungspapieren hervorgegangen war. Mutti schüttelt sich, während sie Hanka beschreibt. «Aber ich wäre nie hier weg ohne euch. Wenn es um mein Kind geht», sagt sie stolz, «dann werde selbst ich zur Löwin.»

Wir haben kaum Zeit, den nächsten Zug zurück zu erreichen. Schließlich sitzen wir zusammengekauert neben ihr, eine auf jeder Seite. Wir weinen alle drei, weinen vor Glück und Erleichterung. Uschi ist meiner Mutter womöglich noch dankbarer als ich. Mutti sagt, es sei schwer gewesen, Uschis Eltern zu überzeugen, aber auch das hatte sie geschafft. Eng an sie gepreßt, wie zwei Küken unter den Flügeln ihrer Mutter, schlafen wir erschöpft ein.

Kapitel 9

1942

Berlin

September–Oktober. Die deutschen Truppen sind an der Wolga angekommen und haben auf dem Elbrus, dem höchsten Berg des Kaukasus, die Hakenkreuzfahne gehißt. Aus Stalingrad wird erbitterter Kampf um jedes Haus gemeldet.

«Wartet nur, bis der Winter kommt!» unterbricht Großmutter mürrisch die Siegesmeldungen. «Hitler wird sich am russischen Winter die Zähne ausbeißen – denkt an meine Worte!»

«Sag so etwas nicht.» Wie gewöhnlich hat Mutti Angst, wenn Großmutter so eine Bemerkung macht.

«Ich sage, was ich denke», antwortet Großmutter. «Du bist viel zu ängstlich. Was nützt das denn schon? Es kommt, was kommen muß.»

Großvater, der schon im Bett liegt, ruft aus dem Schlafzimmer: «Ruhe! Laßt mich schlafen! Ihr geht besser auch ins Bett!»

Am Morgen um halb fünf Uhr ist es noch dunkel. Mir ist so, als hätte ich gerade erst die Augen zugemacht, aber Großvater stampft schon durchs Haus und ruft uns, damit wir aufstehen. Und heute ist Samstag, Muttis erster freier Tag seit langer Zeit. Dort, wo sie arbeitet, sind fast alle Männer eingezogen worden, und sie hat sehr viele Schichten übernehmen müssen. Aber gehorsam stehen wir auf. Er würde uns sowieso nicht schlafen lassen. Als wir hinunter in die Küche kommen, ist er schon fort, und Großmutter ist fertig zum Weggehen. Sie trägt dicke Wollstrümpfe, ein altes Paar von Großvaters Schuhen, ihre geflickte Schürze aus Sackleinen über einem

langen Rock und ein Kopftuch. Sie sieht aus wie eine dicke, arme Bauersfrau.
«*So* kannst du doch nicht gehen!» sagt Mutti schockiert. «Deine Strümpfe haben Löcher, und sie passen nicht einmal zusammen!»
«Wen interessiert das schon?» Großmutter zuckt die Achseln. «Den Stechmücken und den Beeren macht das nichts aus. Wäre es dir lieber, ich hätte Seidenstrümpfe an und hochhackige Schuhe?»
«Aber –» beginnt Mutti zaghaft.
«Kommt schon, kommt schon!» drängt Großmutter und nimmt zwei Eimer. «Großvater ist schon weit voraus . . . und macht kein solches Gesicht. Ihr werdet bald froh sein, daß wir etwas haben, wenn die anderen Leute nichts haben. Es wird noch schlimmer werden, und Gott helfe denen, die nichts haben. Wir werden etwas haben. Dafür sorge ich!»
Wir trotten in der frühen Morgendämmerung hinter ihr her. Großvater, der nur noch ein dunkler Fleck auf der Straße ist, verschwindet im Dorf von Lübars. Wir werden zwei Stunden brauchen, bis wir ihn eingeholt haben. Bis dahin werden wir den dichten Wald in der Ferne erreicht haben, wo wir Pilze und wilde Himbeeren sammeln wollen. Es wird ein langer Tag werden. Wir werden stundenlang zwischen dornigen Beerenbüschen stehen, umgeben von summenden Stechmücken, und dann kommt noch der weite Weg nach Hause mit den schweren Eimern. Wenn wir dann zu Hause sind, wird Großvater nicht nach uns rufen, um uns ins Bett zu schicken. Wir werden statt dessen fast die ganze Nacht damit verbringen, die Beeren zu putzen, Marmelade daraus zu kochen und sie in die wartenden Gläser zu füllen. Lange Reihen von Gläsern, die ich abgewaschen und auf feuchte Handtücher gestellt habe, damit sie beim Füllen nicht zerspringen. Wenn dann die Gläser mit Dampf verschlossen worden sind, werden sie im Keller aufbewahrt – Marmelade für die nächsten paar Jahre.
Der Tag und die Nacht laufen genau so ab, wie ich es mir vorgestellt habe. Das einzige, womit ich nicht gerechnet habe, sind zwei Alarme, bei denen Mutti und ich im Keller kauern, während meine Großeltern einfach weiterarbeiten.

Heute morgen war die Beck von einem Soldaten in Kampfuniform begleitet, als sie in die Klasse kam. Er sagte uns – als hätten wir das nicht gewußt –, daß der Süden von Berlin letzte Nacht schwer zerbombt worden sei. Er befahl uns, nach Hause zu gehen, unsere Uniform anzuziehen und uns sofort an den Stellen zu melden, die er von einer Liste ablas, um da Katastropheneinsatz zu machen. Ich muß zur Lilienthal-Schule in Lichterfelde. Leider nicht mit Uschi zusammen, sondern mit einem neuen Mädchen.
«Vollkommene Idiotie!» sagt Großmutter. «Sie sind verrückt, solche Arbeit von Kindern zu verlangen!»
«Aber Großmutter», antworte ich entrüstet. «Wir machen nur Brote und kümmern uns um kleine Kinder, deren Zuhause ausgebombt worden ist. Und ich bin kein Kind mehr.»
«Doch, das bist du!» Sie schüttelt den Kopf. «Und ich sollte dich nicht gehen lassen. Bis nach Lichterfelde! Du brauchst zwei Stunden, bis du dort bist!» Brummend macht sie Brote für mich zum Mitnehmen und gibt mir Geld für den Zug.
Beim Zurückblicken sehe ich sie in der offenen Tür stehen. Sie schüttelt immer noch den Kopf und sagt: «Ich sollte dich nicht gehen lassen. Wirklich nicht.»
Bis jetzt ist unser Teil der Stadt, die nördlichen Vororte, fast unversehrt geblieben, und es erschreckt mich, was ich auf dem Weg vom Bahnhof Lichterfelde zur Lilienthal-Schule sehe. Ganze Viertel sind abgebrannt; alles um mich herum ist zerstört. Die Schule ist zum Notquartier für die Obdachlosen geworden. Lange Schlangen von Leuten versuchen hineinzukommen. Ihre Gesichter sind abgezehrt und aufgewühlt, und sie halten krampfhaft die paar Sachen, die ihnen noch gehören, oder sie sitzen darauf.
Das Rote Kreuz ist da, und Lastwagen von der Wehrmacht bringen große Behälter mit Suppe. Sie kommen nicht durch, und ich auch nicht, denn die Menschenmenge versperrt die Türen. Endlich finde ich eine BDM-Führerin und melde mich zum Dienst. Sie führt mich durch eine Hintertür in eine riesige Küche. Etwa zwanzig Frauen stehen um einen Tisch herum und machen Brote. Mir wird befohlen, ihnen zu helfen. Eine Frau geht hinaus, und ich nehme ihren

Platz ein. Eine Scheibe Brot nach der anderen wird geschmiert und weitergereicht. Schmieren, weiterreichen. Ich weiß nicht, ob ich seit ein paar Stunden hier bin oder seit Tagen. Eine Scheibe nehmen, schmieren, weiterreichen. Dauernd werden neue Berge Brot und Butter hereingebracht. Ich habe keine Zeit, aufzusehen oder nachzudenken. Schneller, rascher, schmieren, weiterreichen. Plötzlich: «He, du! Wir brauchen jemand bei der Suppe!» und ich stehe hinter einem Tisch, schöpfe Suppe aus und sehe nichts als ausgestreckte Hände mit leeren Tellern und Tassen. Suppe, noch mehr Suppe, ein Behälter folgt dem anderen, aber die Schlange nimmt kein Ende. Ich werde beiseite geschoben, jemand übernimmt meinen Platz. Zurück in die Küche, zurück zum Brotschmieren. Ich sehe keine Gesichter, weiß nicht, welche Tageszeit oder Nachtzeit gerade ist. Ich sehe nur noch die Brotscheiben, die vor mir erscheinen. Ich schmiere sie mechanisch, gebe sie an das nächste Händepaar weiter. Die Sirenen! Alarm! Die Lichter gehen aus. Tumult und Geschrei. «In Deckung! Alle in Deckung! In den Keller!» Taschenlampen beleuchten die drängenden, schreienden, kreischenden Menschenmassen, die in eine Richtung stürzen. Einzelne Stimmen sind über den anderen zu hören: «Paul, Paul! Wo bist du?» – «Hilfe, Hilfe! Ich werde zu Tode getrampelt!» Schreie, kreischende Kinder, und dann wird alles durch das Geräusch der fallenden Bomben übertönt. Die Wände zittern, und Angstschreie zerreißen mir fast das Trommelfell, während sich die rasende Menschenmenge in völliger Dunkelheit zum Keller drängt. Ich weiß nicht, wo ich bin, weiß nicht, wohin ich geschoben werde. Plötzlich bin ich im Keller. Hunderte von Leuten sind schon da, und immer mehr wollen herein. Angstvolle Blicke gehen zur Decke. Wird sie halten? Ich glaube, ich werde von den Umstehenden aufrecht gehalten, denn ich kann keinen Boden unter den Füßen fühlen. Plötzlich wird mir klar, daß ich hier keinen Menschen kenne. Zum erstenmal seit Stunden denke ich an meine Eltern und daran, wie beunruhigt sie sein müssen. Aber Vati weiß nicht einmal, daß ich hier bin. Mutti ist bei der Arbeit, ist vielleicht heute nacht wieder dortgeblieben . . . dies ist also das Ende. Allein. Allein in einem Massengrab. Plötzlich ist Bewegung in der Menge. Entwarnung. Der Angriff ist vorbei, und wir haben überlebt. Jemand reicht mir einen Stapel Decken, bevor mir klar wird, daß ich nicht mehr im Keller bin. Keine Zeit zum Nachdenken, denn jetzt kommen die hereingestolpert, die gerade eben obdachlos geworden sind. Die Gegend hier ist wieder getroffen worden. Ich helfe, Feldbetten aufzustellen, schenke Kaffee ein, trage Decken, mache Brote, versuche, verlorene Kinder zu finden. Ich habe jedes Zeitgefühl verloren, als mich jemand am Arm packt und mich vom Tisch wegzerrt. Es ist ein junger Mann in Hitlerjugend-Uniform. Er sagt streng, ärgerlich: «Bist du nicht schon seit gestern da?»

«Ich . . . ich glaube», stammle ich, und dann will er wissen, wo ich herkomme, warum ich hier bin usw. Es ist wie ein Verhör. Ich frage mich, was ich falsch gemacht habe.

Plötzlich lächelt er. «Weißt du, daß du seit 26 Stunden hier bist? Das ist Wahnsinn! Du gehst sofort nach Hause! Das ist ein Befehl! Es sollte eigentlich gar nicht gestattet sein, daß Kinder hier arbeiten.»

«Aber ich bin schon fast vierzehn!» sage ich. Vielleicht hält er mich für viel jünger. «Ich bin schon fast vierzehn Jahre alt!»

«Furchtbar alt!» sagt er und schüttelt den Kopf. «Geh nach Hause! Versprich mir, daß du nach Hause gehst! Und zwar sofort!» Er streichelt mir freundlich den Kopf.

Betäubt und müde nehme ich den Zug und fahre weg von den schwelenden Ruinen, weg von den Schrecken der letzten Nacht, weg von den schreienden, drängenden, verängstigten Menschen, von den nicht endenwollenden Reihen ausgestreckter Hände. Hände, die sich nach Kaffee ausstrecken, nach Suppe, nach Broten, nach Decken und nach Kaffee, Kaffee, Kaffee. All das verschwimmt in meiner Erinnerung, als ich die bekannten und unversehrten Häuser von Lübars anblinzle. Die Sonne scheint auf die letzten Chrysanthemen und Astern in den Vorgärten. Kein Zeichen von Krieg. Dann bin ich zu Hause, in den Armen von Mutti, und die letzten achtundzwanzig Stunden werden unwirklich.

Oktober 1942. Der Krieg in Afrika läuft nicht gut. Hitler hat Rommel befohlen, «bis zum Sieg oder bis zum Tod zu kämpfen». Sieg oder Tod, was für ein Befehl ist das denn? Ich stehe in der Schlange vor der Bäckerei Kulewski. Die Schlange bewegt sich langsam. Die Frau hinter mir strickt Socken für ihren Sohn in Stalingrad. «Dort hat es angefangen zu schneien», sagt sie. «Ich muß sie schnell fertigmachen und losschicken. Gott weiß, wie lange die Post dauern mag . . . und diese verdammten russischen Winter! Sieg oder Tod.» Sie murmelt vor sich hin und strickt weiter, und ihre Füße bewegen sich automatisch, wenn die Schlange sich vorwärts schiebt. Unter den ungefähr achtzig Leuten, die hier warten, sind nur wenige junge Frauen. Die meisten sind Kinder oder alte Leute. Ein sehr alter Mann – er muß achtzig sein oder noch älter – lehnt sich schwer auf einen Stock. Alle sehen grau aus und erschöpft. Wir haben uns alle damit abgefunden, noch eine Zeitlang hier zu warten. Drei oder vier Frauen kauern eigenartig da. Sie haben Klappstühle mitgebracht, aber die werden nur sichtbar, wenn sich die Schlange bewegt. Dann greifen die Hände unter die breiten Hinterteile, ziehen die Stühle einen Meter vorwärts, die Frauen lassen sich zurücksinken, und die Stühle sind wieder verborgen. Die Frau vor mir liest, blickt nicht auf. Die, die strickt, benutzt ab und zu ihre Nadeln, um sich am Kopf zu kratzen, und murmelt etwas über ihren Sohn. Jetzt macht sie Schwimmbewegungen nach der Seite hin und versucht, sich von der Wolle zu befreien. Mit dem Strickzeug, den Nadeln und den beiden Einkaufstaschen am Arm ist das keine leichte Aufgabe. Eine Nachbarin hilft ihr, und als die Schlange einen Meter vorwärts schlurft, läßt man für die beiden eine Lücke, wo sie sich wieder einreihen können, wenn ihr Kampf mit der Wolle gewonnen ist.

Es wird wenig gesprochen: über den Angriff der letzten Nacht, die erwartete Zuckerlieferung im Lebensmittelgeschäft. Man gähnt und beklagt sich. «Ich bin so müde. Wenn sie uns bloß eine Nacht lang schlafen lassen würden. Nur eine einzige Nacht lang. Aber nein. Jede verdammte Nacht ist Alarm.» All die üblichen Themen, auch über die Kinder – daß sie jeden Tag nervöser werden vom Schlafmangel und wie gut es für alle sein wird, wenn sie hier weg sind. Eine Sache weniger, über die man sich Sorgen machen muß. Auf diese Feststellungen hin kommt nur noch ein Nicken, Gähnen und gelegentlich ein «Ach». Über all das ist schon gesprochen worden, es wurde von allen Gesichtspunkten her diskutiert, und alle sind an den Gedanken inzwischen so gewöhnt, daß nichts mehr darüber zu sagen ist, bis es tatsächlich eintritt, bis die Gerüchte Wirklichkeit werden.

Ein paar Tage später wird die Evakuierung aller Berliner Schulen, der Lehrer und der Schüler, angekündigt; sie ist Zwang. Niemand ist überrascht. Jetzt weiß jeder, woran er ist, und die Vorbereitungen können beginnen. Manche versuchen, ihre Kinder zu Freunden oder Verwandten in ländlichen Gebieten zu schicken, aber wenige haben Erfolg. Der Papierkrieg ist fast unüberwindlich, und die letzten Hürden sind die Freunde und die Verwandten selbst. Dies sind keine Zeiten, in denen man sich eine zusätzliche Verantwortung aufbürden will. Wer legt schon Wert auf zusätzliche Mäuler, die zu füttern sind? Und wer weiß für wie lange?

Abreisetag für die Hans-Thoma-Schule ist der 21. Oktober, Bestimmungsort Harrachsdorf, ein winziges Dorf auf der tschechischen Seite des Riesengebirges. Ein bekanntes Ski- und Erholungsgebiet, sagt man uns. «Wie lange bleiben wir dort?» – «Bis zum Endsieg natürlich», lautet der Standardwitz. Man hat uns befohlen, mindestens für ein Jahr zu packen und Bettwäsche, Bettdecken, Handtücher und warme Kleidung mitzunehmen. Großmutter strickt mir einen Pullover, nachdem sie einen von sich aufgereppelt hat, und Mutti nimmt sich einen Tag frei, um nach einem Paar Schuhe für mich zu suchen. Wir haben einen speziellen Bezugsschein für ein Paar leichte Straßenschuhe mit Gummisohlen. Aber in den Geschäften, in die wir gehen, gibt es entweder überhaupt keine Schuhe oder keine in meiner Größe. Wozu soll dann der Schein gut sein? Wir fahren von einem Ende der Stadt zum anderen, und schließlich finden wir ein Paar. Mit allem anderen ist es dasselbe. Man bekommt nicht einmal mehr einen Radiergummi, und ich meine einen aus künstlichem Gummi. Die echten? An die erinnere ich mich nicht einmal. Ohne Großvaters Wissen wird eins seiner alten Jacketts für mich umgearbeitet. Alles, einschließlich Besteck, wird schließlich in zwei Koffer gequetscht. Ich bin fertig.

«Du hättest zum Zahnarzt gehen sollen. Ach, Ilse», sagt Mutti, «warum habe ich dich bloß nicht hingeschickt? Was geschieht jetzt mit deinen Zähnen?»

«Im Lager ist vermutlich ein Zahnarzt», sagt Großmutter.

Mutti hat mich oft gebeten, mich anzumelden, aber ich habe es nicht getan, mit den Alarmen jede Nacht, nach denen man immer müde zur Schule geht – das heißt, wenn ich überhaupt zur Schule gegangen bin und nicht statt dessen irgendwo in einer Schlange stand. Und nicht zuletzt war ich nicht sehr versessen darauf, mich wieder in einen Zahnarztstuhl zu setzen.

«Sie tun nicht weh, Mutti. Wirklich nicht. Großmutter hat recht. Ich bin sicher, daß es im Lager einen Zahnarzt gibt.» Nach dem, was ich über Lager weiß, ist dort in Wirklichkeit bestimmt keiner. Und das kann mir nur recht sein.

Vati und Oma fragen beim Abschied nicht einmal nach meinen Zähnen. Sie scheinen weit weg – wir reden nicht mehr so miteinander wie früher. Vati muß zu einer Extraschicht, und wir haben nur eine Viertelstunde Zeit. Was gibt es zu sagen? Halt die Ohren steif, sei wachsam, paß auf. Das, was er immer sagt. Ich umarme Oma, und sie ist so zart, daß sie nur noch aus Haut und Knochen zu bestehen scheint. Es macht mir Angst. Vati ist auch dünn. Er war immer schlank, aber jetzt ist er dürr und grau, sieht abgezehrt und müde aus. Er geht mit mir hinunter zur Gartentür. «Kleiner Igel, paß gut auf dich auf. Noch eins – Oma ist vielleicht nicht mehr lange bei uns. Wenn du auf einem meiner Briefe unten ein kleines Kreuz findest, dann weißt du, daß sie nicht mehr da ist.»

Kapitel 10

Lager Nummer 3

Alle Berliner Schulen werden evakuiert. Alle außer zweien. Die beiden, sagt das Gerücht, werden für die Kinder der Nazibonzen offengehalten, obwohl sie offiziell für Notfälle sein sollen. Ich kenne keinen einzigen dieser Notfälle. Uschis Eltern haben es vergeblich versucht und brachten sie dann in letzter Minute zu einer anderen Schule, in der falschen Annahme, daß diese in Berlin bleiben würde. Jetzt ist Uschi schon in Ostpreußen. Sie fehlt mir.

Der Zug windet sich durch die Berge, und unsere Nasen sind gegen die Fenster gepreßt. Ich habe noch nie so hohe Tannen gesehen. Wir werden in Polaun aussteigen, dem Bahnhof, der Harrachsdorf am nächsten liegt. Wir, die Hans-Thoma-Schule: einhundertsechsundsiebzig Mädchen und fünf Lehrer: Herr Dr. Lauenstein, Frau Dr. Hoffmann, Frau Dr. Pfaffenberger, die Lenz und die Beck. Frau Dr. Pfaffenberger, die Mathematiklehrerin, ist erst kürzlich an unsere Schule gekommen, nachdem sie in Lichterfelde ausgebombt worden war. Frau Direktor Francke und Dr. Brand, die das Pensionsalter schon überschritten haben, sind zurückgeblieben.

Zwei Pferdekutschen vom Hotel warten am Bahnhof auf uns. Der Bahnhof selbst ist nur eine kleine Holzhütte, fast unsichtbar unter den hohen Bäumen. Die Lehrerinnen, die jüngeren Mädchen und das Gepäck werden nach Harrachsdorf gefahren. Dr. Lauenstein geht mit den Älteren zu Fuß. Wir werden uns im Hotel *Babitz* in zwei Stunden treffen.

Das Hotel *Babitz* hat vier Stockwerke, aber es ist freundlich und

gemütlich. Wir mögen es sofort. Die weichen grünen Wiesen, die es umgeben wie ein natürlicher Teppich, führen bis zum Ufer eines felsigen Flusses. Um uns herum erheben sich überall die hohen Tannen und die Berge. Es ist ruhig hier. Das einzige Geräusch kommt von dem plätschernden Wasser und dem Wind und, natürlich, von uns. Der kleine Fluß heißt Mummel, ein lustiger und passender Name. Wir springen von Felsen zu Felsen und warten darauf, daß uns die Lehrer unsere Quartiere zuweisen. Sie rufen uns herein, sagen uns, daß die Jüngeren bis zum Alter von fünfzehn hier im *Babitz* bleiben werden. Die Älteren wohnen in der Pension *Gertrud*, einem viel kleineren Hotel. Doch es sind nicht sehr viele hier, die älter sind als fünfzehn. Jeder über siebzehn ist entweder beim Arbeitsdienst oder ist einem anderen Lager als Hitlerjugend-Führer zugeteilt. Dr. Lauenstein hat die Aufsicht über die Gruppe in der Pension Gertrud, mit der Beck als Stellvertretung. Frau Dr. Pfaffenberger, die wir Pfaffi nennen, führt zusammen mit der Hoffmann die Aufsicht über uns hier. Die Lenz wird auch hierbleiben, allerdings ohne offizielle Aufsichtsfunktion.
Die alte Gruppe, unser Zimmer 18 von der Tschechoslowakei, steht eng zusammen. Sigrun und ich erhalten ein Zweibettzimmer im obersten Stock zugeteilt, Hanni und Ruth haben das Zimmer neben uns. Ich wäre lieber mit Hanni oder mit Ruth zusammen.
Wir vier stehen an unserem Fenster, schauen hinaus auf den klaren, sternenübersäten Himmel, atmen die frische Luft, die so herrlich nach Tannen duftet, und sind plötzlich furchtbar deprimiert. Die Berge werden zu Schranken, die uns einsperren. Wir haben das Gefühl, in der Falle zu sitzen, ohne zu wissen, für wie lange wir hier sein werden, allein und viel zu weit weg von zu Hause. Und die Tatsache, daß die Zukunft, ja, daß alles so ungewiß ist, macht es auch nicht gerade besser. Soo-y-ing, ein neues Mädchen, gesellt sich zu uns. Ich frage mich, wie sie sich wohl fühlen mag. Ihre Mutter ist tot – es gibt Gerüchte, daß sie eine Tänzerin war. Ihr Vater ist ein chinesischer Geschäftsmann. Er hatte Soo-y-ing in der Obhut von Frau Direktor Francke gelassen, und da Soo-y-ing auf der Hans-Thoma-Schule war, ist sie jetzt bei uns. Ich mag sie sofort.

Wir versammeln uns im Speisesaal und hören uns die Hausordnung an. Die Stimmung ist mies. Eingesperrt in einem kleinen Bergdorf, weit weg von allem, scheinen Pfaffi und Hoffmann so deprimiert zu sein wie wir. Bis zur nächsten Stadt braucht man mit dem Zug Stunden, und selbst *die* ist ein kleines Dörfchen verglichen mit Berlin. Die Hoffmann ist daran gewöhnt, ins Theater und in die Oper zu gehen; sie ist nicht gerade begeistert von Lagern. Sie hat es gesagt, und Zimmer 18 weiß es. Sie ist froh, daß Pfaffi die Aufsicht übernimmt.

Frau Dr. Pfaffenberger, eine kleine, stabil gebaute Frau, flößt Respekt ein. Sie scheut sich nicht, ab und zu einen Schubser oder einen Knuff auszuteilen, während sie zwischen den langen Tischen, an denen wir sitzen, hin und her geht. Nachdem sie «Ruhe» gesagt hat, kann man eine Nadel fallen hören. Unsere beiden Führerinnen – es ist Vorschrift, daß es sie in jedem Lager gibt – stellen sich als Irene und Helga vor. Sie halten die übliche Rede, die endet mit: «Wir wollen hoffen, daß wir uns alle vertragen, und morgen vormittag nach dem Frühstück finden ein Uniformappell und ein Marsch durchs Dorf statt.» Helga will noch etwas sagen, aber Pfaffi, die mit steinernem Gesicht dasitzt, unterbricht.

«Das ist unmöglich, weil ich für diese Zeit Unterricht geplant habe.»

Wir spitzen die Ohren. Über Unterricht ist nichts gesagt worden. Fasziniert, und ausnahmsweise einmal ruhig, hören wir dem folgenden Streit zu. Dies ist ganz offensichtlich ein Machtkampf. Unter dem Naziregime besitzen die Hitlerjugend-Führer größere Autorität als die Lehrer, vor allem als die Oberschullehrer, die den Ruf haben, entweder unpolitisch oder im geheimen gegen das Regime zu sein. Keiner hat das Radio angeschaltet, seit wir da sind, kein einziges «Heil Hitler» ist gefallen. Die Hauptaufgabe der Führerinnen ist die politische Schulung. Pfaffi verliert ihren ersten Kampf und marschiert mit einem ärgerlichen, roten Gesicht und mit hüpfendem Haar davon. Aber wir wissen, daß dies erst der Anfang ist.

Frau Doktor Margarete Pfaffenberger, Mutter von einem Jungen und einem Mädchen in unserem Alter, ist eine hochintelligente und scharfsinnige Frau, eine Persönlichkeit, die sich nicht so leicht unterordnet. Irene, zwanzig Jahre alt, und Helga, zweiundzwanzig, sind ihr nicht gewachsen. Sie wissen es, wir wissen es, und Pfaffi weiß es am besten.

Beim Uniformappell am nächsten Morgen erscheint der Lauenstein und glänzt in voller Größe in Uniform mit seinen in der Sonne funkelnden Orden. Irene ist schön, und auch Helga sieht außergewöhnlich gut aus. Beide haben eine ausgezeichnete, gut entwickelte Figur. Nachdem er sie mit einem langen und interessierten Blick bedacht hat, ist er so charmant wie möglich, während er sich vorstellt. Offensichtlich gefallen ihm unsere Führerinnen und die Reihe der uniformierten Schulmädchen. Er spart nicht an Lob. Aber bevor er weggeht, um nach Pfaffi und Hoffmann zu suchen, vollführt er ein bühnenreifes «Heil Hitler» mit ausgestrecktem Arm und knallenden Absätzen.

Die rund zwanzig Häuser von Harrachsdorf stehen in einer Reihe an der kopfsteingepflasterten Straße. Mit Ausnahme des Postamts, der Schule, des Einkaufsladens, der Bäckerei mit Café und des Bürgermeisteramts sind es alles Hotels oder Pensionen. Herr Erlebach ist der Bürgermeister, und ihm gehört alles. Das Hotel *Erlebach* ist das größte Hotel und das einzige, das noch für die Öffentlichkeit zugänglich ist. All die anderen ehemaligen Hotels dienen jetzt entweder als Kinderlandverschickungslager oder als Heime für verwundete und genesende Soldaten. Außer einer einzigen alten Frau sehen wir auf unserem Marsch durch den Ort nur Soldaten und andere deutsche Kinder. Die alte Frau erwidert unseren Gruß nicht. Wir lösen unsere Formation, um sie mit ihrem großen Korb auf dem Rücken durchzulassen. Sie ist ganz in Schwarz gekleidet – mit langem Rock, langer Jacke und einem großen Schal, den sie fest um den Kopf gewickelt hat. Sie hält die Augen auf die Straße gerichtet und geht mit ihrer knotigen Hand auf dem knorrigen Stock an uns vorbei, als gäbe es uns nicht.

Ich denke daran, was Vati mir damals gesagt hat, und ich denke über die Leute von hier nach. Sind es Tschechen? Deutsch-Tschechen? Was halten sie davon, daß alles von uns erobert worden ist?

Aber ich habe nicht viel Zeit zum Denken. Als wir zurückkommen, treiben uns Irene und Helga in den Speisesaal zu einer Singstunde. Sie wollen, daß wir Hitlerjugend-Lieder singen, die, wie sich herausstellt, keiner kennt. Sie entlassen uns nur zum Mittagessen.
Nach dem Essen müssen wir den Text aufschreiben, den Helga diktiert, während Irene die Melodie summt:

«Ein junges Volk steht auf
Zum Sturm bereit!»

«Das einzige, worauf ich gerne einen ‹Sturm› machen würde, ist mein Gepäck», sagt Ruth an Sigrun vorbei zu mir hin.

«Reißt die Fahnen höher, Kameraden!»

«Ich kann mich nicht konzentrieren und schreiben, wenn ihr beiden euch unterhaltet!»
Die liebe, gute Sigrun. Ruth und ich tauschen hinter ihrem Rücken einen Blick. Ruth deutet auf ihre Uhr und redet weiter, als hätte sie nichts gehört. «Weißt du, daß wir jetzt seit genau vierundzwanzig Stunden hier sind? Vierundzwanzig Stunden, und wir hatten noch nicht einmal Zeit, auszupacken oder nach Hause zu schreiben!»

«Wir fühlen nahen unsere Zeit,
Die Zeit der jungen Soldaten.
Vor uns marschieren mit sturmzerfetzten Fahnen
Die toten Helden der jungen Nation,
Und über uns die Heldenahnen,
Deutschland, Vaterland, wir kommen schon!»

«Deutschland! Vaterland! Wir kommen schon!» immer wieder, bis zum Abendessen. Die Lehrer sind im Speisesaal, und als Pfaffi uns für den Rest des Tages frei gibt, ertönt ein einstimmiges, ohrenbetäubendes Hurra.
Krach und Durcheinander. Alle rennen herum. «Hat jemand Briefpapier für mich übrig? Ich kann meins nicht finden.» – «Wie hieß

das große Hotel?» – «Wo sind wir umgestiegen?» – «Wie hoch sind die Bäume hier?» Ein ständiges Ein und Aus, Türen werden geöffnet und wieder zugeschlagen. In unserem Zimmer geht es zu wie im Zentrum von Berlin bei Geschäftsschluß.
«Ruhe!» schreit Pfaffi. «Wenn ich noch einmal eine von euch beim Türenzuschlagen erwische, dann muß sie eine Woche lang Kartoffeln schälen!»
«Es geht schon wieder los», sage ich, aber ich bin froh, daß ich endlich ohne Unterbrechung schreiben kann.
Sigrun flüstert plötzlich: «Meinst du, die Post wird zensiert?»
Wir sehen uns an. «Pfaffi?» Nie. Wenn Helga und Irene auf diese Idee kommen, wird Pfaffi eingreifen. Ich weiß nicht warum, aber ich fühle, daß Pfaffi auf unserer Seite ist. Sie ist genauso ungern hier wie wir.
Der nächste Tag ist kalt und regnerisch. Das richtige Wetter zum Auspacken, zum Saubermachen und zum Aufräumen.
«Ordnung! Ich verlange Ordnung!» sagt Helga, und wir sehen amüsiert zu, als sie vom Frühstückstisch aufsteht, um «das Melden» vorzuführen.
«Wenn Irene oder ich in eure Zimmer kommen, dann steht ihr stramm.» Sie richtet sich auf und beginnt mit ausgestrecktem, erhobenem Arm: «Heil Hitler! Lagermädelführerin, Zimmer Nummer – eure jeweilige Zimmernummer – meldet vier Mädchen beim Putzen . . . oder was ihr eben gerade tut.»
Alle lachen. Helga wird rot, schreit: «Daran ist nichts zum Lachen! Überhaupt nichts!»
Eine Stimme kommt aus dem Hintergrund, sehr leise, sehr überrascht: «Wollen Sie damit sagen, daß wir das *jedesmal* tun müssen, wenn Sie in unser Zimmer kommen?» Jemand kichert. «Selbst wenn wir die Zähne putzen?»
Allgemeiner Lachausbruch.
Aber Helga ist ernst. «So ist es! Selbst wenn ihr die Zähne putzt! Was immer ihr auch tut – ihr macht bei Irene und mir und natürlich auch bei Frau Dr. Pfaffenberger und Frau Dr. Hoffmann eine vorschriftsmäßige Meldung.»

«Vielen Dank, aber bei uns nicht», kommt die kühle Stimme von Pfaffi. «Das ist nicht nötig», und wie auf Befehl stehen Pfaffi und Hoffmann auf und verlassen das Zimmer, während Helga ruft: «Aber bei *uns* ist es nötig! Und jetzt fang ihr besser an! Wir haben auf allen Stockwerken Moppe und Besen verteilt. Nach dem Mittagessen ist Stubenappell.»
Auf dem Weg nach oben fallen zahlreiche bissige Bemerkungen. Die Besen sind viel weniger zahlreich. Doch Sigrun, die darin schon Übung hat, treibt einen Kehrbesen mit Schaufel für uns auf, und Ruth und Hanni bekommen einen Mopp. Wir vier glauben, daß wir allen anderen etwas voraus haben. Wir wissen alles über Appelle, meinen wir. Aber wo sollen wir anfangen? Das Zimmer ist so winzig, daß man vor dem Waschbecken steht, wenn man die Tür öffnet und hereinkommt. Um an den altmodischen Schrank zu kommen, muß man die Tür schließen. Dieser zweigeteilte Holzschrank hat Platz für sechs Kleiderbügel – vielleicht zehn, wenn man sie fest zusammenpreßt – und drei Fächer. Das ist alles. Es gibt zwei Betten mit einem halben Meter Platz dazwischen, gerade genug, um zum Fenster zu gelangen und zu dem kleinen Tisch, der dazwischen eingekeilt ist. Das ist jetzt unser Heim.
Sigrun stößt ihren Koffer unters Bett. Ich mache mit meinem dasselbe und fange mit meiner Bettenbaunummer an, während Sigrun zusammenfaltet, schiebt und drückt und gegen die Berge unserer persönlichen Habe ankämpft. Es gelingt ihr, mehr in dem Schrank unterzubringen, als wir uns vorgestellt hätten. Der Rest wird wieder in die Koffer gestopft. Es ist einfach nicht genug Platz hier. Trotzdem sind wir mit unserem Erfolg mehr oder weniger zufrieden, als die Pfeife zum Mittagessen ertönt.
Das Mittagessen ist schnell vorbei. Leises Gemurmel ertönt, während jede versucht, von den anderen zu erfahren, was man vergessen haben könnte. Anschließend rennen wir hinauf, um diese in letzter Minute erhaltenen Informationen noch zu verwerten.
In den unteren Stockwerken öffnen und schließen sich Türen. Der Appell hat begonnen. «Sie können hier nicht unter die Betten gucken», sagt Sigrun, und ich stimme zu: «Unmöglich. Dafür ist

kein Platz.» Ich denke an die blöde Melderei. Wir haben Streichhölzer gezogen, und ich habe das kürzere erwischt, also muß ich die Rede halten. Hier kommen sie.
Die Tür geht auf, und Helga und Irene kommen herein, gefolgt von Pfaffi – Hoffmann muß draußen bleiben. Es ist nicht genug Platz. Fünf Leute auf derart engem Raum. Unsere Nasen stoßen fast zusammen. Ich muß mich zur Seite drehen, um aufzusagen: «Lagermädelführerin, Zimmer 28, zwei Mädchen bereit zum Stubenappell.» Ich versuche, Sigrun nicht anzusehen, denn ich weiß, daß wir dann beide in Gelächter ausbrechen würden.
«Danke», sagt Helga, aber sie fügt nicht hinzu: «Rühren.» Wir bleiben stramm stehen, steif, erstarrt.
«Nennt ihr das sauber?» Helga hält mir einen schwarzen Finger unter die Nase. Damit ist sie oben auf dem Spiegel entlang gefahren. Die Frage ist rhetorisch. Sigrun und ich schweigen. Wir sehen ihr zu, wie sie die Hand wäscht und dann eine Zahnbürste in die Hand nimmt. Und dann bricht das Donnerwetter über uns herein.
«Wem gehört die? Und die andere ist genauso dreckig! Wenn man danach geht, müßt ihr eine Menge Zahnpasta verbrauchen!» Sie hält die Wassergläser gegen das Licht. «Pfui Teufel!» Jetzt zwängt sie sich an uns vorbei zum Fenster und macht sich an der Vorhangstange den Finger noch einmal schmutzig. Sie brummt: «Schweinestall», sieht den Schrank, der bis jetzt durch die offene Tür verdeckt war, und Sigrun. «Aufmachen! . . . Pfui! Ihr seid keine Mädchen, ihr seid Schweine! Schweine!» Sie hält einen meiner Schuhe hoch, an dem zugegebenermaßen ein Stück von der Wiese am Absatz hängt, der aber sonst glänzt wie ein Spiegel. Sie läßt den Schuh fallen, kniet zwischen den Betten, zieht die Koffer hervor. Hilflos und wütend sehen wir zu, wie unsere persönlichen Besitztümer den Blicken preisgegeben werden. Hier liegen sie ganz offen da – vor vier neugierigen Augenpaaren. Pfaffi zeigt plötzlich Interesse, und selbst die Hoffmann kommt näher, um Sigruns schmutzige alte Puppe mit dem mottenzerfressenen Haar zu sehen. Da ist mein kleiner Teddybär, meine Wasserfarben, Omas handbesticktes Tischtuch, da sind Bücher, Fotografien von unseren Familien. Alles

liegt da, und die Stille ist peinlich. Ungeschickt steht Helga auf. Aber auf dem Weg nach draußen hält sie an, um mit dem Finger oben über den Schrank zu fahren. Natürlich ist der Finger schwarz, und sie findet ihre Stimme wieder.
«Wie seid ihr bloß erzogen worden! Oberschülerinnen! Ihr fangt besser an sauberzumachen! *Sauber!* Und wenn ihr schon dabei seid, dann seht eure ganzen Sachen nach! Lose Knöpfe, Löcher in den Strümpfen und ähnliches werden hier nicht geduldet!» Sie marschieren hinaus, und Helga schließt die Tür. «Heute abend ist noch einmal Appell!» hören wir sie im Flur rufen.
Wie auf Befehl setzen Sigrun und ich uns Rücken an Rücken vor unseren Koffern auf den Boden. Wir hören uns gegenseitig schluchzen, leise zuerst, da wir uns schämen. Dann, als wir merken, daß wir beide dasselbe fühlen, drehen wir uns zueinander um, und mit der Puppe und dem Teddybär im Arm stoßen wir kindliche Flüche aus. Nach und nach heben wir unsere Besitztümer auf und legen sie liebevoll weg. Die Puppe und der Bär werden in unsere besten Taschentücher eingewickelt, als wollten wir das furchtbare Unrecht wieder wettmachen, das ihnen widerfahren ist. Als die Koffer wieder unter den Betten verschwinden, sind unsere Tränen getrocknet. Trotzig fangen wir noch einmal von vorn mit dem Saubermachen an.
Beim Abendessen sitzen alle mit hängendem Kopf da. Sigrun und ich sind nicht die einzigen, die rote Augen haben. Einige Mädchen schluchzen ganz offen während Helgas Schimpfkanonade. Sie hat den Nachtisch in die Küche zurückgeschickt. «Ihr verdient keinen Nachtisch, bevor ihr gelernt habt, wie Jungmädel zu leben und nicht wie Tiere.»
Das Weinen ist ansteckend, und eine Welle von Schluchzern erklingt von allen Seiten, bis Irene aufsteht und fast tröstend sagt: «Um Himmels willen hört auf. Ihr werdet es schon lernen. Wir zeigen es euch. Hört sofort auf zu heulen.»
Pfaffi und Hoffmann stehen auf und gehen. Sie sagen kein einziges Wort. Als Helga und Irene wieder ihre Runde machen, sind sie ganz anders gestimmt. Sie zeigen uns, wie man Handtücher aufhängt,

beide Enden genau gleich; sie falten Kleidungsstücke und zeigen uns, wie das gemacht wird. Die Zahnbürsten müssen strammstehen. Das heißt, sie müssen in einem bestimmten Winkel im Glas stehen. Das Schlimmste ist vorbei. Wir bekommen die Note Zwei. Wenn man bedenkt, daß eine Eins die beste Note ist und eine Sechs die schlechteste, ist eine Zwei gar nicht so übel. Wenn man die Note Sechs hat, muß man eine Woche lang Kartoffeln schälen und/oder Küchendienst machen. So wie Helga und Irene kontrollieren, wird man für lange Zeit keine Freiwilligen mehr brauchen.
Der dritte Tag beginnt mit einem ruhigen Frühstück. Wir werden erst laut, als Helga aufsteht, um etwas zu sagen. Was hat sie sich jetzt ausgedacht?
«Nach dem Frühstück ist Uniformappell», sagt sie. «Uniformappell in zwanzig Minuten, draußen auf dem Rasen!» Helga setzt sich und wird unerwarteterweise von Pfaffi angesprochen.
«Fräulein Helga!» Pfaffis Stimme ist kühl und ausgesprochen höflich. «Ich bin sehr dankbar für Ihre und Irenes Hilfe, hier für Ordnung zu sorgen. Sie sollten sich jedoch mit mir absprechen, bevor sie irgendwelche Pläne verkünden. Heute vormittag –»
«Aber Frau –» unterbricht Helga und steht auf.
Doch mit scharfer Stimme sagt Pfaffi: «Ich bin noch nicht fertig, Fräulein Helga. Würden Sie wenigstens die üblichen Höflichkeitsregeln beachten und mich aussprechen lassen? Höflichkeit ist eine Tugend, auf die in der Hitlerjugend Wert gelegt wird, oder nicht?»
Helga senkt den Kopf und wird rot. Sie setzt sich wieder, und Pfaffi fährt fort: «Nach dem Frühstück werden sich die Kinder im Tagesraum versammeln, und wir werden versuchen, ein vernünftiges System für das Abhalten des Unterrichts auszuarbeiten. Dazu werden wir den ganzen Vormittag brauchen und vermutlich auch noch einen Teil des Nachmittags. Wir werden sehen. So! Haben Sie etwas zu sagen?»
Wir sehen zu, wie Helga sich zusammennimmt und Mut sammelt. «Frau Dr. Pfaffenberger, wir haben nur gedacht ...» Sie hält inne, schaut Pfaffi entschuldigend an, die fast besänftigend sagt: «Sie können das Denken mir überlassen. Dafür wurde ich ausgebildet,

und zwar schon, bevor Sie zur Welt kamen, Fräulein Helga. Ich schlage vor, daß Sie und Fräulein Irene nach dem Mittagessen einmal zu mir kommen.»
«Frau Dr. Pfaffenberger!» Zum erstenmal macht Irene den Mund auf. «Wir sind nicht nur hierhergeschickt worden, um Ihnen zu helfen, Ordnung zu halten, wie Sie es nennen, sondern um diesen Mädchen alles Wissenswerte über unseren Führer und das Reich beizubringen, mit ihnen die Lieder einzustudieren, die sie eigentlich kennen müßten, was aber nicht der Fall ist, und außerdem ...»
Jetzt hält Irene inne. Nachdem sie das alles heruntergerasselt hat, will sie vollkommene Aufmerksamkeit, wenn sie ihre Trumpfkarte ausspielt. «Und außerdem ist Helga als Lagermädelführerin diejenige, die hier verantwortlich ist. So wurde es uns gesagt. Der Rang der Lagermädelführerin ist höher als der jedes Lehrers.» Irene neigt den Kopf, als wolle sie sagen: Jetzt hab ich dir's aber gezeigt, und setzt sich.
Pfaffi betrachtet sie interessiert, und ein amüsiertes Lächeln formt sich um ihre Lippen. «Fräulein Irene, *ich* trage hier die Verantwortung, daran besteht gar kein Zweifel. Ich bin verantwortlich für all diese Kinder – und nicht zuletzt für Sie. Daran ist nichts zu rütteln. Ich werde das gern später noch näher erläutern, wenn Sie auf mein Zimmer kommen. Guten Tag. Kinder! Alle in den Tagesraum!»
Ruhige kleine Schäfchen folgen Pfaffi und Hoffmann. Im stillen jubeln wir, aber wir hüten uns, das Pfaffi zu zeigen. Sie gestattet sich nur die vage Andeutung eines Lächelns. Sie braucht uns nicht anzuschreien, damit wir Ordnung und Ruhe halten. Bald darauf kommt sie zur Sache, und wir beginnen zu glauben, daß vielleicht doch Unterricht abgehalten wird.

«Acht zu acht!» schreit Helga. «Gut gefangen!»
«Helga!» Sigrun hat sich zu ihr durchgedrängt und zeigt auf ihre Uhr. «Es ist Abendbrotszeit.Pfaffi ist sonst böse.»
Helga achtet nicht auf sie und wirft hart den Ball. «Fang! Ach, Mensch! Wirf! Wir müssen sehen, wer gewinnt!»
Helga und Irene sind wild, wilder als wir alle, und sie brechen ein

Spiel genauso ungern ab. Wir spielen den ganzen Tag draußen. Was sollen wir denn sonst tun? Die Versuche von Pfaffi, Unterricht abzuhalten, sind im Sand verlaufen. Das alte Sprichwort, daß nichts so heiß gegessen wird, wie es gekocht wird, fällt mir ein. Klar, wir haben Morgenappell, Fahnenappell, Zimmerappell, aber Helga und Irene sind nicht mehr so eifrig wie zuvor. Die meiste Zeit sind wir auf unserem Spielplatz auf der Wiese oder in den fast mystischen Wäldern mit den hohen Tannen, die sich weit über den dunkelbraunen Teppich aus Tannennadeln erheben. Wir schwelgen im Duft von frischem Holz, der von frisch gefällten Bäumen stammt. Die fünfzehn Meter langen Stämme sind ideale Schwebebalken. Es gibt kleine Steine zum Sammeln und große Felsen zum Hochklettern, Fährten von Hirschen und von anderen Tieren, denen man folgen kann, und dann gibt es noch die Mummel. Der Fluß ist gleich hinter dem Hotel. Hin und wieder fließt das hüpfende, sprudelnde Wasser über Felsen und erzeugt Wasserfälle.

«Gut, wir gehen – und *wir* haben gewonnen!»

Heißhungrig, verschwitzt und gesund aussehend stürmen wir hinter Helga und Irene in den Speisesaal. Pfaffi hat gute Laune und akzeptiert, daß wir so tun, als seien wir rechtzeitig gekommen. Als wären sie die ältesten Töchter, die auf die Kleinen aufpassen müssen, erzählen Helga und Irene von unseren Abenteuern. Wenn sie irgend etwas auslassen, fliegen unsere Hände in die Höhe, und Pfaffi ruft uns einzeln auf, um sich die Einzelheiten berichten zu lassen. Manchmal ist Pfaffi böse, und das kann man immer an ihrem Gesicht ablesen. Dann setzen wir uns alle so schnell und so ruhig wie möglich hin, und unsere beiden Führerinnen, die sich eine Entschuldigung für unser Zuspätkommen ausdenken müssen, tun uns leid, denn sie müssen den Zorn unserer «Mutter» ertragen. Die Hoffmann sagt nie etwas. Die Lenz, die sich entschlossen hat, zur Beck in die Pension *Gertrud* umzuziehen, wird von niemand vermißt.

Nach dem Essen folgen wie immer die Nachrichten. Pfaffi und Hoffmann gehen, während wir uns um das Radio versammeln. Wir interessieren uns nur dafür, ob Berlin bombardiert worden ist; alles andere scheint weit, weit weg. Das trifft sogar für Berlin zu, und in den Nachrichten wird nie gesagt, was wir wissen wollen: nämlich, welcher Stadtteil bombardiert worden ist. Es heißt immer: «Der Feind hat heute die Reichshauptstadt angegriffen und sich dabei vornehmlich auf Wohngebiete konzentriert. Der Feind hat schwere Verluste erlitten; zweiunddreißig Flugzeuge wurden abgeschossen, während wir keins verloren haben.» Man kann sich jedoch aus der Anzahl der abgeschossenen Flugzeuge ein ganz gutes Bild davon machen, wie schwer der Luftangriff war. Heute wird der Standardbericht jedoch etwas abgeändert. Zum erstenmal haben wir keine weitere russische Stadt «siegreich eingenommen». Statt dessen führen unsere Truppen einen «planmäßigen Rückzug» durch, um die Frontlinie zu begradigen. Rückzug? Es ist das erste Mal, daß dieses Wort offiziell benutzt wird. Sind die Russen auf dem Vormarsch? In der Gegend von Tunis schwere Kämpfe, der Wüstenfuchs ist nicht sehr erfolgreich. Wir stehen still um das Radio herum. Uns ist das Herz schwer von der Sorge um unsere Familien, um die Zukunft. Eine nach der anderen stiehlt sich hinaus, um nach oben und ins Bett zu gehen. Keine sagt etwas.

Der erste Wintersturm heult ums Haus, pfeift selbst durch die kleinste Ritze in den Fensterrahmen, schlägt Türen zu. Sogar die Federdecken sind nicht warm genug. Der Himmel ist grau, und die Luft riecht nach Schnee. Uns überfällt heftiges Heimweh. Wir wissen, daß Pfaffi deshalb einen «Zimmerdekorierwettbewerb» vorgeschlagen hat, «damit das Hotel mehr nach einem Zuhause aussieht». Sie und Hoffmann haben großzügig Geld spendiert. Helga und Irene sind nach Hirschberg gefahren, der nächsten Stadt, um Klebstoff, Buntpapier, Sperrholz und Laubsägen zu kaufen. «Die Wilden müssen etwas zu tun haben», sagt Pfaffi. Wir, die Wilden, sind glücklich und mit unseren Vorbereitungen beschäftigt. Die Preise sind wirklich eine Anstrengung wert. Der erste Preis ist das Postabholen. Das ist auch der begehrteste Preis. Wer die Post abholt, weiß als erste, wer Briefe oder Päckchen von zu Hause erhalten hat. Zweiter Preis: Vier Wochen lang keinen Küchendienst. Dritter Preis: Sonntags eine Extraportion Nachtisch. Der

Wettbewerb ist hart, und alle sind so geheimnisvoll, daß uns nicht einmal Ruth und Hanni in ihr Zimmer lassen. Als ob wir ihre Einfälle stehlen würden! Pfaffi und Hoffmann verbringen das Wochenende in Hirschberg; wenn sie zurückkommen, ist es soweit. Die verfügbare Zeit ist bald vorbei, jede Minute ist kostbar.
«Ich kann nicht! Ich schwöre, daß ich das nicht kann. Ich würde alles ruinieren!» Sigruns Stimme ist streitsüchtig.
Ich bettle: «Du kannst es! Du weißt, daß du es kannst! Komm, ich zeige es dir. Es ist so einfach!»
«Ich will nicht!»
«Aber ich kann doch nicht alles alleine machen! Dann schaffen wir es nie mehr rechtzeitig!»
«Doch bestimmt, du schaffst es schon. Das weiß ich.»
«Aber warum willst du nicht helfen? Es ist das Zimmer, das gewinnt, und keine Einzelperson!»
«Ich weiß. Aber so etwas kann ich nicht, und ich will es auch nicht. Wenn du jetzt das ganze Zeug machst und es niemand sagst, dann erledige ich für die nächsten drei Monate das Saubermachen, das Schuheputzen und das Schrankaufräumen!»
Ich bin sprachlos. «Du bist verrückt! Warum willst du denn die ganze Dreckarbeit machen, und das drei Monate lang? Und was soll ich tun, während du saubermachst?»
«Dich hinsetzen und lesen oder zeichnen», antwortet sie. «Das tust du doch sowieso am liebsten.»
Klingt da ein wenig Bitterkeit in ihrer Stimme mit? Ich säge die letzte Form aus, eine einfache Szene mit ballspielenden Mädchen. Ich denke über den verrückten Handel mit Sigrun nach, über das feierliche Gelübde, das ich abgeben mußte. Ich verstehe es immer noch nicht. Alle wissen, daß die Zeichnungen von mir sind; was hat sie dann davon? Niemand hätte darüber nachgedacht. Sie hätten angenommen, wir hätten die Arbeit zusammen erledigt, auch wenn ich die ursprünglichen Zeichnungen gemacht habe. Die Mädchen kommen immer in unser Zimmer, und wenn alles andere langweilig zu sein scheint, bitten sie mich, zu zeichnen und Geschichten zu erfinden. Dann zeichne ich ein Mädchen, und sie sagen: «Hat sie

nicht auch noch eine Freundin?», und dann muß ich die Freundin zeichnen. Und dann wollen sie noch den Bruder sehen, die Familie und die Verwandten. Ich habe schon ganze Volksstämme in meinem Skizzenblock.
Sigrun liegt auf dem Bett. Schläft sie? Zumindest könnte sie mir helfen, wachzubleiben. Ich würde das machen, wenn die Rollen vertauscht wären. Oder ich würde lesen. Sie hat recht, solange ich ein Buch habe oder zeichnen kann, ist mir nie langweilig, nicht so wie ihr.
Jetzt ist es soweit. Unser Zimmer ist hübsch, die Betten sehen fast aus wie Sofas. Auf dem Tisch liegen Omas besticktes Tischtuch und ein Gesteck aus getrockneten Pflanzen mit einem riesigen Tannenzapfen in der Mitte. An der Wand hängen sechs Lagerszenen – Schattenrisse aus schwarzbemaltem Holz. Sigrun findet, daß es prima aussieht. Ich bin nicht so hoffnungsvoll. Ich weiß, daß Hanni und Ruth einen Teppich haben, einen wunderschönen kleinen Teppich, den Ruths Mutter geschickt hat, und sie haben die gleichen karierten Wolldecken auf ihren Betten. Der Himmel weiß, was die anderen Mädchen alles gemacht haben. In den Paketen von zu Hause kann alles mögliche angekommen sein. Unser Zimmer ist hübsch, doch sehr bescheiden.
Aber wir gewinnen! Zimmer 28, Sigrun und Ilse – weil sie mit dem, was sie hatten, am meisten erreicht haben. Wir sind für die nächsten drei Monate die Postmädchen. Seltsam – schon bevor das Hurra abklang, hatten wir schon alle möglichen Angebote. Angefangen mit Kuchen, Nachtisch und Schokolade bis zu Notizbüchern aus Leder und Kissenbezügen aus Samt – und das alles dafür, daß wir *vor* der offiziellen Postverteilung nach dem Frühstück verraten sollen, wer Post hat.
Sigrun und ich versprechen einander, uns niemals und unter keinen Umständen bestechen zu lassen. Wir werden versuchen, die Namen auf den Briefen und den Päckchen nicht zu lesen (mit Ausnahme unserer eigenen), damit wir nicht in Versuchung kommen.

Winter 1942–1943. Es hat geschneit, es schneit immer noch, und das Dorf und das Tal liegen unter einer gleichmäßigen Decke. Nur vereinzelt sieht man einen dunklen Fleck – sauber aufgeschichtete Holzstapel unter den überhängenden Dächern. Dies und die grauen Rauchwölkchen sind die einzigen Anzeichen, daß es hier irgendwo in den Bergen Häuser, Menschen und Wärme gibt. Der Schlitten vom Hotel *Erlebach* ist in Betrieb. Vier gedrungene braune Pferde mit klingelnden Glöckchen an den Zügeln ziehen Soldaten durchs Dorf spazieren. Die Offiziere tragen Pelzhüte und sind in Decken eingepackt, doch ab und zu sieht man trotzdem ihre Orden blitzen. Alle anderen – Männer, Frauen und Kinder – sind auf Skiern unterwegs. Die Dorffrauen, immer in schwarzen Röcken und mit großen Körben auf dem Rücken, fahren erstaunlich schnell und geschickt über die Hügel. Ihre Spuren verschwinden rasch unter dem fallenden Schnee. Es schneit immer weiter.
Der Erlebach-Schlitten fährt auch zum Bahnhof von Polaun und bringt eingepackte Skier aus Berlin. Diejenigen von uns, die bisher keine besessen haben, belagern die Holzhandlung, wo welche gemacht werden. Als ich schließlich von zu Hause das Geld bekomme – sowohl Mutti als auch Vati haben etwas geschickt – hat der Skimacher nur noch ein Paar übrig. Es sind schwere hölzerne Männerskier mit Stöcken, die größer sind als ich. Aber ich kann froh sein, daß ich überhaupt welche bekomme. Ohne Skier kann man sich hier nicht bewegen. Der Schnee geht schon fast bis zum Fensterbrett des ersten Stocks. Zweieinhalb Meter Schnee, und es schneit immer noch. Wir üben jeden Morgen am nächsten Berg mit einem Jungen, den Pfaffi angeheuert hat. Sie können wirklich skifahren, diese Dorfbewohner. Wir fahren inzwischen recht mühelos, aber nicht unbedingt anmutig. Ganz sicher nicht so anmutig wie die schwarzgekleideten alten Frauen vom Dorf. Zu jedermanns Überraschung kann die Hoffmann phantastisch skifahren. Pfaffi fährt auch einigermaßen, aber sie zieht es vor, in ihrem Zimmer zu sitzen, zu lesen, zu rauchen . . . und Briefe zu schreiben. Sie versucht, ihre Tochter Renate hierherzuholen. Doch die Verantwortlichen bei der Partei haben ihren Antrag immer wieder abgelehnt – es ist schlecht

für die Lagermoral, wenn eine Mutter mit ihrer Tochter hier ist. Pfaffi ist wütend, sagt, sie wolle Himmel und Hölle in Bewegung setzen, wenn es sein muß. Keiner hier zweifelt daran, daß sie Erfolg haben wird. Wir wünschen ihr Glück, und doch . . . jede von uns hätte ihre Mutter liebend gern hier bei sich. Ich bin froh, daß Weihnachten vorbei ist. Es war für uns alle bitter, trotz der Briefe und der Päckchen, trotz der großen Feier und des prächtigsten Baums, den ich je gesehen habe, trotz des guten Essens. Frau Czoka und ihr Hotelpersonal können wirklich kochen und backen. Es sind gute Leute – lustig, humorvoll und herzlich. Es ist schön, an Frau Czokas großen Busen gedrückt zu werden, und sie geizt nicht mit ihrer Liebe.

Januar 1943. Wir haben den großen Kampf um Stalingrad verloren. Präsident Roosevelt von den Vereinigten Staaten hat sich in Casablanca, Französisch-Marokko, mit dem britischen Premierminister Churchill getroffen. Es war in den Nachrichten heute abend, zusammen mit der kurzen, unheilvollen Bemerkung, daß in der Gegend von Tripolis schwere Kämpfe stattfinden. Später, auf dem Weg in unsere Zimmer hinauf, sagt Ruth: «Sie tun sich jetzt zusammen, um zu beraten, wie sie uns am besten fertigmachen können.»
Genau in dem Moment drängt sich Gisela vorbei und fügt hinzu: «Aber wir werden es ihnen zeigen! Die deutschen Soldaten sind die besten! Wir haben die besten Panzer, die beste Luftwaffe . . . und so ist es mit allem!»
«Klar! Klar!» sagt Hanni, und man weiß nie, ob sie es ernst meint oder Spaß macht. Sie kommt als letzte in unser Zimmer und schließt die Tür.
«Mein Gott, ist Gisela doof!» sagt Ruth und setzt sich auf Sigruns Bett, wo sie immer sitzt, wenn wir uns abends unterhalten.
«Doof?» Sigrun ist entrüstet. «Was meinst du damit?»
Ruth hat diese Reaktion nicht erwartet. Sie sieht erschrocken aus, aber nur für den Bruchteil einer Sekunde, dann kontrolliert sie sich. «Sie ist einfach doof, das ist alles. Alles was sie sagt, regt mich auf – weil ich sie nicht leiden kann.»

Sigrun – ganz typisch für sie – gibt nicht auf. «Glaubst *du* denn nicht, daß wir gewinnen?»
«Natürlich», sagt Ruth ungeduldig. «Und du bist auch doof, daß du mich so etwas überhaupt fragst!»
«Entschuldigung», fügt Sigrun herausfordernd hinzu. «Aber ich kann es einfach nicht ausstehen, wenn jemand etwas gegen unsere kämpfenden Männer sagt. Es sind ja schließlich unsere Väter, unsere Brüder, unsere Onkel . . .»
«Und Großväter.» Das kam von Hanni. Ruth macht hinter Sigruns Rücken Grimassen, dann steht sie auf. Hanni folgt ihr. «Ich bin müde heute. Ich glaube, ich gehe und horche an meiner Matratze», sagt Ruth. Sie weiß, daß Sigrun sich immer aufregt, wenn Ruth Umgangssprache benutzt. Das tut Sigrun auch jetzt, aber sie sagt nichts.
Draußen im Korridor höre ich Ruth und Hanni flüstern, bevor sich die Tür schließt. Sigrun sieht mich an. «Was ist denn in die gefahren? Seit wann ist sie so empfindlich? Warum sind sie gegangen? Warum sind sie nicht gleich ins Bett gegangen, wenn Ruth müde ist?»
«Ich weiß nicht», brumme ich und tue so, als würde ich lesen. Zum einhunderttausendstenmal wünsche ich mir, ich wäre mit den anderen beiden zusammen.

Es schneit immer noch. Ob es jemals aufhören wird? Selbst die dicksten Äste dieser königlich hohen Tannen fangen an, sich zu biegen. Den ganzen Tag über, jede Sekunde, die wir nicht beim Essen verbringen, sind wir auf den Skiern. Wir genießen es, genießen die frische Luft und den Schnee. Die Jungen vom Ort machen einen Skispringwettbewerb. Wir gucken ihnen von weitem zu und sind neidisch, wenn sie fünfzig, sechzig Meter durch die Luft springen. Wir klettern die Hälfte des Hanges hoch und schießen dann hinunter, im Slalom um die Holzhackerschlitten mit den Ladungen von Baumstämmen herum, im Zickzack zwischen den Bäumen durch. Der direkte Weg ist nichts für uns. Das endet manchmal mit einer unsanften Umarmung der Baumstämme mit ihrer abbröckeln-

den Rinde. Wie froh wäre ich, wenn ich richtige Skistiefel hätte, statt der alten Winterstiefel von Mutti, und Bindungen, statt der Schnur. Obwohl ich die kompliziertesten Knoten mache, gehen die Skier immer noch auf. So, das müßte halten.
«Endlich!» Ruth taucht neben mir auf. «Endlich erwische ich dich alleine . . . ich wollte dich etwas fragen.»
«Schieß los.» Wir fahren lässig nebeneinander her. Ruth fährt ohne zu zögern fort, denn sie weiß, daß ich weiß, was sie fragen will. «Seit wann ist Sigrun eine dieser Supernazis?»
«Schon immer! Wußtest du das nicht? Du glaubst doch wohl nicht, daß das Hitlerbild, das über meinem Bett hängt, *mir* gehört? Es hängt dort, weil das der einzige Fleck ist, wo ich es nicht ansehen muß.»
«Darauf wäre ich nicht gekommen.»
«Ich war einmal bei ihr zu Hause eingeladen», erzähle ich Ruth, «und ich schwöre, daß ihr Hitlerbild so groß war wie ihr Eßzimmertisch. Ihre Mutter hat das Abendessen in voller Uniform serviert – einschließlich dem Mutterkreuz des Führers.»
«Du machst Witze!»
«Nein. Frag sie. Ihr Vater ist ein großer Parteibonze – polierte Stiefel und das ganze Drumherum. Selbst auf ihrem Tischtuch sind arische Runen. Sie sind ganz und gar auf ‹Blut und Boden› eingestellt.»
«Was du nicht sagst!» Ruth scheint wirklich überrascht. «‹Blut und Boden› – und eifersüchtig ist sie auch. Das ärgert mich. Man kann nie mit dir alleine reden, immer kommt sie gerade zufällig vorbei. Was habe ich dir gesagt! Da ist sie schon . . .»
Sigrun, die versucht, elegant anzuhalten, fällt fast hin. «He, ihr zwei! Warum habt ihr nicht auf mich gewartet?»
«Hier wartet niemand auf die anderen. Du mußt einfach schneller fahren. Schaut, wo Hanni schon ist!» Und Ruth stößt sich kräftig mit ihren Stöcken ab, schießt los, und ich folge. Ruth fährt nur kurz langsamer, um mir zu sagen: «Sie braucht ein Kindermädchen!» Und dann stäubt der Schnee, während wir mit atemberaubender Geschwindigkeit hinunterschießen und vor Hanni anhalten, die gähnt, als hätte sie schon ewig gewartet.

23. Januar 1943. Tripolis ist an die Alliierten gefallen. Der Nachrichtensprecher hört sich heute abend besonders schwülstig an, während er über «den heldenhaften Kampf des Afrikakorps» spricht. Helga, die ihre Augen abwendet, verläßt den Raum. Ihr Vater ist, oder vielmehr war, beim Afrikakorps. Wir erfuhren das schon heute morgen, als wir die Post abholten und den offiziellen, schwarzgeränderten Brief sahen. Ihr Vater ist fürs Vaterland gefallen. So viele dieser Briefe sind hier angekommen. Als wir noch in Berlin waren, trugen die Mädchen, deren Vater oder Bruder gefallen war, eine schwarze Armbinde. Hier tut das keine. Es wird auch nicht viel gesagt. Die Tränen fließen in der Abgeschlossenheit der einzelnen Zimmer. Es herrscht schon so viel Kummer; wir ziehen es vor Ski zu fahren und versuchen, nicht nachzudenken. Wozu soll das auch gut sein? Es gibt nichts, was wir tun könnten.

Februar 1943. Eine Münchener Studentengruppe ist festgenommen worden. Antifaschistische Studenten, die versuchten, den Widerstand gegen Hitler zu organisieren. Sie haben sich «Die Weiße Rose» genannt. Der Nachrichtensprecher nennt sie widerwärtig, ein Geschwür am Körper des deutschen Volkes, das beseitigt und ausgebrannt werden muß. Ruth und ich wechseln einen Blick. Plötzlich denke ich «Börgermoor», und ich höre, wie Vera Hahn zu Vati sagt: «Wir müssen uns organisieren! Wir können nicht einfach untätig dasitzen und den Nazis freie Hand lassen!» Und ich denke an Vati, wie er zu Axel sagt: «Was du vorschlägst, ist Selbstmord.» Und daran, wie Vati und ich unter der Decke Lindley Frazer zugehört haben. Der Name ist mir im Gedächtnis geblieben. Vati in seinem alten Lodenmantel. Vati in seinem offenen Lodenmantel, während alle anderen auf der Straße eine Uniform trugen. Warum mußte ich nur so viel reden? Kann ich Ruth vertrauen? Wer traut heute denn noch irgend jemand? Wenn ich mir's genau überlege, dann hat Ruth eigentlich fast nichts gesagt, nur ich, die kluge Ilse, mußte mir das Maul verbrennen und ihr von dem Hitlerbild, von Sigruns Mutter erzählen . . . Ilse, sage ich mir, von jetzt an hältst du deinen großen Mund. Und denk nicht so viel. Wir sitzen hier alle im gleichen Boot. Die Post dauert lange. In diesem Moment weiß keine von uns, ob ihre Eltern noch leben oder nicht oder ob man noch ein Zuhause hat. Nicht nachdenken.

März 1943. Ein Brief von Vati. Unten ist ein Kreuz. Oma war mir sehr fremd geworden, aber plötzlich vermisse ich sie sehr, habe ein starkes Gefühl von Verlust – und noch etwas anderes. Etwas, von dem ich einen Kloß im Hals bekomme. Ich sage niemand, daß meine Großmutter gestorben ist. Ich habe Angst.
Ich konnte nicht wissen, daß Propagandaminister Josef Goebbels am 2. März in sein Tagebuch geschrieben hatte: «Wir schaffen nun die Juden endgültig aus Berlin hinaus. Sie sind am vergangenen Samstag schlagartig zusammengefaßt worden und werden in kürzester Frist nach dem Osten abgeschoben. Leider hat sich auch hier wieder herausgestellt, daß die besseren Kreise, insbesondere die Intellektuellen, unsere Judenpolitik nicht verstehen und sich zum Teil auf die Seite der Juden stellen. Infolgedessen ist unsere Aktion vorzeitig verraten worden, so daß uns eine Menge von Juden durch die Hände gewischt sind. Aber wir werden ihrer doch noch habhaft.»*
Oma war nicht durch ihre Finger geschlüpft. Sechs Männer von der SS kamen mitten in der Nacht, um sie abzuholen. Oma hatte das erwartet. Sie war vollkommen ruhig. «Aber bitte, meine Herren, bedienen Sie sich!» hatte sie gesagt, als sie begannen, ihre Habseligkeiten zu plündern. Sie weigerte sich standhaft, vor dem nächsten Morgen wegzugehen. «Ich weiß, was mir bevorsteht! Sagen Sie mir einfach, wann und wo der Transport abgeht, dann werde ich mich dort einfinden.» Schließlich willigten die Männer ein wegzugehen, nur einer blieb noch zurück. Er konnte nicht der Versuchung widerstehen und steckte eine Rubinbrosche ein. «Sie haben einen guten Geschmack, junger Mann», sagte Oma zu ihm. «Das war das einzige wertvolle Stück, das mir noch geblieben ist.»

* Aus: Louis P. Lochner: Goebbels Tagebücher, Zürich 1948. S. 237–238

Am nächsten Morgen in der Dämmerung ging Vati mit ihr zum Bahnhof. Hunderte von alten Leuten, zusammen mit jüdischen Munitionsarbeitern, die bisher verschont geblieben waren, standen schon dort und zitterten in der Kälte. Vati weinte, Oma nicht. «Mit vierundachtzig, Ernst, habe ich mein Leben gelebt.»
Die SS-Männer versuchten, Oma auf einen der Wehrmachtslastwagen zu stoßen, aber Oma verlangte einen Stuhl, von dem sie selbst auf den Lastwagen klettern konnte – und sie bekam ihn auch. Sie sah nicht zurück.
Sie starb kurz nach ihrer Ankunft im Konzentrationslager Theresienstadt.

Früh am Morgen schleichen fünf von uns in die warme Küche – eine kleine Gruppe von Verschwörern, die schon auf sind, während alle anderen noch schlafen. Leider mußte ich Sigrun einweihen. Glücklicherweise wollte sie nicht mitkommen, und sie hat versprochen, niemand etwas zu verraten. Typisch, denke ich, keinen Mut. Helga, die einen Seufzer der Erleichterung ausstößt, sagt: «Ich hätte sie sowieso nicht mitgenommen, sie kann nicht gut genug skifahren.»
Helga, Ruth, Hanni, Soo-y-ing und ich drängen uns um Frau Czoka und schlingen unser Frühstück hinunter, denn wir haben es eilig. Frau Czoka, Gott segne sie, hat schöne Päckchen für uns gemacht – ein zweites Frühstück und Mittagessen plus Äpfel und Kuchen. Wir mußten sie einweihen, und die Idee gefällt ihr überhaupt nicht, das sagt sie ganz offen. «Es ist gefährlich! Ihr Kinder wißt überhaupt nicht, wie gefährlich die Berge sein können.» Sie schüttelt den Kopf immer wieder. «Es ist nicht richtig! Es ist nicht richtig, daß Frau Dr. Pfaffenberger nichts davon weiß. Ich bete, daß das Wetter hält.»
Sie weiß ebensogut wie wir, daß uns Pfaffi nie erlaubt hätte, auf den höchsten Berg zu klettern. Aber Pfaffi und Hoffmann sind in Hirschberg und werden erst bei Dunkelheit wieder da sein, und bis dahin sind wir zurück. Wir haben diesen Ausflug schon seit langem geplant. Wir waren uns alle einig, daß es wirklich toll wäre, zur Schneegruben-Hütte, die auf dem höchsten Berg liegt, hinaufzu-

klettern und dann abzufahren. Wir haben darauf gewartet, daß Pfaffi weg ist.

Mit dem Rucksack und den Skiern auf dem Rücken gehen wir auf einer Abkürzung am Dorf vorbei zu der Stelle, wo der Pfad beginnt. Der Pfad und die Berge gehören uns, und alles ist so wunderschön, daß wir schreien, jodeln und singen. Wie herrlich das Leben sein kann!

Wir sind noch nicht einmal halb oben, als um dreiviertel zehn ein Schneesturm losbricht. Der uns in die Augen treibende dichte Schnee macht es unmöglich, irgend etwas zu sehen. Helga besteigt einen Baum, um den Schnee von einem Wegweiser zu wischen. Der falsche Weg. Unsere Spuren, die wir gern zurückverfolgt hätten, sind schon zugeschneit. Alles ist weiß; der Sturm heult, und schwere Äste lassen zusätzliche Schneelasten vor uns zu Boden fallen. Wo ist die Bergspitze? Wo ist das Tal?

Helga geht voraus, und wir folgen dicht dahinter, fünf schneebedeckte Gestalten, die mutig durch die Wildnis stapfen. Wir können es uns nicht leisten, zum Mittagessen anzuhalten. Der Sturm ist schlimm und – das ist uns klar – gefährlich.

Um vier Uhr nachmittags taucht plötzlich ein paar Meter vor uns aus dem Nichts die Schneegruben-Hütte auf. Seufzer der Erleichterung.

Die paar Leute im Innern der Hütte starren uns ungläubig an und machen uns um den runden Kachelofen herum rasch Platz, damit wir uns aufwärmen können. Jemand spendiert uns Tee, nachdem sich herausgestellt hat, daß unser Geld nicht reicht, selbst wenn wir alles zusammenlegen.

«Kommt, wir gehen!» Helga läßt uns nicht ausruhen, besteht darauf, daß wir aufbrechen. Eine hitzige Debatte bricht aus, eine Debatte, die damit endet, daß sich alle darüber einig sind, daß es Wahnsinn ist, auch nur den Versuch zu machen, auf Skiern abzufahren.

«Es sind nicht einmal Kinder aus den Bergen!» sagt ein alter Mann. «Ich bin hier in der Gegend aufgewachsen, und ich würde heute weder für Geld noch für sonst irgend etwas hinunterfahren.»

«Ich auch nicht!» sagt ein anderer. «Wenn sie nicht an der Felswand abstürzen, dann verirren sie sich sicher und erfrieren. Ich weiß nicht, was davon wahrscheinlicher ist . . . nein, so was.» Er blickt uns nacheinander an. Dann schüttelt er den Kopf. «Der Pfad? Der Pfad besteht aus zwei vereisten Rinnen von den Holzschlitten. Versucht, in denen zu bleiben. Denkt daran! Wenn ihr das nicht tut . . .» Er beendet seinen Satz nicht, dreht sich um, geht weg.
Andere Gäste flehen Helga an, hierzubleiben, sie bieten an, uns für die Nacht aufzunehmen. «Warum ruft ihr nicht einfach unten an?» Wir blicken hoffnungsvoll aufs Telefon. Aber das Telefon ist tot. Die Leitung ist unterbrochen. Das kann bei einem solchen Sturm schon passieren, versichert man uns. Ohne weiteres Hin und Her treibt uns Helga hinaus, befiehlt uns, die Skier anzuschnallen, läßt uns keine Zeit zum Nachdenken.
«Ich fahre voraus, und Ruth fährt hinterher. Haltet etwa zehn Meter Abstand untereinander. Hals und Beinbruch. Los geht's!»
Versuch, in den Rinnen zu bleiben, versuch, sie nicht zu verlieren, hämmert es in meinem Kopf. Der erste Teil ist am schlimmsten. Wenn wir erst an der Baumgrenze sind, dann haben wir es geschafft. Jetzt bin ich dran. Geduckt, bleib geduckt und bleib in den Rinnen, oder du stürzt ab! Gerade hört es auf zu schneien; ich kann tief unten das Tal sehen. Nicht hinuntersehen, Ilse! Hier fällt die Bergwand senkrecht ab – wie es scheint gleich neben mir – und auf der anderen Seite steigt sie steil an: O mein Gott, sie hätten mich genausogut mit einer Kanone abschießen können, und der Pfad ist so eng, ein schmaler Strich, unmöglich, daß das ein Schlitten schafft. Mein Hinterteil ist so tief unten wie möglich, ohne daß sich diese wahnsinnige Geschwindigkeit noch weiter steigert und ohne daß ich hinfalle und . . . der Boden scheint unter mir wegzurasen, während etwas Dunkles auf mich zukommt. Die Bäume! Die Baumgrenze! Ich bin darunter! Aus den Augenwinkeln sehe ich etwas, schwenke scharf nach links und falle mit Rucksack, Skiern und allem Drum und Dran auf den Haufen, in dem die anderen in einer Schneeverwehung liegen. Wir klauben uns auseinander, stellen fest, daß wir noch heil sind, tanzen vor Freude umher. Plötzlich er-

scheint ein gespenstisches Licht. Der Mond! Der Mond beleuchtet den Pfad, auf dem wir heruntergekommen sind, leuchtet auf die enge Brücke, auf der der Schnee so hoch aufgepackt liegt, daß er das Brückengeländer weit überragt. Die Brücke über die Mummel. Ehrfürchtig lugen wir hinunter; zehn Meter tiefer sprudelt der Fluß über sein felsiges Bett. Langsam und voller Respekt treten wir zurück. Wir haben alle den Fluß mit atemberaubender Geschwindigkeit überquert. Eine Wolke schiebt sich wie ein Vorhang vor den Mond. Wir brechen auf und bleiben so nah zusammen wie möglich, denn es ist wieder dunkel. Unsere Augen müssen sich daran gewöhnen, die Lücken zwischen den Bäumen, die sich vor dem Himmel abheben, zu finden. Wir fahren immer noch schnell, und wir rufen einander zu, geben Richtungsanweisungen und ermutigen uns gegenseitig. Um eine Kurve herum, abwärts, wieder um eine Kurve herum, wie bei allen Bergpfaden. Und dann kommt wieder ein Haufen in einer riesigen Schneeverwehung. Neben uns ist etwas Großes und Dunkles und eine kleine rote Laterne.
«Mein Gott! Könnt ihr nicht aufpassen, wo ihr hinfahrt?» sagt eine tiefe Männerstimme. «Ihr habt meine Pferde erschreckt!»
«Entschuldigung», sagt Helga, «aber längst nicht so wie Sie uns ... und könnten Sie uns bitte sagen, wie weit es von hier aus noch nach Harrachsdorf ist?»
«Eine halbe Stunde oder so!» kommt die Antwort von dem Mann, der, wie wir jetzt sehen können, ein paar Pferde führt, die einen Schlitten mit einer Riesenladung langer Baumstämme ziehen. «Sicher nicht mehr als eine halbe Stunde. Die Elbfall-Hütte ist nur zehn Minuten von hier, in der Richtung, in der ihr fahrt. Aber paßt auf! Hinter mir sind noch drei Schlitten.»
Die Elbfall-Hütte, die, die unserem Lager am nächsten liegt. Schon fast zu Hause. Hurra! Und wir schießen los.
«Fahrt schneller! Fahrt schneller!» schreit Helga. «Dann schaffen wir es ohne Halt bis zum Hotel.»
Das hätte sie uns nicht zu sagen brauchen. Das wissen wir alle. Wenn man es richtig macht, wenn man so schnell fährt wie nur möglich, dann landet man genau vor der Tür, ohne einmal anhalten

zu müssen. Noch eine letzte halbe Stunde auf den Skiern ...
Vier Wochen Kartoffelschälen und keinen Nachtisch. Pfaffi war so wütend, daß ihr die Stimme versagte. Wir wissen, daß sie recht hat. Trotzdem – was sind vier Wochen Kartoffelschälen im Vergleich zu diesem Erlebnis? Und Pfaffi war froh, daß wir alle heil und gesund zurückgekommen sind, obwohl sie das nicht zugab, und das gibt uns auch ein gutes Gefühl. Kartoffelschälen ist kein Problem. Wir sitzen in der Küche und kichern, erleben alles noch einmal. Helga leistet uns Gesellschaft und schält ebenfalls Kartoffeln, obwohl Pfaffi das nicht von ihr verlangt hatte.
«Erinnert ihr euch noch an die Brücke? Ich dachte, ich müßte sterben, als der Mond herauskam und ich sah, worüber ich euch da geführt hatte.»
«Ja! Und erinnert ihr euch noch an den Schlitten mit der roten Laterne? Das hätte auch ein Unglück geben können!»
«Ja! Aber glücklicherweise hat der Mann seine Pferde rechtzeitig angehalten. Diese Männer wissen wirklich genau, was sie tun.»
«Das stimmt! Aber sagt mal, habt ihr jemals so etwas absolut Phantastisches erlebt?»
«Noch nie! Gib mir noch eine Kartoffel! Was? Das waren schon alle? Wie schade! Jetzt müssen wir hineingehen zu den anderen.»

7. März 1943. In Essen hat der bisher schlimmste Luftangriff stattgefunden. In Essen sind die Krupp-Stahlwerke. Luftangriffe, Luftangriffe, was hört man sonst noch im Radio? «Horden von bolschewistischen Untermenschen werden durch die überlegene deutsche Wehrmacht zurückgedrängt ... unsere Luftwaffe bombardiert England.» Und dann Marschmusik. «Denn wir fahren gegen Engeland.»

13. Mai 1943. Tunis und Biserta sind in den Händen der Alliierten. Wir haben Afrika verloren. Tausende sind gefangengenommen worden. Der Wüstenfuchs ist geschlagen. Wieder einmal fünfzehntausend «Bruttoregistertonnen» durch deutsche Unterseeboote versenkt. Tagein, tagaus dieselben Geschichten.

«Was zum Teufel sind *Bruttoregistertonnen*?»
«Das ist das Raummaß eines Schiffes. So wird das gemessen.»
«Die müssen große Waagen haben! Und wie funktioniert denn das im Wasser?»
«Hau ab! Du bist doof!»
«Letzte Nacht griff der Feind wieder die deutsche Reichshauptstadt an.»
Alle drängen sich ums Radio. Besorgte Gesichter. Aber der Sprecher sagt nicht, welcher Teil von Berlin getroffen wurde, nur: «Der Feind erlitt schwere Verluste. Deutsche Kampfflugzeuge und Flak haben siebenundvierzig feindliche Flugzeuge abgeschossen. Trotz dieser abscheulichen Angriffe auf Wohngebiete, Krankenhäuser und andere nicht-militärische Ziele kann der Kampfgeist unseres Volkes nicht gebrochen werden.»
Siebenundvierzig Flugzeuge abgeschossen. Wie ruhig die sonst so laute Bande nach oben geht. Siebenundvierzig. Es muß ein schrecklicher Luftangriff gewesen sein.
«Ilse! Zeichne etwas!»
«Ich habe keine Lust.»
«Na ja, ich will eigentlich auch gar nichts angucken.»
«Willst du etwas spielen?»
«Nee.»
Keiner redet über das, was alle denken. Man kann nicht einfach sagen: Ob wohl unser Haus noch steht und ob meine Mutter und mein Vater noch leben? Das ist tabu! Aber keiner denkt an etwas anderes.

Mai, Juni, Juli 1943. Endlich waren auch die widerspenstigsten Schneeflecken weggeschmolzen, und die Schönheit der Wiesen war atemberaubend. Primeln, wilde Orchideen, hohe Glockenblumen, Veilchen und Gänseblümchen, Sauerklee, Enzian, Schlüsselblumen und Butterblumen. Unmöglich, alle aufzuzählen. Unmöglich, in diesen bunten Teppich ein Loch zu machen. Wir haben Arme voller Blumen ins Haus gebracht. Aber jetzt sind sie verschwunden, zusammen mit dem Gras abgemäht.

Die Alliierten sind in Sizilien gelandet. Pfaffi und Hoffmann machen ein finsteres Gesicht. Wir spüren, daß die Dinge nicht gut laufen. Trotzdem scheint alles so weit, weit weg. Hier in Harrachsdorf braucht man sich um den Krieg nicht zu kümmern. Hier ist nichts davon zu sehen. Kein Flugzeug, nicht einmal eins von uns, ist übers Tal geflogen. Normalerweise würden wir uns jetzt auf die Sommerferien freuen. Normalerweise? Erinnert sich hier irgend jemand daran, was das bedeutet? Wir haben Ferien, seit wir hier ankamen. Besuche von den Eltern sind strikt untersagt, und keinem ist es gestattet, das Lager zu verlassen. Wir sind hier gefangen. Diese Tatsache wird uns langsam bewußt. Die allgemeine Stimmung ist lausig. Absolut auf dem Nullpunkt. Wir haben alle Spiele satt. Wir haben die Bunten Abende satt, die Feste, und Helga und Irene haben es satt, sich etwas einfallen zu lassen, um uns zu unterhalten. Jetzt ist es soweit. Wie oft kann man es sich schon ansehen, wie ich mit Schlafanzug und Papierhut imaginäre Flöhe zähme? Wir haben unsere jeweiligen Darbietungen schon oft genug gesehen. Pfaffi und Hoffmann, die in Liegestühlen draußen liegen, sind auch gelangweilt. Aber sie können zumindest manchmal nach Hirschberg fahren, ins Kino. Was können wir tun? Was können wir tun?
Ich weiß nicht wie, aber plötzlich weiß ich, was wir brauchen. Eine Lagerzeitung. Sigrun, der ich es erzähle, ist Feuer und Flamme und will helfen. Nach einer langen Debatte einigen wir uns auf einen Namen: *Die Mummel.* Wir zeichnen die Titelseite, schreiben einen Artikel über das Saubermachen, sogar die erste Folge eines Fortsetzungsromans. Er handelt von einem Leuchtturmwärter. Ich bin noch nicht sicher, wie sich dieser Roman entwickeln wird, darüber mache ich mir dann nächste Woche Sorgen. Da ist auch ein Gedicht, für das wir viel Zeit gebraucht haben. Es ist ein Loblied auf unser Lieblingsgericht – Griesbrei mit brauner Butter, Zimt und Zucker. Was macht es denn schon, wenn die Reime ein wenig gezwungen klingen? Ich habe ein paar Karikaturen gezeichnet, und wir haben eine Klatschspalte. Nichts Schlimmes, nur freundliche Neckereien. Dieser Teil ist fertig, und er gefällt uns, aber in einer richtigen Zeitung sind auch Anzeigen. Wie kommen wir zu Anzeigen? Wie

wäre es mit einer Rubrik An- und Verkauf? Na klar, das ist es. Von zu Hause kommen laufend Päckchen. Wir haben alle schon mehr Zeug, als wir brauchen können. Unter einem Vorwand gehen Sigrun und ich von Zimmer zu Zimmer und erkundigen uns, ob die jeweiligen Bewohner etwas zu verkaufen oder zu tauschen haben. Bevor sie uns ausfragen können, sind wir wieder draußen. «Wenn euch etwas einfällt, dann bringt es in unser Zimmer», sind unsere letzten Worte.

Lederbezogene Schreibunterlagen, Tischtücher aus Damast, Silberbestecke mit Initialen, samtüberzogene Kissen, Bücher – es nimmt kein Ende. Unser Zimmer sieht aus wie ein Warenhaus, und diejenigen, die draußen stehen, versuchen sich an denen vorbei hereinzudrängen, die hinauswollen. Sigrun und ich schreiben Etiketten, so schnell wir können. Überall auf dem Fußboden, auf den Betten, auf dem Schrank, selbst im Waschbecken liegen die Sachen herum. Alles schreit durcheinander. Mein Gott, wer hätte das gedacht?

«Was ist denn hier los? Alle zurück auf die Zimmer! Sofort!» schimpft Pfaffi und blickt sich mit gerunzelten Augenbrauen um. «Was zum Kuckuck ist hier los?»

Wir warten, bis alle weg sind, dann erzählen wir es ihr und zeigen ihr unser Probeexemplar.

«Das ist großartig! Wunderbar!» kommentiert sie. «Wißt ihr was? Ich befreie euch von allem – von allen Pflichten, außer den Mahlzeiten – damit ihr das fertig machen könnt. Ihr sagt, ihr wollt vier Exemplare machen, eins für jeden Stock? Es tut mir leid, aber ihr müßt sechs machen. Frau Dr. Hoffmann und ich wollen auch jede ein eigenes Exemplar. Ihr schafft es sicher bis Sonntag. Ich verspreche euch, es bis dahin geheimzuhalten. Ich werde es Sonntag nach dem Frühstück offiziell bekanntgeben.» Sie blickt sich verwundert um. «Das ist für eure erste Folge mehr als genug. Ich werde dafür sorgen, daß euch niemand stört.»

Das klingt ganz einfach, aber sechs Exemplare sind eine Menge Arbeit. Die schlimmste Arbeit ist das Beschriften und das Aufstapeln der vielen Sachen.

Was für ein Morgen! Laute Hurrarufe erklingen, nachdem Pfaffi bekanntgegeben hat, daß wir jetzt eine Zeitung haben. Eifrige Hände geben die einzelnen Exemplare weiter. Über die Klatschgeschichten und über die Karikaturen wird gekichert und gelacht, selbst das Gedicht wird gelobt. Aber für den alten Leuchtturmwärter interessiert sich keiner. Die Anzeigenseite ist bei weitem der größte Schlager. Pfaffi hat alles gut organisiert. Sie hat einen großen runden Tisch aufbauen lassen, um alles auszustellen. Es wird eifrig gehandelt. Geld und Waren wechseln mit fast beängstigender Geschwindigkeit den Besitzer. Ich bin meiner Sache nicht so sicher, denn das Damasttischtuch, das Pfaffi gekauft hat, gehört Mutti. Aber bis ich nach Hause komme, hat Mutti es vielleicht vergessen. Was wohl die anderen Mütter sagen würden, wenn sie wüßten, daß ihre Töchter das Familiensilber verkaufen? Aber unsere Eltern sind weit weg, und auf allgemeinen Wunsch sollen Sigrun und ich *Die Mummel* fortsetzen.
Das ist kein schlechtes Geschäft. Während alle anderen an einem Uniformmarsch teilnehmen müssen, bleiben wir beide hier. Wir haben auch keinen Küchendienst, gar nichts, wir müssen nur die nächste Nummer unserer Zeitung vorbereiten.

August 1943. Deutsche Truppen haben in Rußland eine große Offensive begonnen, aber die Russen haben Orel zurückerobert. Trotzdem werden wir gewinnen. Sigrun geht mir mit ihrem dummen Geschwätz langsam auf die Nerven. Wenn man ihr zuhört, könnte man meinen, ihr Bruder würde mutterseelenallein gegen die Russen kämpfen.
Gestern hat mir Ruth ins Ohr geflüstert: «Wir werden siegen, falls wir überleben.» Was hat sie damit gemeint? Wenn sie das gemeint hat, was ich annehme, dann hätte ich etwas dazu sagen können. Aber ich bin froh, daß ich meinen Mund gehalten habe. Vati hat gesagt, das Blatt sei dabei, sich zu wenden. Er will, daß Hitler besiegt wird. Ich auch. Ich will nach Hause. Ich glaube, wenn Hitler besiegt wird, dann werden Vati und Mutti wieder zusammen sein. Wir werden eine Familie sein und in unserem Haus in Waidmanns-

lust wohnen. Wenn wir überleben.
Amerikanische Flugzeuge haben Ploesti angegriffen. Ploesti ist in Rumänien. Dort gibt es große Ölfelder. Ich erinnere mich daran, wie frohlockend die Nachrichten klangen und wie böse Vati war, als die Deutschen es besetzten. «Das wird leider den Krieg verlängern», hatte er gesagt.
Die RAF hat den bisher größten Luftangriff auf Berlin unternommen. Die Nachrichten sind jetzt größtenteils schlecht, und sie werden immer schlechter, aber wie der Nachrichtensprecher sagt, «erlitten wir nur geringfügige Verluste».
Sigrun und ich arbeiten jetzt an *Mummel* Nr. 12. Dies, hoffe ich, wird die letzte Ausgabe sein. Ich glaube nicht, daß jemand Einwände machen wird. Wir haben andere Sachen zu besprechen.
Ein Aufmarsch findet statt. Wir machen auch mit. Alle Lager von Harrachsdorf werden teilnehmen und auch die genesenden Soldaten. Es wird das größte Ereignis, das Harrachsdorf je erlebt hat. Eine sehr wichtige Person wird erwartet. Ein neuer Lagermannschaftsführer. Der Lagermannschaftsführer ist für alle Lager hier verantwortlich. Der bisherige ist offenbar weg. Wir haben ihn nie gesehen, wir hatten nur gehört, es sei ein Mann in den Vierzigern, der Wert darauf legte, daß seine Uniform tadellos aussah, der im Hotel Erlebach herumsaß und trank und der sich überhaupt nicht dafür interessierte, was in den Kinderlagern los war. Der Neue könnte vielleicht anders sein. Wenn er so ähnlich ist wie die Hanka, dann gute Nacht.
Fahnen und Trompeten. Es scheint, als hätten alle Jungenlager Spielzüge. Mir ist nicht klar gewesen, daß so viele von uns hier sind. So viele deutsche Kinder, meine ich. Der Aufmarsch der Kinder reicht von einem Ende des Dorfes zum anderen, und wie tipptopp wir heute aussehen! Vorwärts marsch! Der scharfe Bergwind trägt die Kommandos weiter. Sie hallen im Tal wider. Wir marschieren, ohne ein Ziel zu haben. Ruth und ich kichern wie verrückt, bis Helga uns zurechtweist und ein Lied anstimmt. Singend marschieren wir bis zum Ende des Dorfes, wo die Pflastersteine aufhören, dann kehren wir um und marschieren zurück, bis wir auf der

gleichen Stelle stehen, wo wir angefangen haben. Vor dem Hotel ist eine Tribüne, und viele Fahnen und Männer in Hitlerjugend-Uniformen sind zu sehen. Aber wir sind zu weit weg, wir können nicht viel sehen und nichts hören. Wir stehen stramm; Helga sagt, daß jemand eine Rede hält. Dann legen die Musikkapellen wieder los. Vorwärts marsch! Zurück auf dem Fußpfad. Mittagessen.
Welcher war es? Welcher war der Lagermannschaftsführer? Keine Ahnung. Man konnte überhaupt nichts sehen.
Aber heute morgen, als wir vor dem Hotel herumstanden, passierte etwas ganz Verrücktes. Eine Staubwolke kam auf unser Hotel zugerast. Als das Geräusch abklang und sich der Staub setzte, sahen wir ein junges Paar auf einem Motorrad. Es waren ein gutaussehender junger Luftwaffenoffizier und ein blondes junges Mädchen in einem engen blauen Pullover und Hosen.
«Hallo, ihr!» sagte sie lachend. «Ich bin Erika Ostermann, der neue Lagermannschaftsführer.»
Wir waren zu überrascht, um irgend etwas zu sagen. Sie blickte sich um, verweilte auf einzelnen Gesichtern und verkündete: «Ich glaube, ich werde euch mögen. Euch alle.»
Und dann küßte sie den Luftwaffenoffizier geradewegs auf die Lippen und ging in unser Hotel hinein.
Der Offizier und wir alle starrten ihr nach. Dann drehte er sich zu uns um und grinste breit. «Da bekommt ihr etwas absolut Einzigartiges! Wenn ihr ihre Schützlinge seid, dann kann ich euch nur beneiden.»
Wir standen immer noch fassungslos da, als sie zurückkam und die beiden auf demselben Weg, auf dem sie gekommen waren, wieder zurückrasten.
Erika hat eine private Wohnung im Dorf, aber ihr Hauptquartier, wie sie es nennt, ist hier in unserem Hotel. Alle lieben Erika. Sie ist einer dieser seltenen, strahlenden Menschen, eine Sonne. Sie und Pfaffi frühstücken jeden Morgen zusammen, so um zehn oder elf Uhr herum. Erika steht nicht gern früh auf, und ihr Stundenplan scheint Pfaffi recht zu sein. Die beiden sitzen stundenlang herum, reden und rauchen. Sie scheinen sich nicht nur zu mögen, sondern

auch zu respektieren – trotz des Altersunterschieds. Erika ist immerhin erst vierundzwanzig Jahre alt. Trotzdem flößt sie, wie Pfaffi, Respekt ein. Sie herrschen gemeinsam, widersprechen sich gegenseitig nie. Helga und Irene legen gegenüber Erika den gleichen Respekt an den Tag wie gegenüber Pfaffi.
Erst nach drei Tagen rief sie uns alle zusammen, und da es das erste Mal war, daß sie Uniform trug, erwarteten wir die offizielle «Hier bin ich, und jetzt übernehme ich»-Rede. Statt dessen schickte sie alle die los, die Instrumente besitzen, um sie zu holen. Alle anderen mußten eine Note singen – die Note A. Nach einer halben Stunde hatte sie uns in fünf Gruppen aufgeteilt, für jede Stimme eine Gruppe, und dann hatten wir unsere erste Singstunde. Nach drei Stunden konnten wir mehrstimmig die Tonleiter singen – oder zumindest fast.
«Scheußlich!» sagt Erika. «Aber gewisse Fähigkeiten sind da. Das heißt, wenn wir sehr viel üben.»

September 1943. Die Alliierten sind in Italien gelandet. Wir machen immer noch Atemübungen und singen die Tonleiter vor dem Frühstück. Nach dem Frühstück machen wir Stimmübungen. Erika besteht darauf, daß eine Note ohne Zittern gehalten wird. Wir üben jeden Morgen drei Stunden lang, und am Nachmittag noch einmal zwei. Die anderen Unterrichtsstunden, so spärlich und unregelmäßig sie waren, fallen jetzt ganz und gar aus. Wir haben immer noch kein einziges Lied gesungen. Nur die Tonleiter, einzelne Noten und als Ausgleich ab und zu eine Harmonie. Den meisten von uns gefällt es sehr; die paar, denen es nicht gefällt oder die behaupten, unmusikalisch zu sein (dieses Wort mißfällt Erika, denn ihrer Meinung nach gibt es so etwas wie einen unmusikalischen Menschen gar nicht), dürfen an anderen Aktivitäten teilnehmen, die von Irene geleitet werden. Helga ist fürs Singen unentbehrlich – Erika sagt, sie komme ohne Helgas wunderschöne Stimme nicht aus. Erika hat etwas, das sie uns beibringen kann, und wir lassen es uns gern beibringen. Ihre Liebe und ihre Leidenschaft für die Musik gehen auf uns über. Sie gibt uns das Gefühl, etwas zu vollbringen.

Endlich lernen wir ein Lied, können es singen, ohne unterbrochen und korrigiert zu werden. Großer Jubel. Erika bestellt in der Küche etwas Besonderes zum Abendessen und teilt Pfaffi mit, sie hätte anschließend eine Überraschung.
Wir sind das erste Mal «aufgetreten». Großer Erfolg. Selbst *wir* waren erstaunt, wie gut das Volkslied aus dem vierzehnten Jahrhundert klang. Unser Publikum – Pfaffi, Hoffmann, Irene und die paar, die nicht mitmachten – waren großzügig mit ihrem Applaus und riefen sogar «Zugabe!». Aber wir hatten keine «Zugabe». Noch nicht, wie Erika schnell erklärte; aber jetzt, wo der Chor aufgestellt ist, kann die ernsthafte Arbeit beginnen. Ernsthafte Arbeit? Und was haben wir bisher gemacht?

Oktober, November, Dezember 1943. Der «geplante Rückzug zur Begradigung der Frontlinie» ist zur Standardphrase in den Nachrichten geworden. Die Stadt Kiew ist wieder in den Händen der Russen. Noch ein Winter hier, noch ein Winter mit drei Meter hohem Schnee. Bis jetzt ist er noch nicht so hoch. «Aber was nicht ist, kann noch werden.» Das alte Sprichwort scheint zu stimmen. Es schneit wie verrückt.
Unser großes Schlachtschiff, die *Scharnhorst*, ist versenkt worden. Nach dem Abendbrot standen wir alle auf – eine Schweigeminute für die, die bei diesem Kampf ihr Leben ließen.
Stille Nacht, Heilige Nacht. Alle waren ungewöhnlich still an Weihnachten. Angst breitete sich aus. Was wird geschehen?

Januar 1944. Das fünfte Kriegsjahr. Pfaffi hat an der Speisesaalwand eine Karte aufgehängt. Ohne Kommentar und mit einem völlig ausdruckslosen Gesicht steckt sie Stecknadeln an die Stellen, die in den Nachrichten erwähnt werden. Es ist offensichtlich, daß unsere Streitkräfte zurückgedrängt werden – in einem «geplanten Rückzug»? Sie wurden fast bis zu den Grenzen von Polen zurückgedrängt, und die Alliierten scheinen den Stiefel von Italien fest in der Hand zu haben.

Februar 1944. Die Russen sind in Estland. Wie viele deutsche Divisionen sind in der Dnjepr-Schleife eingeschlossen?
Wir haben uns einen Film angesehen. Einen deutschen Film, *Prag – Goldene Stadt*, der für die Dorfbewohner in einer Scheune gezeigt wurde. Wir haben Pfaffi so geplagt, daß sie uns schließlich hingehen ließ, aber nur in Zehnergruppen und nur, nachdem wir ihr versprochen hatten, daß wir den Dorfbewohnern mit äußerster Höflichkeit begegnen würden. Pfaffi hatte recht – wir hätten nicht hingehen sollen. Als wir ankamen, war es schon dunkel und ganz voll. An der Außenwand der Scheune lehnten viele Skier. Wo die nur alle herkamen? Bei allem, was wir taten, bestanden die Dorfbewohner darauf, mit uns zusammenzustoßen; und auf unsere gestammelten Entschuldigungen reagierten sie nur mit haßerfüllten Blicken. Wir mußten stehen, wie viele andere auch. Das machte uns nichts aus, aber man konnte nichts sehen von dem vielen Rauch. Alle Männer schienen Pfeife zu rauchen. Alle – Männer, Frauen und Kinder – kauten Knoblauch. Der Geruch war so entsetzlich, daß wir alle paar Minuten hinausgehen mußten. Und anschließend waren alle unsere Skier weg. Wir hatten sie von den anderen getrennt in einem sauberen Kreis aufgestellt. Wir suchten verzweifelt im Dunkeln nach ihnen und fanden sie schließlich verstreut, einen nach dem anderen. Es dauerte fast zwei Stunden, bis wir alle unsere Sachen zusammenhatten, und als wir abmarschbereit waren, tauchte aus dem Dunkel eine Gruppe von einheimischen Jungen auf. Sie fuhren mit ihren Skiern um uns herum, kreisten uns ein, fuhren über unsere Skier, rempelten uns an. Schließlich verschwanden sie in den Wäldern.
Und noch etwas ist passiert: Ruths Mutter kam zu Besuch. Während Ruth die elegante Frau umarmte und küßte, sahen wir anderen still und fasziniert zu. Dann drehte sich eine nach der anderen um und schlich aufs Zimmer. Eine Weile saßen wir wie betäubt da, dann kamen die Tränen. Tränen des Heimwehs, der Sehnsucht nach unseren Müttern, Tränen der Wut und der Verzweiflung wegen kleiner Ungerechtigkeiten. Und nicht zuletzt weinten wir deshalb, weil uns klar wurde, daß Elternbesuche deshalb strikt verboten waren, um solche Gefühlsausbrüche zu vermeiden. Ruth mußte mit

uns abendessen, während ihre Mutter allein im Hotel *Erlebach* aß. Ruth saß weinend am Tisch, und langsam aber sicher fingen alle anderen auch an. Eine ärgerliche Pfaffi schickte uns auf unsere Zimmer.
Ruths Mutter war vor unserem Haus auf- und abgelaufen und hatte darauf gewartet, daß das Frühstück vorüber war. Nachdem Ruth mit ihrer Mutter weg war, hielt Pfaffi eine hitzige Rede und verbot uns, unseren Eltern zu schreiben und sie zu bitten, uns zu besuchen.
«Ihr wißt, daß die Mutter von Ruth nur hierherkommen durfte, weil Ruths Bruder an der Front gefallen ist.»
«Meiner ist auch gefallen», flüsterte Hanni.
So viele Brüder und Väter waren gefallen. Pfaffi wußte das auch. Schnell redete sie weiter.
«Ihr dürft nicht vergessen, daß ihr zu eurer eigenen Sicherheit hier seid! Ihr seid hier sicher und in guten Händen. In Berlin wärt ihr jetzt nicht sicher, so wie es dort zugeht. Ich bin sicher, daß eure Eltern dankbar sind, daß ihr hier seid. Und ihr solltet es auch sein. Ich will keine Tränen mehr sehen! Habt ihr das gehört?»
Wie könnten wir das überhören? Sie schrie so laut, daß man es in Hirschberg hören mußte.
«Und jetzt marsch in den Tagesraum zu einer Deutschstunde! Frau Dr. Hoffmann macht ein Diktat mit euch!»
Sie sagte noch viel mehr, aber niemand hörte ihr richtig zu. Und auch der Hoffmann nicht, die uns ihr Diktat zweimal schreiben ließ, während wir in den Schnee hinausstarrten.
Drei Meter hoch liegt weißer Schnee. Schrecklicher Schnee, schreckliche Berge, schreckliche weiße Wiesen, alles ist schrecklich und furchtbar.

März, April 1944. Jetzt wird Berlin Tag und Nacht bombardiert. Die Briefe von zu Hause versuchen, beruhigend zu klingen, aber wir können zwischen den Zeilen lesen. Es ist beängstigend. Und die Russen dringen immer weiter in Richtung Westen vor. Sie haben den Dnjepr überquert. Odessa ist wieder in ihren Händen, und sie brechen nach Rumänien ein.

Mai 1944. Sewastopol fällt. Jeden Tag müssen wir die Stecknadeln umstecken, immer näher zur deutschen Grenze hin. Es ist ganz unwirklich, denn hier in Harrachsdorf haben sich die matschigen braunen Wiesen wieder in einen farbenfrohen Teppich verwandelt. Die Wiesenblumen mit ihren exotischen Formen und hinreißenden Farben blühen wieder in einer verwirrenden Vielfalt. Das letzte I-Tüpfelchen in diesem herrlichen Tal, das, was es schließlich vollkommen macht: Mutti. Mutti ist hier.

Ich durfte sie am Bahnhof von Polaun abholen. Mutti hat fünf Tage Urlaub. Für die Reise braucht sie zwei. Also hat sie noch drei Tage, die sie mit mir verbringen kann.

«Kannst du wirklich nicht mit mir essen?» Mutti ist ganz bestürzt, aber sie faßt sofort Mut. «Gut. Geh und iß im Lager zu Mittag. Anschließend komme ich, um dich abzuholen und um Frau Dr. Pfaffenberger kennenzulernen. Es wird schon klappen. Hier bin ich, eine arbeitende Mutter aus dem bombardierten Berlin, und habe nur drei Tage für meine Tochter, die ich seit eineinhalb Jahren nicht mehr gesehen habe. Wie kann sie mir das abschlagen?»

Ich muß Pfaffi praktisch am Rock festhalten, damit sie stehenbleibt. Sie will nach oben gehen und ist in Eile. Sie wirft Mutti einen kühlen, abschätzenden Blick zu, und ich weiß, daß sie nicht freundlich sein wird. Diese beiden Frauen sind so verschieden – die eine eine starke Persönlichkeit, die andere schüchtern, ängstlich. Mutti fraulich, sehr attraktiv; Pfaffi untersetzt und nur von der Art her anziehend, nicht vom Aussehen.

«Da es Sonntag ist», sagt Pfaffi, «kann Ilse den Nachmittag mit Ihnen verbringen, aber sie muß zum Abendessen zurück sein.» Pfaffi geht nach oben und läßt Mutti stehen, die fleht: «Darf Ilse nicht wenigstens mit mir zu Abend essen?» Pfaffi geht um die Ecke und wirft ein kaltes «Nein» über die Schulter, bevor sie verschwindet.

Mutti weint auf dem ganzen Weg zum Hotel *Erlebach*. «Warum? Warum? Wie kann sie nur so grausam sein?»

Ich sage ihr all die Gründe, aber wie kann ich sie überzeugen, wenn ich selbst nicht überzeugt bin? Pfaffis Verhalten in diesen Dingen ist

ganz vom Zufall bestimmt. Als Soo-y-ings Vater gekommen ist, durfte Soo-y-ing eine ganze Woche lang bei ihm im Hotel *Erlebach* bleiben.
«Warum, warum, warum?» wiederholt Mutti. «Was hat sie denn gegen mich? Eine Frau, die selbst Kinder hat, verbietet einer anderen Mutter, bei ihrem Kind zu sein?»
Mutti und ich sind zusammen unglücklich, und dann noch jede für sich, während sie im Hotel *Erlebach* ißt und ich im Lager. Nach dem Essen haben wir noch eine Stunde zusammen, und da muß ich ihr sagen, daß ich für die nächsten zwei Tage nur jeweils eine Stunde am Vormittag und eine am Nachmittag mit ihr verbringen darf. Noch mehr Tränen.
Singstunde am Montagvormittag. Es ist das erste Mal, daß ich Erika sehe, seit Mutti da ist. Ich singe, aber die Tränen laufen mir übers Gesicht. Ich hoffe, daß Erika es merkt. Das tut sie auch – ihr entgeht nicht viel.
«Für dich fällt heute *und* morgen das Singen aus! Ab mit dir – richte deiner Mutter Grüße aus von mir . . . Ach, mach dir keine Sorgen wegen Pfaffi, ich erledige das schon.»
«Diese Erika!» sagt Mutti. «Können wir nicht irgend etwas Nettes für sie tun?»
Ich muß trotzdem noch alle Mahlzeiten im Lager einnehmen, und was sind schon drei Tage? Nach eineinhalb Jahren braucht man drei Tage, bis man auf dem Stand ist, daß man miteinander reden kann. Unsere Unterhaltung besteht aus vielen kleinen Teilinformationen, Bruchstücken, die nie ergänzt werden. Dann ist Muttis Koffer gepackt, und schließlich frage ich sie: «Hast du Vati gesehen?» Ihr «Nein» ist so kurz und bestimmt, daß es jede weitere Frage unterbindet. Es ist Zeit, sich wieder zu verabschieden. Ich kann sie nicht einmal zum Bahnhof bringen.

4. Juni 1944. Der Führer war großzügig und hat Rom zur offenen Stadt erklärt. Die Alliierten sind in Rom. Unsere Stecknadeln auf der Karte von Italien bewegen sich in Richtung Norden. Nach Norden, auf Deutschland zu.

6. Juni 1944. Die Alliierten sind an der Küste von Frankreich gelandet. Werden wir sie wirklich wieder zurück ins Meer drängen, wie der Nachrichtensprecher sagt? Die Luftangriffe auf Berlin werden immer schlimmer; das Erstaunlichste für uns ist die Tatsache, daß immer noch so viel von Berlin steht.

12. Juni 1944. Im Radio wird lautstark von unserer neuen Waffe gesprochen. Eine Waffe, die den Krieg wenden und die Städte des Feindes ausradieren wird. Doch am 25. Juni verlieren wir die letzte große russische Stadt, Minsk. Aber hier im Lager haben die Chorstunden Vorrang vor allem anderen. Das ist auch die einzige Zeit, in der wir Erika sehen. Die verschiedenen Stimmgruppen üben jetzt getrennt, und nur zwei Stunden lang ist der ganze Chor zusammen. Atemübungen, Aussprache. Erika hat unendlich viel Geduld. Welche Freude, wenn sie zufrieden ist. Wir fangen an, davon zu träumen, richtige Sängerinnen zu werden. Deshalb sind wir nicht überrascht, als Erika verkündet, wir seien soweit, eine Vorstellung zu geben, und als sie ein Programm ausarbeitet. Wir sollen für genesende Soldaten und in anderen Kinderlagern singen. Während die Alliierten Cherbourg und Caen und die Russen Wilna und Bialystok erobern, sind wir eifrig beim Üben. So eifrig, daß Elternbesuche jetzt fast nicht mehr auffallen.
Plötzlich kommt unerwartet Vati an. Ich kann ihn nicht einmal umarmen und muß warten, bis er seine Unterhaltung mit Pfaffi und mit Erika beendet hat. Endlich bin ich in seinen Armen, und wir verlassen das Hotel Hand in Hand. «Nach dem, was deine Mutter mir erzählt hat», sagt er lächelnd, «mußte ich kommen und sehen, was hier los ist. Ich habe mir geschworen, daß sie *mich* nicht so behandeln, was auch immer geschehen mag. Ich habe nur anderthalb Tage Zeit, deshalb bleibst du bei mir im Hotel *Erlebach*. Du brauchst nicht so ängstlich zu gucken, es ist in Ordnung, ich habe die Genehmigung.»
Wo ist die Zeit geblieben? Noch eine Stunde, dann muß er wieder weg. Sanft, aber bestimmt schiebt er mich auf den Stuhl ihm gegenüber. «Ich muß mit dir reden», sagt er und schaut ohne sonderliches

Interesse auf meine Uniform. «Du weißt, wie sehr mir Uniformen mißfallen, nicht wahr?»
Ich weiß es und fühle mich sofort unbehaglich und habe ein schlechtes Gewissen.
Er fährt fort. «Tja, wir können nichts daran ändern. Du bist immer noch ein Kind, und alle im Lager tragen eine Uniform, deshalb hat es schon seine Richtigkeit. Aber du mußt mir eins versprechen.» Er wartet, bis ich nicke. «Du darfst niemals, niemals eine Führerin werden. Du darfst keinen offiziellen Rang annehmen.»
Ich nicke und schüttle seine Hand, aber ich mache mir Sorgen, denn inoffiziell bin ich tatsächlich so etwas wie eine Führerin. Ich bin verantwortlich für unser Stockwerk, und manchmal vertrete ich Helga und Irene beim Fahnenhissen, beim Appell, bei der Gruppenarbeit, bei all den kleinen Dingen, die sich täglich ergeben. Er hält immer noch meine Hand. Ich nehme meinen ganzen Mut zusammen.
«Vati! Ich bin schon auf der Liste. Bei der nächsten großen Zeremonie machen sie mich zu einer Führerin.»
«Das mußt du unter allen Umständen vermeiden. Ich weiß nicht wie, aber du mußt es tun. Versprich es mir.»
Wir sehen uns in die Augen. Mir ist klar, daß ihm klar ist, daß das nicht einfach sein wird.
«Der Krieg läuft nicht gut. Keiner weiß, was passieren wird.» Seine Stimme wird zu einem Flüstern. «Du weißt, daß deine ganze Familie gegen Hitler ist. Das darfst du natürlich niemand sagen. *Niemand*, nicht einmal deiner besten Freundin.» Dann wird seine Stimme weicher. «Denk dran, kleiner Igel, sei auf der Hut! Halt die Augen und die Ohren offen!»
Ich habe so viele Fragen, aber keine Zeit, keine Zeit. Ich winke, bis ich den Zug nicht mehr sehen kann. Vati fährt zurück nach Berlin, zurück zu den Bomben. Tausende sterben jeden Tag an der Front, in den Städten, und meine einzige Sorge ist es, keine Hitlerjugend-Führerin zu werden. Ilse, du solltest dich schämen. Ich schäme mich tatsächlich. Vati fährt zurück zu diesen unvorstellbaren Schrekkensszenen, und ich gehe durch dieses idyllische Tal mit Millionen

von Blumen, weit weg von allem.
«Was hat er über den Krieg gesagt? Was glaubt er, was passieren wird?» Pfaffi und Erika bombardieren mich mit Fragen, die ich auch dann nicht beantworten könnte, wenn ich weniger durcheinander wäre. «Wenn du ihm schreibst, dann richte ihm Grüße von uns aus. Schreib ihm, wir würden auf dich aufpassen.»
Erika glaube ich das. Wenn Pfaffi das sagt, hört es sich seltsam an. Ich bewundere sie, manchmal mag ich sie sogar, aber würde sie auf mich besonders aufpassen? Ich habe nie gedacht, daß ich für sie etwas anderes wäre als eine ihrer Zöglinge. Aber vielleicht täusche ich mich da.

20./21. Juli 1944. Auf den Führer ist ein Anschlag verübt worden. Der Führer selbst spricht im Radio und versichert den Deutschen, daß er am Leben ist und wohlauf, daß er nur ein paar Kratzer und ein paar Beulen abgekriegt hat. Die Vorsehung habe für ihn gearbeitet, sagt er. Die Revolte, die von deutschen Generälen ausging, wurde vollkommen niedergeschlagen. Alle Verräter wurden hingerichtet oder begingen Selbstmord.
Abgesehen von einem Aufschrei oder einem «Ach, mein Gott» wird diese Meldung mit fassungslosem Schweigen aufgenommen. Kaum jemand sagt etwas, nur ein paar Supernazis, darunter Sigrun, die einen tiefen Seufzer ausstößt und sagt: «Gott sei Dank, der Führer lebt.»
Ruth sucht meine Augen, aber ich blicke weg. Aber als sie auf der Treppe an mir vorbeigeht, flüstert sie mir etwas ins Ohr. Sagte sie «schade»? Ich glaube, aber ich bin nicht sicher.

August 1944. Die Rote Armee hat die Ostsee erreicht. Die amerikanische Achte Armee ist in Florenz einmarschiert, und die Russen haben die Grenze nach Ostpreußen überschritten. Dort war Uschi hingeschickt worden. Uschi Bohr. Ich hatte ihren Eltern geschrieben wegen ihrer Adresse – wie lange das her zu sein scheint –, aber ich habe nie eine Antwort erhalten. Was wird geschehen? Sie werden die Lager verlegen müssen, ganz bestimmt . . . undenkbare Gedanken!

Der «totale Krieg» und die «totale Mobilmachung» wurden in Deutschland ausgerufen. «Nunmehr, als der Feind vor den Toren stand, rührten sich die NS-Führer. Jünglinge zwischen fünfzehn und achtzehn und Männer zwischen fünfzig und sechzig wurden einberufen. Universitäten, Hochschulen, Ämter und Fabriken wurden nach Wehrfähigen durchkämmt.»*

... und die SS begann, die «Halbjuden», die Mischlinge ersten Grades, zusammenzutreiben. Vatis Chef, der Kleine, hatte Vati bis dahin schützen können, als «unabkömmlich für die Kriegsarbeit». Aber jetzt konnte er nichts mehr tun. Ohne daß ich etwas davon erfuhr, wurde Vati verhaftet. Er und fünf andere aus Hermsdorf – der Jüngste war fünfzehn und der Älteste zweiundzwanzig – wurden in ein Arbeitslager der OT (Organisation Todt) in Zerbst gebracht, einer kleinen Stadt etwa achtzig Kilometer südwestlich von Berlin, wo ein Flugplatz gebaut wurde.

Wir haben die Soldaten mit offensichtlichem Erfolg unterhalten, wurden mit Kaffee und Kuchen bewirtet und kamen lange nach Mitternacht nach Hause. Pfaffi war wütend, vielleicht, weil Erika dortgeblieben war und uns allein nach Hause geschickt hatte. Aber am nächsten Morgen sitzen sie unbeschwert zusammen beim Frühstück und planen weitere Abende dieser Art. Pfaffi scheint vergessen zu haben, daß sie uns nie mehr weggehen lassen will, wie sie in der Nacht zuvor gesagt hat.

In der französischen Hafenstadt Brest und in der Umgebung wird erbittert gekämpft. Rennes, Le Mans, Chartres, Nantes. Die Amerikaner überqueren die Marne und die Seine. Wie eine riesige Zange umschließt uns der Feind und kommt immer näher. Wenn ich daran denke, tut mir alles weh, als ob sich ein Eisenring um meinen Körper spannt.

Einer der seltenen Besuche von Lauenstein in unserem Lager fand

* William L. Shirer: Aufstieg und Fall des Dritten Reiches, Köln 1961, Seite 993

statt, und wir wußten, daß irgend etwas Besonderes los sein mußte. Und tatsächlich – wir wurden beauftragt, den ansässigen Bauern zu helfen. Er hatte schon alles ausgearbeitet und Listen angefertigt. Sigrun und ich müssen beim Heumachen helfen. Die Dorfbewohner von Harrachsdorf sind arm. Sie pflanzen etwas Gemüse und Kartoffeln bei ihren Häusern an, und das ist fast alles. Während des kurzen Sommers hier wächst nicht viel, deshalb ist das Heu so ziemlich das einzige, was es zu ernten gibt.

Unser Bauer ist eine zerbrechliche alte Frau mit einem Gesicht, das aus tausend Falten besteht, und einem zierlichen, gebeugten Körper, der in schwarze, wollene Kleidung gehüllt ist. Sie steht jeden Morgen vor ihrer weißgetünchten Hütte, ausdruckslos, stumm. Sie hat unseren Gruß noch nie erwidert, statt dessen verschwindet sie in ihrer Hütte und taucht mit zwei Gläsern eiskalter Milch wieder auf. Wir brauchen eine Stunde bis zu ihrem Haus, und dann freuen wir uns schon auf die kalte Milch. Die Frau steigt den steilen Berg hinauf, ohne außer Atem zu geraten, und sie hat uns gezeigt, wie man mit dem schweren Holzrechen umgeht. In ihren Händen sieht er so leicht aus wie ein Strohhalm – in unseren wird er furchtbar schwer. Die Heuhaufen müssen im gleichen Abstand zueinander liegen, dann werden sie auseinandergerecht zum Trocknen, dann wieder sauber gebündelt. Sie verbrachte den ganzen ersten Tag damit, uns still zuzugucken. Wann immer wir es falsch machten, kam sie heran, nahm einen Rechen und zeigte uns, wie sie es gemacht haben wollte. Wenn sie es tat, sah es einfach aus. Jetzt wissen wir, wie schwer es ist.

Wir arbeiten hoch oben, weit über ihrem Haus, in der glühenden Sonne. Ich wundere mich, daß wir keinen Hitzschlag bekommen. Jeden Tag sind wir fast soweit, aufzugeben, aber dann, gerade im richtigen Augenblick, winkt sie uns, herunterzukommen. Wir rennen. Man muß schwitzen und erschöpft sein, um wirklich zu verstehen, wie ein Glas eiskalte Milch und eine Schale frischer Blaubeeren, die das ganze Aroma der Tannenwälder enthalten, schmecken können. Dazu bekommt jede von uns zwei Scheiben Brot, dick mit goldener Butter bestrichen, die so kalt ist, daß sich kleine Tropfen darauf bilden. Bei dieser Mahlzeit wird nicht gedacht, nicht gefühlt, sondern nur gegessen, und wir lassen nicht eine einzige Krume übrig.

Wir haben nie Gelegenheit, uns zu bedanken. Die alte Frau kommt ruhig und rasch aus dem dunklen Eingang heraus und verschwindet wieder. In einem Augenblick ist sie da, im nächsten wieder weg.

Langsam steigen wir wieder nach oben. Im Laufe des Nachmittags werden die Rechen immer schwerer. Wie oft gucken wir auf unsere Uhr, dankbar, wenn es fünf Uhr ist und wir nach Hause gehen können.

25. August 1944. Die Alliierten sind in Paris. Rumänien hat sich ergeben; sie haben ihre Ölfelder wieder. Die «bolschewistischen Horden» toben durch Lettland, Estland, stehen vor den Toren von Warschau. Und die Armee von General Patton hat Verdun eingenommen.

Wir sind zu müde, um uns Sorgen zu machen, zu müde, um Angst zu haben. Beim Abendbrot schlafen wir fast ein. Jeder Knochen und jeder Muskel in unserem Körper tut weh. Nach der ersten Woche waren unsere Hände so zerschunden, daß wir kaum unsere Kaffeetassen halten konnten. Jetzt haben sich die Blasen in Hornhaut verwandelt, und wir sind morgens zu verschlafen, um überhaupt daran zu denken, daß wir eigentlich krank spielen wollten. Und so sind wir jeden Tag wieder auf dem Weg nach oben.

Und jeden Morgen ist sie da, diese zerbrechliche, schwarzgekleidete Gestalt, mit zwei Gläsern Milch. Bis wir das Haus erreicht haben, ist sie weg, und die Gläser stehen wartend auf einem Hocker. Bei unserer Arbeit in der Sonne werden die Rechen zu Marterinstrumenten, jeder Grashalm zu einem Bleigewicht. Zusammenraffen, hochheben, umdrehen, verteilen, zwei Schritte, zusammenraffen. Was hält uns eigentlich davon ab, aufzuhören? Warum gehen wir nicht einfach hinüber zu den Bäumen und setzen uns in den Schatten? Wir tun es nicht. Wir arbeiten und freuen uns aufs Mittagessen, auf die Blaubeeren und die Butterbrote. Dann können wir unsere schmerzenden Hände in dem Fluß neben ihrem Haus kühlen.

Unter gedämpften Buh-Rufen hat Pfaffi erklärt, Samstag sei Briefschreibetag. Sie sorgt dafür, daß wir regelmäßig nach Hause schreiben. Wir dürfen das Haus nicht verlassen, bevor wir ihr nicht einen fertigen Brief zeigen. Samstagnachmittags müssen wir stopfen und waschen. Behauptungen, daß alles schon erledigt sei, müssen durch Beweise belegt werden – die natürlich keine von uns vorweisen kann. Es gibt immer noch etwas zu tun. Murrend tun wir, was uns befohlen wird. Aber morgen, am Sonntag, wollen wir zur Elbfall-Hütte, zum Mummel-Wasserfall zum Schwimmen. Was ist, wenn die Welt untergeht? Was können wir daran ändern? Wir haben hart genug gearbeitet. Wir gehen schwimmen. Unsere Gruppe, die verrückten Skifahrer, ist fest entschlossen. Die anderen sagen: «Schwimmen? Wo? In den Tannennadeln?» Die Mummel ist flach und felsig, aber weiter oben bei der Hütte ist sie eine Touristenattraktion mit ihrem zehn Meter hohen, senkrecht abfallenden Wasserfall. Da gehen wir hin. «Unter dem Wasserfall schwimmen? Ihr seid verrückt!»

Sonntagabend-Appell. Alle sind in Uniform, stehen stramm wie an jedem anderen Abend. Ruth und ich stehen neben der Fahnenstange, eine auf jeder Seite, bereit, die Fahne herunterzuholen. Unsere «Würdenträger» erscheinen, zuerst Erika, dann Helga und Irene, dann Pfaffi. Pfaffi? Sie nimmt an dieser Zeremonie sonst nie teil. Ich ahne, warum sie heute abend hier ist. Sie halten vor uns an.

«Wer hat diese schwachsinnige Idee gehabt?» donnert Pfaffi. Als ob du es nicht wüßtest, denke ich und hebe die Hand.

«Ilse! Ilse Koehn natürlich. Gut und – es tur mir leid, das sagen zu müssen – *schlecht*!»

«Ilse Koehn! Tritt vor!» Erikas Stimme klingt streng und offiziell. «Du! Du willst eine Führerin sein! Du hast dich unwürdig gezeigt! Unfähig, mit Verantwortung umzugehen!»

Das ist ja prima! sagt eine teuflische kleine Stimme in meinem Kopf. Hier ist es und wird mir auf einem Silbertablett überreicht, ohne daß ich es geplant hätte. Über mir wickelt sich die Fahne geräuschvoll um den Mast. Es wird ganz schön schwierig werden, sie herunterzuholen.

«Du wirst hiermit von all deinen Führerin-Aufgaben befreit.» (Als ob mir das etwas ausmacht, geht mir durch den Kopf.) «Und das Ehrensymbol wird dir abgenommen.» (Und ich würde am liebsten «Hurra» schreien, als sie mein schwarzes Halstuch, das Hitlerjugend-Ehrensymbol, packt und mir vom Hals reißt.) «Nur durch mustergültiges Verhalten kannst du dir das wieder verdienen. Verstehst du?» Ich nicke. «Es ist einer Hitlerjugend-Führerin unwürdig, und es ist unverzeihlich, wenn sie diejenigen, die ihr vertrauen, zu etwas anstiftet, was leicht zu einem Unglück hätte führen können.»

(Genau wie in Stalingrad . . . und außerdem war ich nicht verantwortlich. Verantwortlich! Seit wann ist irgend jemand verantwortlich, wenn wir alle nur so herumspielen? Aber macht nichts, du weißt nicht, was du mir für einen Gefallen getan hast. Ach, wenn du nur wüßtest. Ich grinse fast. Fast, aber nicht ganz.)

«Ilse, tritt zurück. Sigrun übernimmt deinen Platz an der Fahne.»

(Viel Glück, Sigrun. Du wirst sie noch mehr verhaken, denn du hast das noch nie gemacht. Ruth und ich sind in dieser Sache alte Hasen . . . und, meine liebe Sigrun, wenn du denkst, daß du all meine anderen Pflichten übernehmen wirst, dann hast du dich schwer getäuscht.)

«Das war es wert, oder nicht?» fragt Ruth, und die Gruppe, meine Gruppe, schaut mich ängstlich an. Soo-y-ing, die sich in den Tannennadeln wälzt, sagt: «Wenn ich so ein Ehrentuch hätte, würde ich es gerne hergeben, wenn ich noch einmal hinter diesem grünen Wasser stehen könnte.» Soo-y-ing darf als Halbchinesin die Hitlerjugend-Uniform tragen, aber nicht das Halstuch und den Lederknoten.

«Stehen? Du meinst Wasser treten!» sagt Hanni aufgeregt.

Dann reden wir alle auf einmal, reden über die herrliche Höhle, die wir hinter dem Wasserfall entdeckt haben. Ruth war verschwunden, nachdem sie in das schmale Becken gesprungen war. Welche Angst wir gehabt hatten, bis wir sahen, wie sie kurz ihre Hand durch die Tonnen von Wasser streckte, die tosend über die gezackten Felsen fielen. Ruth hatte die Höhle entdeckt und wie man unter

Wasser hineinkam. Wir schwammen alle hinein, aber einzeln, denn dort war nur Platz für eine Person. Im Innern mußte man Wasser treten, aber man konnte atmen, denn über dem Wasserspiegel war etwas Raum. Wir versuchen, unser phantastisches Erlebnis zurückzuholen, und beschreiben immer wieder das gespenstische Grün-Blau dieser Märchengrotte. Klar, es war gefährlich gewesen, gefährlich und herrlich. Aber gegen Abend, als wir langsam Übung bekamen, mußten ausgerechnet Hoffmann und Lenz auftauchen. Hoffmann und Lenz auf ihrem Sonntagsspaziergang.
«Dieses ganze Geschwafel von Ehre», sagt Ruth auf dem Weg zurück zum Haus, «ist eine komplette du-weißt-schon-was-ich-meine.»
Hanni fügt hinzu: «Soo-y-ing ist ehrenhaft, und sie hat auch kein Halstuch. Außerdem, ein Halstuch – ein lausiges Halstuch als Ehrensymbol. Pah!»
Ich weiß, daß sie mich trösten wollen. Immerhin ist es so ziemlich das Schlimmste, was einem in der Hitlerjugend passieren kann, und es kommt kurz vor dem Rausschmiß. Aber in Wirklichkeit bin ich froh. Ich wollte, ich könnte ihnen sagen, warum, und ich tue es auch fast. Aber nur fast.
Heu und noch mehr Heu. Ich sehe Heu, fühle Heu, atme Heu, träume Heu. Wird es jemals enden? Und eines Morgens ist das ganze Heu weg – weggekarrt und für den Winter eingelagert.
Wir verabschieden uns von der anmutigen, stillen alten Frau mit dem runzligen Gesicht. Sie bedeutet uns, ihr zu dem Bach hinter ihrem Haus zu folgen. Dort zieht sie an einem Zweig, und aus dem Bach erscheint ein Tongefäß, das an einer Schnur hängt. Darin ist ein zweites Gefäß mit der köstlichen goldenen Butter. Zum erstenmal sehen wir sie lächeln. Sie lächelt, weil wir so erstaunt sind. Wir haben uns die ganze Zeit über gefragt, wie sie es anstellt, daß ihre Butter in dieser Hitze so kühl ist.
Im Haus holt sie einen großen, runden Laib von dem Brot hervor, das wir so lieben. Wir sind sicher, daß sie es selbst backt. Sie hält es gegen ihre Brust. So leicht und so anmutig, wie sie mit den riesigen Rechen umgeht, zieht sie ein großes Messer durch das Brot auf sich

zu. Sie schneidet soviel ab, wie wir essen können, und wir danken ihr, so gut es geht.
«Ihr habt gute Arbeit geleistet. Ich habe nicht erwartet, daß ihr das tun würdet oder tun könntet, aber das habt ihr wirklich getan. Recht herzlichen Dank. Möge Gott euch schützen!»
Sie kann reden! Und sogar fließend Deutsch!
Die inzwischen wohlbekannte zierliche, schwarzgekleidete Gestalt steht vor ihrem Haus und hebt sich klar von der weißen Wand ab. Wir winken, solange wir sie sehen können, und das ist eine ganze Stunde lang, auf dem ganzen Weg den kahlen Berg hinab.

Ende September 1944. Die Stecknadeln, die die Westfront markieren, sind der deutschen Grenze unbehaglich nahe, aber mit denen an der Ostfront ist es genauso. Zusammen mit den Nachrichten über «geplanten Rückzug» und «Frontbegradigung» hören wir jetzt im Radio immer mehr von dem, was wir bei Sendungen des Feindes «schauerliche Propaganda» genannt hätten. Geschichten über unglaubliche Greueltaten, begangen von den «Horden bolschewistischer Untermenschen». Haarsträubende Berichte über Vergewaltigung, Mord, Folter und Brandstiftung. Diese Meldungen enden immer mit einer Feststellung, die wie eine Drohung klingt: «Kein Volksgenosse wird es zulassen, diesen Bestien lebend in die Hände zu fallen.»
Und die Russen sind ganz nahe an der tschechoslowakischen Grenze! Was ist, wenn sie hierherkommen? Was passiert dann? Und was wird dann aus uns?
Es ist ein ruhiges Abendessen. Ich nehme an, daß wir alle mehr oder weniger dasselbe denken. Ich achte kaum auf Pfaffi, die aufgestanden ist und gerade eine Rede hält, daß man eine Kandidatin auswählen müsse, um sie in ein Trainingslager für Führerinnen zu schicken. Sie benutzt Wörter wie intelligent, fleißig, talentiert, vertrauenswürdig, an Kunst und am Werken interessiert. Was passiert, wenn die Russen hierherkommen? Ich denke nach, und mein Herz zieht sich zusammen. Plötzlich höre ich, wie mein Name aufgerufen wird, und ich höre donnernden Applaus.

«Ilse! Ilse Koehn!» sagt Pfaffi. «Ich glaube nicht, daß irgend jemand gegen meine Wahl etwas einzuwenden hat.»
Ist all dieses Klatschen wirklich für mich? Ich muß aufstehen, werde rot, während mir Pfaffi, Erika, Helga, Irene und selbst Hoffmann die Hand schütteln. Aus dem Nichts taucht plötzlich mein schwarzes Halstuch auf, gewaschen und gebügelt, und bevor ich weiß, wie mir geschieht, trage ich es wieder um den Hals. Ich bin stolz und gleichzeitig ganz durcheinander. Mir dämmert, daß ich in ein Lager für BDM-Führerinnen soll. Ich habe zwei Tage, in denen ich mir darüber klarwerden muß, wie ich in dieses Lager gehen kann, *ohne* eine Führerin zu werden. Das ist mehr, als ich verkraften kann. Ich habe Angst, und ich habe keinen Menschen, den ich fragen kann, was ich tun soll. Ilse, das beste Mädchen im Lager. Ilse, du hast es mal wieder geschafft. Ach Scheiße! Und sie glauben, ich weine, weil ich so glücklich bin ...
In Hirschberg werden wir – zwanzig Mädchen aus verschiedenen Lagern – von Helen und Irmchen erwartet, die das Trainingslager leiten. Sie scheinen nett zu sein. Wir müssen den Zug nach Tetschen Bodenbach nehmen, wo unser Lager liegt. Die anderen verschwinden in den kleinen Abteilen, aber ich bleibe im Gang und versuche, meine wirren Gefühle zu ordnen. Ich sage mir, daß Pfaffi ja irgend jemand auswählen mußte, und da die Betonung auf Kunst und Werken lag, ist es einleuchtend, daß sie mich ausgewählt hat. Unsere Zeitung hatte die Langeweile vertrieben, und ich hatte viele Sketche für unsere Bunten Abende verfaßt. An dem, was ich getan hatte, war nichts Besonderes gewesen, nur war ich eben die einzige, die es tat. Ich versuche verzweifelt, mir den Stolz auszureden, den ich fühle, weil ich ausgesucht worden bin. Ich sage mir, daß der Einäugige unter den Blinden König ist. Fast hätte ich es laut gesagt. Und während die Gegend vorbeizieht, sehe ich mich, wie ich an der Fahnenstange stehe und wie mir das Halstuch vom Hals gerissen wird. Das war ein Schlag gewesen, obwohl ich das nicht einmal mir selbst eingestanden hatte. Ich sehe meine weinende Mutti im Hotel *Erlebach* und Vati in seinem alten Lodenmantel. Fast spüre ich seine starke, trockene Hand. Vati, ich verspreche dir, nie eine Führerin in

der Hitlerjugend zu werden. Mein Gesicht wird heiß. Die Freude, der Monotonie von Harrachsdorf zu entfliehen, ist verschwunden. Und mein Stolz ebenfalls. Wie kann ich dieses Versprechen halten, ohne unglücklich zu werden? Ich starre zum Fenster hinaus, sehe nichts. Ich wollte, ich wäre zu Hause, aber wenn ich mir's recht überlege, dann will ich auch nicht in dem bombardierten Berlin sein. Vati und Mutti sind dort, und das ist auch nicht recht. Ich fühle mich schuldig und feige. Mutti ist auch fast nie in Lübars und Vati nicht in Hermsdorf. Sie sind immer weg, immer bei der Arbeit. Und Oma. Oma ist nicht mehr da, aber geblieben ist ein ungewisses Etwas, was ihren Tod betrifft. Und jetzt habe ich keinen, mit dem ich reden kann. Keinen, an den ich mich wenden kann. Ich stehe am Zugfenster und fühle mich völlig verlassen. Ich kann in die Abteile hineinsehen, wo die anderen Späße machen und lachen. Ich fühle mich ausgeschlossen, fremd.
Helen kommt heraus, legt ihren Arm um meine Schultern, sagt nichts. Plötzlich herrscht zwischen uns ein derartiges Gefühl von gegenseitiger Zuneigung, daß ich ganz fassungslos bin. Als sie schließlich redet, sagt sie: «Freust du dich nicht auf das Lager?» und ich weiß, daß sie keine Antwort erwartet. Aber wie kann diese junge Frau, die ich noch nie vorher getroffen habe, so verständnisvoll sein? In genauem Takt mit dem Klick-Klack der Räder spricht Helen weiter. Ihre Stimme ist leise, kaum hörbar, und doch klar. Unzufrieden, kann Uniformen nicht ausstehen, wie blöde, Lippenstift und das Rauchen zu verbieten, Ehre, Feigheit, was ist Heldentum. Er ging weg . . . fiel im Kampf . . . unsere Beziehung war so eng . . . Reglementierung. Ihre Stimme ist monoton. Mir schwirrt der Kopf, ich verstehe nicht, höre nur einzelne Wörter. Ihr Vertrauen verwirrt mich, erstaunt mich, ist mir unverständlich. Und doch – irgendwo im Innern verstehe ich alles. Ich trauere mit ihr, für mich, für die ganze Welt, und bald darauf weinen wir alle beide, bis Helen ein Taschentuch findet – und wieder lacht.
«Ich wollte dir das nicht antun, kleiner Kamerad. Es ist nicht fair, dich mit meinem Kummer zu belasten. Vergiß, was ich gesagt habe.»

Wie auf Befehl öffnen sich die Abteiltüren. Aufgeregte Mädchen kommen heraus, umringen uns und beschwören uns, hereinzukommen und uns von einer alten Frau wahrsagen zu lassen. Von der da, in dem geblümten Kleid ...

Das Lager ist in einer hübschen zweistöckigen Villa mit einem herrlichen Blick über das Tal und die Stadt. Hier gibt es keinen Küchendienst, keine Haushaltspflichten. Alles wird von tschechischen Dienstmädchen erledigt. Sie kochen auch, und sie servieren uns die Mahlzeiten in einem feierlichen Speisezimmer auf einem glänzend polierten Mahagonitisch, der groß genug ist für alle zweiundzwanzig Mädchen.
Die hohen Doppeltüren zum Musikzimmer sind geschlossen, aber ich kann Helen laut und klar hören: «Wir spielen das Divertimento, Köchelverzeichnis 136, von Anfang an.»
Das gefällt mir. Im Geist sehe ich Helen hinter ihrem Cello, Eva, Inge und Gudrun mit ihren Blockflöten und Luise am Flügel. Luise, die Pianistin werden will. Luise aus Aachen, deren Mutter bei einem Luftangriff umkam und deren Vater im Krieg fiel.
Mozart, Harmonie, Freude umgibt uns. Wie gut sie spielen, alles gute Musikerinnen. Es gefällt uns hier, vor allem die Abende. Nachtessen bei Kerzenschein, Kerzen in polierten silbernen Kerzenhaltern, silbernes Besteck auf makellosem, glänzendem Damast. Die Abende sind gerade kühl genug für ein Feuer in dem riesigen Kamin. Wir sitzen auf dem herrlichen Orientteppich herum, umgeben von Büchern in verzierten Bücherschränken aus Eiche, denken nach und träumen, während unsere Musikerinnen spielen. Sie spielen mittelalterliche Flötenstücke, Prätorius, Madrigale. Sie spielen Mozart, Haydn, Beethoven und natürlich Bach. Elfie singt Kantaten. Die Bachkantate Nr. 82 ist das Lieblingsstück von uns allen; es ist zu unserem Schlaflied geworden, und Elfie singt es jeden Abend, bevor wir zu Bett gehen.

> Schlummert ein ihr matten Augen,
> fallet sanft und selig zu.

Welt, ich bleibe nicht mehr hier,
hab ich doch kein Teil an dir,
das der Seele könnte taugen.
Hier muß ich das Elend bauen,
aber dort, dort werd ich schauen,
süßen Frieden, stille Ruh.

Heute abend werde ich es zum letztenmal hören. Ich wollte, ich könnte hier in dieser herrlichen Villa, in dieser frohen Atmosphäre bleiben. Aber morgen fahren wir ab. Die herrlichen Wochen sind vorüber. Wir haben uns Musik angehört, haben Musik gemacht. Jede von uns hat den anderen ein Lied beigebracht. Wir haben ein Theaterstück geschrieben und es aufgeführt, haben ein Puppenspiel inszeniert und die Puppen aus Pappmaché selbst gebastelt. Jede von uns hat über ein Buch ihrer Wahl eine Rede gehalten, und kein einziges davon war Naziliteratur. Wir haben Gedichte geschrieben und aufgesagt, und jede von uns mußte für den Teil eines Tages Führerin spielen. Und wir haben alle Spielzeug gebastelt. Alle möglichen Spielzeuge. Ausnahmsweise waren einmal alle benötigten Materialien und Werkzeuge vorhanden. Wir haben auch Konzentrationsübungen gemacht. Konzentration wird für eine Führerin als wichtig erachtet. Bei diesen Übungen mußten wir den fünfzehn Minuten langen Nachrichtensendungen aus Berlin zuhören. Es war eine Sendung, in der langsam gesprochen wurde für all diejenigen, die mitschreiben wollen. Ich konnte mir nicht vorstellen, daß das irgend jemand will. Doch Irmchen schrieb mit, während wir dasaßen und versuchten, uns alles zu merken. Am ersten Abend konnte sich niemand an mehr als an die ersten fünf Minuten erinnern. Jetzt liegt der Schnitt bei acht Minuten. Nur einmal konnte ich alles behalten.
Unsere Aktivitäten werden individuell bewertet. Heute sind alle fieberhaft dabei, die jeweiligen Arbeiten fertigzustellen. Ich habe ein Puppenhaus gemacht. Ich bin immer noch beim Schmirgeln, aber gleich bin ich soweit und kann es mit zerknülltem Einwickelpapier polieren. Ich weiß, daß ich eine gute Note erhalten werde. Zu gut. «Versprich mir, daß du niemals eine Führerin in der Hitlerju-

gend werden wirst.» Aber unsere Aktivitäten hier sind so harmlos. Vollkommen unpolitisch, außer den Nachrichten. Unser Singen, unsere Theaterstücke, unsere Poesie und vor allem die Spielzeuge tun keinem weh. Und dann höre ich Vati sagen: «Es mag ja sein, daß sie nur singen und Spiele machen. Aber genau diese Lieder und diese Spiele sind dazu bestimmt, dir die Nazi-Philosophie beizubringen.»

Ich schüttle mich zurück in die Wirklichkeit. Heute abend geben wir unsere Arbeiten ab. Morgen wird uns gesagt, ob wir den Kurs bestanden haben und Führerinnen geworden sind. Hier bin ich also wieder – hier, wo ich angefangen habe. Wie kann ich es nur schaffen, da herauszukommen?

Eine nach der anderen wird ins Zimmer von Helen und Irmchen gerufen. Außer den beiden ersten, die nicht bestanden haben, kommen alle triumphierend heraus und schwenken das Statussymbol, eine rot-weiße Schnur mit einer Pfeife, die mit dem Halstuch und dem Lederknoten getragen werden. Ich bin die Letzte, die hereingerufen wird.

«Wir haben dich zuletzt gerufen, weil du das beste Mädchen im Kurs warst.» Helen zieht mich zu sich her, umarmt mich und wendet sich dann Irmchen zu.

«Ach, das weiß sie ja.»

Sie lächeln beide, und ich weiß nicht, was ich tun oder was ich sagen soll.

«Es macht dir doch nichts, wenn wir rauchen?» fragt Helen.

Ich schüttle den Kopf.

«Vielleicht will sie auch eine?» sagt Irmchen, doch Helen unterbricht sie.

«Ach, sei nicht dumm. Sie ist doch noch ein Kind.»

«Ja», sagt Irmchen, «aber ein sehr kluges.»

«Setz dich, kleiner Kamerad. Wir wollen uns ein wenig unterhalten.»

Sie befragen mich über Harrachsdorf, Berlin, meine Eltern. Ich fange an, ein wenig aufzutauen, es gelingt mir, die Tränen zurückzuhalten. Und wir sprechen über Bücher, bis der Gong zum Mittag-

essen ertönt. Ich wollte, ich könnte hierbleiben und müßte nicht zurück. Ich habe gerade zwei Freundinnen gefunden.
«Wir haben uns gefreut, daß du hier warst. Du weißt, daß du mit Triumph bestanden hast ... und hier sind dein Diplom und deine Schnur, die Symbole deines neuen Status als Führerin in der Hitlerjugend.»
Stille.
«Vielleicht will sie gar keine Führerin werden? Hast du sie gefragt?» sagt Helen.
Sie sehen mich beide an. Und es fällt mir sehr leicht, zu sagen: «Nein, ich will nicht.»
Sie brechen beide in Gelächter aus. Ein glückliches, schallendes Gelächter – *die* Reaktion, die ich am wenigsten erwartet hätte. Ihr Gelächter ist so ansteckend, daß ich mitlache, obwohl ich nicht verstehe, was daran so lustig ist. Schließlich gelingt es mir, entschuldigend zu sagen: «Aber es hat mir hier so gut gefallen. Und ... also ...»
«Ist schon gut», versichert mir Helen. «Mach dir keine Sorgen. Wir bringen das schon in Ordnung. Du brauchst keine Führerin zu werden. Du *bist* eine, ob du diese doofe Schnur trägst oder nicht. Wir verstehen dich. Wir werden an Frau Dr. Pfaffenberger und an die Hitlerjugendführung einen Bericht schicken, in dem steht, du wärst so gut gewesen, daß man dich für den nächsthöheren Rang ausbilden sollte.» Ich sehe erschrocken aus, denn sie fügen hinzu: «Wer weiß, wann und wo das stattfinden wird ... wenn überhaupt.»

In der allgemein guten und lautstarken Stimmung beim Packen wurden mir nur wenige Fragen gestellt. Es war genauso, wie Helen vorhergesagt hatte. Alle schienen es für völlig normal zu halten, daß ich für einen höheren Rang ausgebildet werden soll. Alle gratulierten mir, und ein paar sagten, sie würden mich beneiden. Und das war alles.
Ich bin allein im Zug, in der Hand halte ich ein Buch von Edgar Allan Poe – ein Geschenk von Helen und Irmchen, von beiden

signiert. Ich weine. Ich habe zwei Freundinnen gefunden und wieder verloren. Ich weine, weil ich mich noch nie im Leben so verlassen gefühlt habe. Wo sind Vati und Mutti? In Berlin, wo die Bomben fallen. Andere, schnellere Züge überholen den unsrigen, Züge mit graugesichtigen, hageren Soldaten, mit getarnten Geschützen und mit dem alten Spruch, verkratzt und wieder ausgebessert: «Räder müssen rollen für den Sieg.» Einen Augenblick lang taucht draußen die Landschaft in ihren leuchtenden Herbstfarben auf, doch dann wird sie wieder verdeckt durch einen weiteren Truppenzug.

Der Bahnhof von Hirschberg. Um mich herum wimmelt es von Soldaten und Leuten vom Roten Kreuz, die in alle Richtungen rennen. Treppauf, treppab. Auf jedem Gleis steht ein Zug, und die Soldaten klettern über die Gleise, zwischen den Waggons hindurch, sogar untendurch. Ich werde geschoben und gestoßen und bin froh, als ich Pfaffi und Hoffmann entdecke, die gekommen sind, um mich abzuholen.

«Wir haben gedacht, wir gehen mit dir in ein kleines Café», sagt Pfaffi und nimmt meinen Koffer. «Wir haben drei Stunden Zeit, bis unser Zug fährt.»

«Wenn wir einen Platz finden!» sagt die Hoffmann. «Es sieht so aus, als sei die ganze Wehrmacht in Hirschberg eingefallen.»

«Na ja, sie werden gebraucht, und zwar dringend», entgegnet Pfaffi. Die Hoffmann blickt sich verstohlen um. Sie sieht ängstlicher aus, als ich sie jemals gesehen habe. «Wir wollen nicht darüber reden», sagt sie zu Pfaffi. «Nicht hier!»

Auf dem kleinen Platz vor dem Bahnhof wimmelt es von schweren Militärlastwagen, Geschützen, Fahrzeugen aller Art, von Hunderten von Soldaten und Rot-Kreuz-Personal. So viele Leute und Fahrzeuge, daß man das Kopfsteinpflaster nicht mehr sieht. Niemand lacht, niemand lächelt. Alle Gesichter sind erschöpft und abgezehrt. Ich erschrecke, als ich in der Nähe vom Bahnhof ein großes Geschütz entdecke. Soldaten mit Stahlhelmen und Gewehren auf der Schulter bewachen es. Rechnen sie hier mit Luftangriffen? Plötzlich wird mir klar, was das Geschütz bedeutet – die Front rückt näher. Die Furcht erzeugt einen Kloß in meinem Magen. Was ist, wenn ...? Ich gehe zwischen Pfaffi und Hoffmann. Würden sie mich beschützen, oder würden sie wegrennen und mich allein lassen? Plötzlich hasse ich Hirschberg. Ich will zurück in das sichere Harrachsdorf. Und der Kloß in meinem Magen wird größer, als mir klar wird, daß dort auch keiner ist – keiner, der mich beschützt. Na ja, Erika vielleicht, und zumindest sind die anderen Mädchen auch dort.

Das kleine Café ist vollgestopft mit Soldaten. Man sieht sie kaum in dem Zigaretten- und Zigarrenrauch, von dem der niedrige Raum erfüllt ist. Soviel ich erkennen kann, sind nur wenige Frauen da. Die Kellnerinnen benutzen die Arme und die Hüften, um sich einen Weg zu bahnen. Sie lachen und flirten über die Schulter hinweg, und die grinsenden Männer rufen ihnen Bemerkungen nach.

«Wir sollten deine Rückkehr eigentlich feiern», sagt Pfaffi. Sie hat sich zu mir umgewandt, was nicht einfach ist, denn wir sitzen praktisch aufeinander. «Ich habe ein paar Lebensmittelmarken für Kuchen aufgehoben und habe versucht, heiße Schokolade zu bekommen, aber es gibt weder das eine noch das andere. Du mußt dich wohl wie ein Erwachsener mit Kaffee begnügen.»

Wie lieb von ihr und wie undankbar von mir, anzunehmen, sie würde mich einfach zurücklassen und es würde ihr nichts ausmachen. Aber der kleine Teufel in meinem Kopf gibt nicht auf: Was hätten sie denn sonst tun sollen? Mich allein auf dem Bahnhof stehen lassen? Sie kommen ja sowieso immer hierher. Es ist nicht wegen mir. Ich versuche, die Stimme des kleinen Teufels zum Verstummen zu bringen.

Die Stühle, die schon fast aufeinanderstehen, werden noch enger zusammengerückt, als drei Offiziere darauf bestehen, sich zu Pfaffi und Hoffmann zu setzen.

Es ist spät und schon dunkel, als wir am Bahnhof von Polaun ankommen. Die Pferdekutsche vom Hotel *Erlebach* ist da, um uns abzuholen. Nach dem Lärm und dem Durcheinander von Hirschberg ist die Stille hier beruhigend, aber auch verdächtig. Die riesigen Tannen schwanken im Wind, die Sterne leuchten hell, und die

Gummiräder der Kutsche machen ein eigenartiges, surrendes Geräusch. Die Pferde schnauben. Soldaten und Krieg. Der Krieg kommt näher, aber hier scheint er immer noch weit weg zu sein. Ich schlafe ein.

Oktober–November 1944. Die Alliierten sind auf deutschem Boden. Aachen! Die Russen? Manche sagen, sie seien fünfzig Kilometer weit von uns, andere behaupten, sie seien schon in Prag. Wir sind etwa achtzig Kilometer nordöstlich von Prag. Das Gerücht geht um, Herr Erlebach hätte einen vollbeladenen Wagen bereitstehen für eine schnelle Flucht. Was immer man auch glauben mag, eins steht fest: Die Front rückt immer näher. Wir können sie hören. Wenn der Wind richtig steht, können wir das ferne Donnern der schweren Artillerie hören. Zuerst dachten wir, es sei ein Gewitter. Ein Gewitter – wäre das nicht schön? Die Stimmung im Lager ist so dunkel und so grau wie die dicken Wolken am Himmel, die ständig Schnee auf uns herunterfallen lassen. Schnee, Schnee, Schnee. Ich hasse Schnee. Sigrun hat Pfaffi gefragt, ob sie mit der «doofen Gisela» das Zimmer teilen darf. Vor ein paar Monaten wäre dies *das* Lagergespräch gewesen. Jetzt nimmt es niemand so wichtig. Ich bin recht glücklich, denn jetzt teile ich das Zimmer 28 mit Renate Pfaffenberger. Sie kam an, während ich weg war. Glücklicherweise mögen wir uns sofort. Niemand geht mehr skifahren. Es macht keinen Spaß, wenn man nicht in die Berge hochklettern kann. Als wir dies das letzte Mal taten, hat jemand aus dem Hinterhalt auf uns geschossen. Niemand wurde getroffen; trotzdem zieht es uns seitdem nicht mehr in die Wälder. Außerdem hat Pfaffi es strikt verboten. Im Fenster unserer Eingangshalle sind ebenfalls zwei runde Löcher – ohne Zweifel von Gewehrkugeln. Die Furcht, die sich im Lager ausgebreitet hat, kann man fast greifen.

Eines Morgens beim Frühstück fehlt Ruth. Ein paar von uns wissen, daß sie mit Hilfe von Hanni und mir letzte Nacht aus dem Lager ausgerissen ist. Sie ist durchs Badezimmerfenster hinausgeklettert. Eine sorgfältig geplante Flucht. Sie ist jetzt schon mit ihrer älteren

Schwester, die gestern angekommen ist, auf dem Weg nach Berlin. Pfaffi müßte natürlich eine Suchmeldung herausgeben, damit Ruth gefunden und ins Lager zurückgeschickt wird, wenn sie Glück hat. Doch Pfaffi tut so, als würde sie Ruths Abwesenheit nicht bemerken – bis zum nächsten Morgen, als ihr ein wirklich blödes Mädchen tatsächlich erzählt, daß Ruth fehlt. Selbst dann sagt sie nichts, tut nichts, stellt keine Fragen. Sie weiß, daß wir alle Pläne schmieden, entweder einzeln oder in Gruppen, wie wir hier wegkommen, bevor die Russen da sind. Jeder geflüsterte Satz beginnt mit «Wenn die Russen kommen ...» Die Schreckensgeschichten darüber, was die Russen tun, wenn sie kommen, lassen jedem die Haare zu Berge stehen.

Erikas Plan, mit unserem Chor an die Front zu reisen, um die Soldaten zu unterhalten, wurde als zu gefährlich abgelehnt. Was die Ostfront anbelangt jedenfalls. Sie hofft immer noch, daß wir nach Norwegen fahren können. Norwegen? Sie denkt an Norwegen, wo wir alle nur noch daran denken, wie wir unsere Haut retten können! Halt, einen Moment. Wenn ich mir's recht überlege, dann ist Norwegen vielleicht gar keine so üble Idee. Die Furcht wird unerträglich. Wir haben uns schließlich entschlossen, Pfaffi anzusprechen: Gehen wir zurück nach Berlin? Hat sie etwas darüber gehört, ob unser Lager verlegt werden soll? Sie läßt sich Zeit, bevor sie antwortet. Sie sieht in all die verängstigten Gesichter um sich herum. In der Ferne hört man Geschützfeuer. Endlich sagt sie: «Macht euch keine Sorgen. Wir bleiben zusammen. Ich verspreche, daß ich euch sofort Bescheid sage, wenn die Lager verlegt werden sollen. In der Zwischenzeit müßt ihr Ruhe bewahren. Es gibt keinen Grund, sich Sorgen zu machen. Wir sind hier ja alle zusammen.»

Noch nie hat sie weniger überzeugend geklungen, noch nie hat sie so beunruhigt ausgesehen. Wir ahnen, daß sie über unsere Lage genausowenig weiß wie wir.

«Vati! Vati! Vati!» Er ist da. Vati ist gekommen, um mich nach Hause zu holen. Oder will er mich nur besuchen?

Sofort versammeln sich Pfaffi, Erika und Hoffmann um ihn herum und bestehen darauf, sich allein mit ihm zu unterhalten. Ich hasse jede Minute, die er mit ihnen verbringt.

«Ja, ich bin gekommen, um dich nach Hause zu holen», sagt er, als wir endlich allein sind. «Aber es ist nicht so einfach, wie du zu denken scheinst. Wir müssen heute weg. Ich muß morgen zurück sein – komme, was wolle.» Er klingt ernst. «Keiner zu Hause weiß, daß ich hier bin, außer Mutti. Es geht ihr gut, aber ich habe ein Attest mitgebracht, daß sie krank ist und dich braucht. Ich bezweifle, daß dieses blöde Stück Papier etwas nützt, aber wir werden es versuchen. Wenn nicht, dann mußt du es schaffen, das Lager zu verlassen, ohne Verdacht zu erwecken. Es ist sehr wichtig, daß es niemand merkt, bevor ich zurück bin. Andernfalls . . .» Er macht eine Bewegung, als würde er aufgehängt. «Ich kenne eure Lagerroutine nicht, das muß ich also dir überlassen. Diesmal ist's ernst, Igel.»

Ich will, daß er lächelt, aber er tut es nicht.

«Jetzt gehen wir zu Dr. Lauenstein. Wie mir Pfaffi gesagt hat, ist er der einzige, der uns die Erlaubnis geben kann. Wenn er sie uns nicht gibt . . . na ja, damit werden wir uns befassen, wenn es soweit ist.»

Die paar Dorfbewohner, denen wir begegnen, starren uns an. Ein gesunder Mann in Zivilkleidung ohne zumindest das Parteiabzeichen ist in Harrachsdorf ein seltener Anblick. Ich bin nervös und habe wie immer Angst. Vati will wissen, was für ein Mensch der Lauenstein ist, und das, was ich ihm erzähle, gefällt ihm nicht.

«Aber ich glaube, er mag mich», sage ich. «Seit ich einmal als einzige sein Lieblingsgedicht gekannt habe.»

Vati schüttelt nur den Kopf.

Lauenstein schenkte mir ein breites Lächeln, als wir sein Zimmer betraten. Jetzt schreit er immer wieder: «Nein! Nein! Unmöglich!» Er weigert sich, die ärztliche Bescheinigung auch nur anzusehen. Vati schwenkt sie in der Luft herum und wiederholt zum hundertsten Male, daß mich meine Mutter unbedingt braucht. Ihre Stimmen werden lauter und ärgerlicher. Vati bittet ihn nicht, fleht ihn nicht an. Er verlangt die Entlassungspapiere.

«Nein!» schreit der Lauenstein. «Und das ist mein letztes Wort!»

Vati schreit zurück: «Ich kann weder Ihr Verhalten noch Ihre

Entscheidung akzeptieren! Das ist eine Unverschämtheit! Meine Frau ist krank, und Sie verschanzen sich hinter Ihren Bestimmungen und gestatten es meiner Tochter nicht, bei ihrer Mutter zu sein! Ich werde mich unverzüglich an den Bann wenden!»

Dr. Lauenstein hatte inzwischen Zeit, zu Atem zu kommen und meinen Vater zu betrachten. Er hatte gesessen, aber jetzt steht er langsam auf, lehnt sich über den Schreibtisch und sagt bedächtig und drohend: «Wer sind Sie denn überhaupt? Wo kommen Sie her? Warum sind Sie nicht in Uniform? Sie tragen ja nicht einmal das Parteiabzeichen! Solche wie Sie sind es, die unseren Truppen in den Rücken fallen!»

Vati hat meine Hand gepackt und schiebt mich zur Tür hinaus. So laut, daß man ihn in ganz Harrachsdorf hören kann, brüllt er: «Das werden Sie noch früh genug erfahren, das versichere ich Ihnen!»

Wir gehen schnell weg, so schnell wir können, ohne zu rennen. Die drohende Stimme von Lauenstein hat mich genauso erschreckt wie Vatis Auftritt.

«Wo ist das nächste Telefon? Jetzt können wir diesen Bluff genausogut auch zu Ende führen», sagt Vati.

«Willst du tatsächlich den Bann anrufen?»

«Warum nicht? Wir haben nichts zu verlieren. Vielleicht kommen wir mit diesem Bluff durch, doch ich bezweifle es. Aber wir müssen es versuchen. Wer weiß, was dieser Supernazi jetzt tun wird!»

Das kleine tschechische Restaurant, in dem wir nach einem Telefon suchen, ist schäbig und leer, abgesehen von einer alten Frau hinter der Theke. Sie schaut uns mißtrauisch an, dann deutet sie auf eine Telefonzelle in der Ecke.

Nach vielen verschiedenen Telefonistinnen und Sekretärinnen ist der Herr Oberbannführer persönlich am Apparat.

«Mein Name tut nichts zur Sache», sagt Vati. «Ich bin der Vater eines Mädchens, das in einem Kinderlandverschickungslager festgehalten wird, obwohl ihre Mutter schwer krank ist. Ich verlange ihre Freistellung. Und zwar *sofort*!»

Ich kann nicht hören, was am anderen Ende gesagt wird, aber mir wird klar, daß von dort ebenfalls ein «Nein» kommt. Und dann kann ich den Oberbannführer ebenfalls hören, denn er schreit genau wie der Lauenstein: «Es ist unerläßlich, daß in dieser Zeit des Kampfes jeder einzelne auf seinem Posten bleibt und seine Pflicht erfüllt!»

Das reicht Vati. Seine angestaute Wut entlädt sich. «Lächerliche Regeln! Die einzige Pflicht eines Kindes ist es, bei der Mutter zu sein, wenn es gebraucht wird!» Vatis Stimme ist auch lauter geworden. Ich habe von Minute zu Minute mehr Angst, denn ich merke, daß die Frau jedem Wort zu folgen scheint. Vati öffnet die Telefonzelle, um frische Luft hereinzulassen, und zwar genau in dem Moment, als die Stimme vom anderen Ende klar durch den Raum schallt. «Wer sind Sie denn eigentlich, daß Sie auf diese Art mit mir reden? Ich werde Sie sofort festnehmen lassen!»

Vati legt den Hörer auf und sagt etwas, was ich von ihm noch nie gehört habe: «Leck mich am Arsch!»

Die alte Frau sieht ihn an, schüttelt den Kopf, schlägt das Kreuz und verschwindet im Hinterzimmer.

«Natürlich hätte der gerne gewußt, wer ich bin und wo ich bin», lacht Vati. «Aber den Gefallen, ihm das zu erzählen, habe ich ihm nicht getan. Sie schnappen über, weil sie wissen, daß ihre Tage gezählt sind.»

«Aber Vati! Was ist, wenn der Lauenstein ihn anruft?»

«Daran können wir auch nichts ändern! Aber der Lauenstein scheint mir ein Mann zu sein, der ein großes Mundwerk hat und nichts dahinter. Du gehst jetzt zurück ins Lager. Wenn irgend jemand fragt, dann sagst du, ich hätte weggemußt.»

«Aber», unterbreche ich, «heute fährt nur ein Zug, und zwar um zehn Uhr heute abend!»

«Dann sagst du, ich sei bei jemand mitgefahren. Alles, was du weißt, ist, daß ich weg bin.»

«Aber wo bist du?» frage ich entsetzt und erschauere unwillkürlich bei einem Blick auf seinen Lodenmantel und seine leichten Schuhe.

«Im Hotel *Erlebach* natürlich», sagt Vati mit einem breiten, beruhigenden Lächeln. «Wo sonst? Da ist's warm.»

Ich muß um acht Uhr im Hotel *Erlebach* sein. Acht Uhr ist spät, wenn wir den Zug erreichen wollen, aber zu früh, um aus dem Lager wegzukommen. Um die Zeit ist das Abendbrot kaum vorbei. Was ist, wenn man mich schnappt? Und nur ein Gepäckstück – in diesem Punkt war Vati unerbittlich. Nur warme, praktische Sachen, nur das Allernotwendigste. Es ist dumm, ich weiß, aber es macht mich traurig, daß ich so viel zurücklassen muß – vor allem meine Skier. Ich muß Soo-y-ing und Renate einweihen, obwohl Vati mir gesagt hat, ich solle es niemand verraten. Ich *muß*. Soo-y-ing wird vermutlich an der Tür Wache halten, während mir Renate beim Packen hilft. Sie werden meinen Koffer unter ihrer schmutzigen Wäsche verborgen hinuntertragen und ihn dann im Bad verstecken. Sie müssen mich auch durch das Badezimmerfenster schieben.
Das Abendbrot scheint ewig zu dauern. Ich stehe als erste auf, renne in unser Zimmer und werfe Mantel, Schal und Handschuhe in die Nacht hinaus. Ich habe das Fenster noch nicht ganz zu, als ausgerechnet Sigrun hereinkommt.
«Bei *dem* Wetter machst du das Fenster auf?»
«Ich wollte nur nachsehen, ob es auch fest zu ist.» Ich lasse sie stehen und renne hinunter, geradewegs in die Arme von Pfaffi.
«Dein Vater ist wirklich ein interessanter Mann», sagt sie. Sie ist offensichtlich zu einem gemütlichen Plausch aufgelegt. Sie redet und redet, während mir der Boden unter den Füßen brennt. Schließlich höre ich sie sagen: «Bitte sag ihm, er soll morgen noch einmal bei mir vorbeikommen.»
«Aber er ist schon weg», stammle ich.
«Na ja, richte ihm herzliche Grüße aus, wenn du ihn siehst.»
«Aber ich sehe ihn nicht mehr . . .»
«Na, dann eben, wenn du ihm schreibst.»
«Wo in aller Welt hast du denn gesteckt?» flüstern Soo-y-ing und Renate.
«Deine Mutter . . .»
«Na, egal. Schnell, oder du verpaßt den Zug. Ich beneide dich nicht um den Marsch durch den Wald ganz alleine zu dieser Zeit – und mit dem Koffer!»

Ich habe ein plötzliches Verlangen, ihnen die Wahrheit zu sagen – daß Vati mit dabei ist und nicht, wie ich erzählt habe, in Hirschberg auf mich wartet. Aber ich klemme schon im Fenster, kann mich nicht rühren, bis sie mir einen schmerzhaften Stoß versetzen. Ich stecke bis zu den Achseln im Schnee. Er ist fast zwei Meter hoch und gibt ein gutes Kissen ab. Hier kommt der Koffer. Plumps. Ich höre, wie das Fenster zugemacht wird. Allein. Wo zum Teufel ist mein Mantel? Ich finde ihn und auch die Handschuhe. Doch der Schal bleibt verschwunden. Egal.

Schneller, Ilse, schneller, treibe ich mich selbst an. Es ist schon acht Uhr. Aber der Koffer ist zu schwer, und es ist unmöglich, in den vereisten Schlittenrinnen zu gehen. Ich stolpere auf das Hotel *Erlebach* zu.

Die Halle des Hotels sieht heute abend besonders warm und freundlich aus. In dem riesigen Kamin brennt ein Feuer, und der Raum ist voller Pfeifen- und Zigarrenrauch. Die Offiziere, die ums Feuer herum sitzen, trinken heißen Punsch und lachen.

«Wo warst du denn bloß?» Vati schlägt die Augen zur Decke. «Ich dachte schon, ich müsse dein Lager stürmen.»

Jetzt, wo wir bereit sind, kommen wir nicht weg, weil Herr Erlebach mit Vati reden will. Er ist etwa gleich alt und hat die gleiche Figur wie mein Vater. Ein gutaussehender Mann in tadelloser Uniform und glänzenden Stiefeln.

«Ich sehe, daß Sie uns verlassen wollen, Herr Koehn! Bitte grüßen Sie die Hauptstadt von mir und versorgen Sie uns weiterhin mit Strom!» Er schüttelt Vatis Hand, klopft ihm auf den Rücken und tätschelt mir den Kopf. «Ich hoffe, daß Sie uns wieder beehren werden, wenn Sie jemals wieder hierherkommen in unsere Wälder. Heil Hitler!» Er schlägt zackig die Hacken zusammen und geht wieder zurück zu den Offizieren.

Ich hatte ihre spöttischen Blicke bemerkt, aber sie wenden sich wieder Herrn Erlebach zu. Warum ist der bekannteste Nazi hier im Dorf so freundlich zu Vati? Aber jetzt ist nicht die Zeit, danach zu fragen. Wir gehen. Vati nimmt unsere Koffer, aber von meinem behält er nur noch den Griff in der Hand. Wütend und geräuschvoll zieht er die Luft ein. Jemand bietet ihm an, Schnur zu holen, doch wir warten nicht.

Draußen ist es dunkel und bitter kalt. Keine Menschenseele ist zu sehen. Der Schnee, der zu beiden Seiten der Straße hoch aufgehäuft daliegt, glitzert. Ich gehe voran, Vati hinter mir mit einem Koffer auf der Schulter und dem anderen in der Hand. Wir rutschen und stolpern zum Zug. Werden wir es schaffen?

Wir müssen anhalten, damit Vati den Koffer auf die andere Schulter umladen kann. Die Zeit verrinnt. Langsam lassen wir Harrachsdorf hinter uns. Viel zu langsam. Normalerweise ist es ein zweistündiger Marsch. Wir haben viel weniger Zeit. Wir müssen die Abkürzung benutzen, einen Trampelpfad, der auf einen steilen Hügel führt und oben wieder auf die Straße trifft. Es ist ein vereister und tückischer Aufstieg. Zeitweilig kriechen wir auf allen vieren und bemühen uns, die Koffer zwischen uns festzuhalten. Um Himmels willen, laß bloß die Koffer nicht los! Halt sie fest! Ja, ich halte sie fest!

Eine dunkle Gestalt erscheint, kommt näher. Ist es jemand, der uns zurückholen will? Haben sie es schon entdeckt? Es ist ein Mann mit einer Aktentasche, der uns höflich bittet, ihn vorbeizulassen.

«Das ist doch der Weg zum Bahnhof von Polaun, nicht?» erkundigt sich Vati. Ich weiß, was er vorhat.

«Wenn Sie den Zug erreichen wollen», kommt die Antwort, «dann müssen Sie sich beeilen. Wenn sie oben ankommen, sehen Sie die Straße. Man kann sie nicht verfehlen.»

Vati bittet um Hilfe, und der Mann willigt ein, den Koffer mit dem Griff zu tragen. Er ist schnell. Wir haben Schwierigkeiten, ihm zu folgen.

Er erreicht die Straße lange vor uns und stellt dort den Koffer ab. «Tut mir leid», ruft er zu uns herunter, «aber ich muß den Zug erreichen, und *damit* schaffe ich es nie!» Er ist in der Dunkelheit verschwunden, bevor wir bei dem Koffer ankommen.

Vati packt ihn am Griff, nimmt meinen auf die Schulter und taumelt mit beiden Koffern auf der vereisten Straße vorwärts. Es sieht aus, als würde er einen verrückten Tanz vollführen, bevor er wieder das Gleichgewicht gefunden hat. Ich stolpere hinter ihm her. Als wir anhalten, läßt er mich seinen Koffer tragen. Abwechselnd trage, schiebe und ziehe ich ihn. Wir sind völlig außer Atem und schwitzen, trotz der Kälte, und unser Atem bildet sichtbare Wölkchen. Wir halten an. Vollkommene Stille umgibt uns. Es ist dunkel, abgesehen von der gespenstischen Reflektion des Schnees. Das plötzliche Knacken der froststeifen Fichten klingt wie Schüsse. Vatis Stimme ist hohl und zu laut.

«Guter Gott! Wie weit ist denn dieser Bahnhof weg?»

«Nur noch zwei oder drei Biegungen.» Ich versuche, überzeugend zu klingen. Aber wie alle Straßen in den Bergen schlängelt und windet sich auch diese dahin. Jedesmal, wenn wir um eine Biegung kommen, liegt die nächste vor uns, und noch immer ist kein Bahnhof zu sehen. Wir wiederholen dieselbe Frage und dieselbe Antwort:

«Wie viele noch?»

«Nur eine. Nur noch eine.»

Vati hält an, seufzt. «Was hast du denn eigentlich da drin? Backsteine? Habe ich dir nicht gesagt, du sollst nur das Allernotwendigste mitnehmen?» Er setzt sich auf den Anstoß erregenden Koffer und will sich eine Zigarette anzünden. «Sehen wir der Tatsache ins Gesicht: Wir schaffen es nicht mehr.»

Ich ziehe jetzt beide Koffer, und er kommt mir nach.

«Du weißt, daß ich das nicht zulassen kann.»

Wir setzen uns wieder in Bewegung, und ich rede und rede. Der Bahnhof *muß* einfach hinter der nächsten Biegung liegen. Nur noch eine Kurve. Wir bringen drei hinter uns, dann weigert Vati sich, weiterzugehen, und zündet seine Zigarette an. Ich versuche, ihn und auch mich zu überzeugen: «Siehst du den komischen Baum dort? Das ist eine Landmarke! Wir sind fast da!»

Er rührt sich nicht. Wischt sich über die Stirn.

«Vielleicht hat der Zug Verspätung. Bestimmt hat er das, sonst hätten wir ihn schon gehört.»

«Bist du sicher?»

«Ganz sicher! Man hört ihn bis nach Harrachsdorf.»

«Gut. In diesem Fall machen wir noch einen letzten Versuch.»

Schneller als während der letzten Stunde gehen wir auf die letzte – das hoffen wir wenigstens – Biegung zu.
«Da ist er!» Ich wollte, ich könnte schreien, aber ich kann nur noch keuchen. «Die Laterne, das Holzhaus, das ist der Bahnhof.»
In diesem Augenblick durchdringt ein langgezogenes Pfeifen die Stille, und helle Lichter kommen auf uns zu. Prustend und keuchend hält der Zug am Bahnhof an. Noch dreihundert Meter!
Der Schaffner, der draußen hängt, sieht an den Waggons entlang in die andere Richtung. Wir müssen es schaffen, ihn auf uns aufmerksam zu machen! Ich kann nicht schreien, deshalb renne ich, renne schneller als je zuvor. Als ich ihn erreiche, kann ich nur verzweifelt auf den Wald deuten, wo Vati gerade erscheint.
«Bitte!» keuche ich. «Bitte warten Sie ... Mein Vater ...!»
«Schnell, Mann!» ruft der Schaffner. «Wir haben schon Verspätung!»
Vati kämpft sich näher. Der Zug setzt sich in Bewegung und stößt große Dampfwolken aus.
Der Schaffner schreit: «Spring auf, Mann! Mach schnell!»
Die Lokomotive fährt vorbei. Ich kann nichts mehr machen – keine Kraft. Hilfreiche Hände strecken sich aus. Ich werde hochgehoben, gezerrt, fühle hartes, kaltes Metall. Ich bin im Zug. Aber Vati! «Vati!»
Er rennt nebenher, beladen mit den verfluchten Koffern. Der Zug fährt schneller. Ich werde ins Innere und aus dem Weg gedrängt. Etwas trifft mich. Der Koffer – die beiden Koffer – und dann ist Vati neben mir. Wir haben es geschafft.
Wir schwanken mit dem Zug, sind nicht in der Lage, uns zu rühren oder etwas zu sagen. Wir haben den Zug erreicht, den einzigen, der uns nach Hirschberg bringen kann, und dann weiter nach Berlin – nach Hause!
Der Rest ist ganz verschwommen. Leute, Soldaten, das Durcheinander in Hirschberg. Schließlich sind wir im Zug nach Berlin, eingeklemmt in der Toilette. Der Zug ist bis zum äußersten vollgestopft – die Soldaten hängen zu den Fenstern und den Türen hinaus. Es gibt kein Licht, nur die Taschenlampen der SS-Patrouillen, die

die Papiere aller Leute kontrollieren. Nur unsere nicht. Wir stehen hinter der Toilettentür. Es herrscht ein unvorstellbarer Gestank, aber wir werden nicht belästigt.
Der Zug hat angehalten. Wir sind noch nicht in Berlin, noch lange nicht, aber da ich nichts sehen kann, weiß ich nicht, wo wir sind.
Vati flüstert mir ins Ohr: «Weißt du, wie du vom Bahnhof Gesundbrunnen nach Hause kommst?»
Ich nicke.
«Gut. Ich muß jetzt aussteigen. Ich schreibe dir.»
Bevor ich etwas sagen kann, ist er in der Menschenmenge verschwunden.
Zwar überrascht mich sein plötzliches Verschwinden, aber ich bin überzeugt, daß ihm nichts anderes übrigblieb, denn höchstwahrscheinlich hat er seine Arbeitsstelle ohne Genehmigung verlassen ...

Als einziger Spezialist für Hochspannungskabel hatte Vati einige Bewegungsfreiheit, die er ausnutzte, um das Zwangsarbeitslager zu verlassen. Nachdem er mich aus dem KLV-Lager abgeholt hatte, ging er zurück nach Zerbst. Später erklärte er mir: «Was hätte ich denn sonst machen sollen? Wenn man mich ohne Papiere erwischt hätte, hätte man mich auf der Stelle erschossen, und ich wußte keinen Ort, wo ich mich hätte verstecken können.»
Als er zurückkehrte, erwartete ihn schon das SS-Erschießungskommando. Aber der OT-Bauführer schaltete sich ein. Erst müsse Herr Koehn die Kabel reparieren, die beim letzten Luftangriff beschädigt worden waren. Erst dann könnten sie ihn erschießen.
Aber bei den täglichen Luftangriffen wurden die Kabel immer von neuem beschädigt, sobald sie wieder in Betrieb waren, und so wurde seine Hinrichtung immer wieder aufgeschoben.

Kapitel 11

1944–1945

Berlin

November–Dezember 1944. Bahnhof Gesundbrunnen. Hinter einem der Fahrkartenschalter sitzt Mutti, aber ich kann nicht zu ihr hin. Die stoßenden, schiebenden, ungeduldigen Leute lassen mich nicht durch.
«Du Göre! *Du* wartest in der Schlange wie alle anderen auch, hörst du?» Der fette Offizier stellt sich mir in den Weg. Andere folgen, und ich werde mit bösen Blicken und noch böseren Bemerkungen bedacht. Ich bin zu müde, um mich zu wehren, und warte, bis ich an der Reihe bin. Sie ist so beschäftigt! So beschäftigt, daß sie meine Stimme nicht gleich erkennt. Ich sage: «Zwei Fahrkarten nach Lübars bitte!» und sie antwortet automatisch: «Lübars hat keinen Ba . . . Ilse!»
Sofort kommen ärgerliche Proteste von denen hinter mir: «Können die ihre Familienszenen nicht irgendwo anders abhalten? Ausgerechnet jetzt! Weiter! Um Himmels willen! Ich muß meinen Zug erreichen! Was ist los? Schnell! Schneller!»
Und dann sitze ich für zwei endlose lange Stunden neben ihr in der winzigen Kabine. Zwei Stunden, in denen sie keine einzige Sekunde Zeit hat, mit mir zu reden. Und dann, auf dem Weg nach Hause, sind ihre ersten Worte:
«Warte nur, bis du das Schwein siehst!»

Das Schwein, das Schwein, das Schwein. Ich habe noch den Koffer in der Hand, da zieht mich Großmutter schon zu dem früheren

Abstellraum bei der Veranda, um mir Jolanthe, das Schwein, zu zeigen.
«Was hältst du von dem Schwein?» ist Großvaters erste Frage, als er nach Hause kommt. Während des ganzen Abendbrots muß ich mir anhören, wie viele Würste und wieviel Pfund Speck und Fleisch Jolanthe liefern wird. Wie schwierig es war, die Erlaubnis zur Aufzucht zu erhalten, und daß es nur deshalb gestattet wurde, weil der Staat beim Schlachten zwei Drittel des Schweins erhält und wir nur ein Drittel.
«Hat Ernst dich bis zum Bahnhof Gesundbrunnen gebracht?» will Großvater plötzlich wissen, und er glaubt mir nicht, als ich ihm erzähle, daß ich nicht weiß, wo Vati ausgestiegen ist.
«Warum weißt du das nicht?» schreit er, doch dann beruhigt er sich. «Na ja, jetzt bist du ja da. Aber was sollen wir mit dir machen? Ohne Lebensmittelkarten kannst du nicht hierbleiben. Und du mußt zur Schule gehen!»
«Bah!» unterbricht Großmutter. «Wir werden sie schon durchfüttern! Was redest du denn da? Und was ist mit der Schule?»
«Ich sage, daß ich keine Schwierigkeiten will!» Er hebt wieder die Stimme. «Ich will keine Schwierigkeiten mit einem der Supernazis, die überall herumschnüffeln. Ihr spinnt, wenn ihr meint, wir könnten sie hierbehalten, ohne daß es jemand erfährt. Grete muß sofort die Genehmigung beantragen. Hörst du, Grete?»
«Ja, ich habe es gehört. Du brauchst nicht zu schreien», antwortet Mutti erschöpft. «Ich habe ausgemacht, daß mich morgen jemand vertritt, damit ich weg kann.»
«Vergiß nicht, die Unterlagen für das Schwein mitzunehmen. Die gefälschten Arztbescheinigungen kannst du vergessen, vor allem, weil du ja arbeitest. Aber vielleicht ist das Schwein eine Hilfe. Sie benötigen Leute wie uns, um die Wehrmacht zu verpflegen. Weiß Gott, Großmutter braucht Ilses Hilfe. Das müßte genügen. Nicht, daß wir nichts zu essen hätten für sie, aber ohne offizielle Genehmigung kann sie nicht hierbleiben. Und sie *muß* zur Schule gehen.»
«Morgen sind vielleicht die Russen hier, und du redest über die Schule! Schule!» schimpft Großmutter. «Nichts als Unsinn und

Humbug. Was ist, wenn Grete die Papiere nicht bekommt, hm? Was willst du dann tun? Sie wieder zurückschicken? Du weißt genausogut wie ich, daß wir Ilse hierbehalten werden.» Großmutter steht auf und beginnt, den Tisch abzuräumen.
«Ich habe nur gesagt, daß ich keine Schwierigkeiten will!» schreit Großvater und schlägt mit der Faust auf den Tisch.
Mutti beginnt zu weinen.
«Ich habe doch *gesagt*, ich würde morgen die Papiere besorgen», schluchzt sie. «Was soll ich denn sonst noch machen? Mein Gott! Ilse ist gerade erst gekommen, und jetzt schreist und brüllst du schon herum.»
«Ach, hör um Himmels willen auf zu heulen. Mach dir keine Sorgen. Geh ins Bett», sagt Großmutter von der Küche her.
Großvater steht auf. «Hör mit dieser verdammten Heulerei auf! Hast du nicht gehört, was sie gesagt hat? Kann ich in diesem Haus denn nichts mehr sagen, ohne daß alle in Tränen ausbrechen?» Er knallt die Schlafzimmertür hinter sich zu.
Mutti ist in der Küche und weint immer noch. «Warum muß er immer so unwirsch sein? Was erwartet er denn von mir?»
«Du weißt, wie er ist», sagt Großmutter, «er meint es nicht so.»

Mutti und ich umarmen uns im Bett und halten uns in der Dunkelheit an der Hand. «Zumindest sind wir jetzt zusammen.»
«Ja, jetzt sind wir zusammen.» Muttis Hand wird schlaff. Sie ist eingeschlafen. Ich denke an Hermsdorf und an Vati. Wo ist er? Wo ist er hingegangen? In Hermsdorf ist jetzt keiner mehr. Ich wollte, der Krieg wäre vorbei und wir könnten alle wieder zusammen sein. Ich weine sehr, sehr leise, damit ich Mutti nicht aufwecke.
Mutti und Großvater sind weg, als ich aufwache. Ich finde Großmutter in der Küche. Auf dem Fensterbrett kühlt gerade ein Kirschmandelring ab. Ein schwerer Eisentopf steht auf dem Kohleherd. Der Topfdeckel hebt und senkt sich, und übelriechende Schwaden ziehen durch die Küche.
«Das stinkt ja schrecklich! Was ist denn das?»
«Schweinefutter ist kein Parfum», lacht sie und gibt mir ein Stück

Kuchen. Der Kuchen ist köstlich, wie alles, was sie backt. Wie kann sie solche herrlichen Sachen machen und zur gleichen Zeit mit einer derartigen Häßlichkeit leben? Sie lehnt sich gegen den wackligen Küchentisch mit seiner rissigen und welligen Linoleumoberfläche. Kratzer von vielen Messern. Eine neue Welle des Gestanks durchzieht die Küche, als sie den Topf vom Feuer nimmt und den Inhalt in einen Eimer schüttet. Ich folge ihr in den Schweinestall, wo sie das Futter in den Trog gießt und das schmutzige Stroh mit einer Mistgabel wegschiebt. Sie lehnt sich auf die Mistgabel und sieht mit offensichtlicher Befriedigung Jolanthe zu, die ihr Futter aufschlabbert. «Komm, wir machen einen Spaziergang. Ich zeige dir den Garten.»

Die Veranda, einst ein Platz, wo man am Wochenende Kaffee trank, steht voll mit Holzkisten, Körben, Eimern und Schüsseln. Sie quellen über von Fallobst, Äpfeln, Birnen, Pflaumen, und Bohnen, Salat und Kohl, riesigen Mengen von Kohl.

«Du kannst mir helfen, Sauerkraut zu machen. Siehst du, wieviel zu tun ist? Wir müssen auch Marmelade machen, bevor die Pflaumen und die Äpfel vollends verfaulen.»

Arm in Arm gehen wir auf dem schmalen Gartenweg, und wohin ich auch gucke, sehe ich das welke, braune Kraut von Kartoffelpflanzen.

«Ja, wir müssen sie herauskriegen, bevor der Frost kommt.»

«Unter den Bäumen hast du vorher nie etwas angepflanzt.»

«Ich weiß, aber wer weiß, was noch kommt? Was immer es sein mag – es ist bestimmt nichts Gutes. Wir haben versucht, jedes bißchen Boden auszunutzen. Wer lebt, muß auch essen, stimmt's?»

Der Garten leuchtet in wunderschönen Herbstfarben. Die Bäume und die Beerenbüsche sind leer, aber die Bohnen hängen immer noch an ihren Stangen.

«Was ist das da drüben?»

«Zuckerrüben. Weißt du nicht mehr? Aber sie sind die Mühe kaum wert. Hundert Pfund Rüben und ein ganzer Tag Arbeit für ein Pfund Zucker. Nein danke, nie mehr. Das ist der letzte Rest; einen

Teil davon verfüttern wir an Jolanthe, und aus den übrigen machen wir Zuckerrübensirup.»
Großmutter wartet, während ich auf meinen Lieblingsapfelbaum, den Boskop, klettere. Von hier aus habe ich freie Sicht auf drei Gärten, die Wiese und die Felder dahinter. Zwanzig, fünfundzwanzig Kilometer weit Felder, bis zu den Wäldern am Horizont, ein buntes Band vor dem blauen Himmel. Lübars, das etwa drei Kilometer weit entfernt liegt, sieht aus wie ein Spielzeugdorf. Der Heuwagen von Bauer Neuendorff vollendet das ländliche Bild. Die Pferde trotten langsam die Straße entlang, dieselbe Straße, an der unser Haus liegt. Zerstörung, Krieg und Luftangriffe scheinen in diesem Moment unwirklich.
«Glaubst du, daß es heute nacht Alarm gibt?» frage ich Großmutter mit einer Mischung aus Furcht und der lächerlichen Hoffnung, die man nicht zugeben kann, der Hoffnung, das irgend etwas geschehen wird.
«Vermutlich», antwortet sie gleichmütig, als spräche sie über das Wetter.
«Hast du jemals Angst, Großmutter? Ich meine, bei einem Luftangriff?»
Sie zuckt die Achseln. «Ich? Du kennst mich doch. Ich habe keine Angst. Man kann ja doch nichts tun. Wenn's einen treffen soll, dann trifft's, ob man nun im Bett liegt oder in den Keller geht.»
Auf dem Weg zurück zum Haus wirft sie den Hühnern eine Handvoll Körner zu, stopft Heu in die Kaninchenställe. «Ich habe gedacht», sagt sie, «du könntest eigentlich mal zu den Watzlawiks hinüberlaufen. Eberhard müßte zu Hause sein. Er geht in Oranienburg zur Schule. Er soll dir etwas darüber sagen.»
«Aber ich kenne ihn nicht, und Frau Watzlawik kenne ich nur vom Sehen.»
«Was hat denn das damit zu tun?»
Die Watzlawiks – Vater, Mutter und Sohn – begrüßen mich, die Mutter und der Vater so, als wäre ich ihre lang verschollene Tochter. Frau Watzlawik, eine große, füllige Frau, umarmt und küßt mich und wiederholt immer wieder: «Ach, ich bin so froh, daß du

da bist. Ich bin so froh, daß du da bist.»

Herr Watzlawik, kleiner als seine Frau, ist ein dünner, traurig aussehender Mann. Ich habe ihn noch nie getroffen, aber auch er umarmt mich und sagt: «Wir machen uns so viel Sorgen um Eberhard. Es ist so ein weiter Weg allein, und die Luftangriffe . . . Gott bewahre, aber wenn ihm irgend etwas passieren würde, wüßten wir nicht einmal, wo wir nach ihm suchen sollten. Jetzt ist wenigstens jemand aus der Nachbarschaft da – oder noch besser – genau von gegenüber, der mit ihm zur Schule geht.»

«Ach, ich bin so froh, daß du da bist», wiederholt die Mutter.

Eberhard, der hinter seinen Eltern steht, schneidet Grimassen, zuckt in komischer Verzweiflung die Achseln, während seine Eltern mich ausfragen, alles über mein Lager wissen wollen, wie ich zurückgekommen bin usw. Ich sage ihnen nicht, daß ich aus dem Lager ausgerissen bin, nur daß Mutti heute versucht, meine Papiere zu bekommen.

«Du gehst morgen einfach mit Eberhard zusammen hin», sagt Herr Watzlawik. «Sag, du würdest die Papiere später bringen. So haben wir es bei ihm auch gemacht. Ich bin von Pontius zu Pilatus gerannt wegen seiner Aufenthaltsgenehmigung, und in der Schule haben sie nach seinen Papieren nicht einmal gefragt. Nicht ein einziges Mal. Die Ämter machen es einem so schwer, aber in der Schule scheint es niemand zu interessieren. Stimmt's?» Eberhard nickt, und sein Vater fährt fort: «Er sollte eigentlich nicht hier sein, aber wir haben ihn von seiner Tante auf dem Land zurückgeholt nach Hause. So wie die Dinge laufen, wollen wir zusammen sein. Wenigstens können wir dann zusammen sterben.»

«Papa!» ruft Frau Watzlawik, und das Lächeln verschwindet aus ihrem Gesicht. «Papa, sag das nicht! Ich habe *so* schon genug Angst!»

«Wir müssen den Tatsachen ins Auge sehen, meine Liebe. Es nützt nichts, den Kopf in den Sand zu stecken. Tatsache ist, daß wir den Krieg verlieren. Warum sollten wir das nicht zugeben? Die Russen sind in Küstrin, die Alliierten in Mühlhausen. In ein paar Tagen, spätestens in ein paar Monaten, sind sie hier. Wenn uns die Russen

vor den Alliierten erreichen . . .» Er bricht ab. «Tja, ich wäre lieber tot, als ihnen lebend in die Hände zu fallen.»
«Papa! Papa!» ruft Eberhards Mutter. «Sag so etwas nicht, sonst sind wir schon tot, *bevor* irgend jemand hier ist.» Frau Watzlawik setzt sich und schlägt die Hände vors Gesicht.
«Mama! Mama! Er meint es nicht so.» Eberhard hat den Arm um seine Mutter gelegt. Jetzt dreht er sich ärgerlich zu seinem Vater um. «Du weißt doch, wie sie sich aufregt, wenn du so redest!»
Sein Vater steht am Fenster, mit dem Rücken zu uns, und ballt die Hände. Ich weiß, daß alle Angst haben, niemand weiß genau, was geschehen wird, aber alle fühlen, daß das Ende naht. Aber hier bei den Watzlawiks ist es mehr, hier ist es irgendwie anders, aber ich weiß nicht wie.
Eberhard begleitet mich hinaus. «Ich hoffe so sehr, daß die westlichen Alliierten vor den Russen hier sind, du auch? Denn wenn die Russen die ersten hier sind, dann bringt mein Vater uns alle um.»
«Er meint es nicht ernst! Das kann er doch nicht!» Ich kann das nicht glauben.
«Doch, das tut er. Das tut er wirklich», sagt Eberhard ernst, dann lächelt er plötzlich. «Wie dem auch sei, ich freue mich, daß wir zusammen zur Schule gehen. Ich fahre mit dem Zug um sieben Uhr ab Waidmannslust. Das bedeutet, daß man hier den Bus um sechs Uhr fünfunddreißig nehmen muß. Du kommst doch, oder?»
«Ja, ich glaube. Ich denke schon.»
Großvater und Mutti sind da, als ich zurückkomme. Ich sehe an ihren Gesichtern, daß Mutti die Papiere nicht bekommen hat. Sie sieht enttäuscht aus und sehr, sehr müde. Sie haben sie beim Bann herumgeschickt, sie von einem Zimmer zum anderen verwiesen, aber nie zum richtigen, wie es scheint. «Wie unhöflich sie waren», sagt sie. «So hat mich noch *nie* jemand behandelt. Diese *Schweine*!» Und Mutti weint – vor Wut und Enttäuschung, aber auch vor Erschöpfung.
«Iß, Grete, iß!» drängt Großmutter. «Iß, bevor dein Essen kalt wird.»
Aber Mutti schiebt den Teller weg. «Ich bin zu müde zum Essen.

Ich glaube, ich gehe ins Bett. Weckt mich um sechs, falls ich den Wecker nicht höre. Ich komme erst übermorgen wieder nach Hause, weil ich doch die Schicht getauscht habe. Und das alles, ohne etwas zu erreichen! Ich wollte, alles wäre vorüber. Alles.»
«Die Watzlawiks haben gesagt, ich soll einfach morgen mit Eberhard in die Schule gehen.»
Mutti nickt. «Ich nehme an, daß das das Beste ist. Was sollten wir denn sonst machen?» Dann werden ihre Augen plötzlich ganz groß vor Angst. «Aber was ist, wenn sie schon erfahren haben, daß Ilse ausgerissen ist? Was ist, wenn man eine Suchmeldung herausgegeben hat? Wir können sie nicht alleine gehen lassen!»
«Was ist wenn? Was ist wenn?» spottet Großvater. «Natürlich kann sie alleine gehen. Außerdem geht sie mit Eberhard. Sie ist alt genug. Als ich so alt war wie sie ...»
Muttis Aufschrei unterbricht ihn: «Das wissen wir alles, Vater! Wir wissen, was du alles getan hast, aber damals war kein Krieg, und es gab keine Nazis.»
«Ich würde mit ihr hingehen», sagt Großmutter. «Aber ich erwarte morgen eine Kohlenlieferung, und ihr wißt, daß wir keine Kohlen haben über den Winter, wenn niemand zu Hause ist, wenn sie kommen. Außerdem war ich in der Schule noch nie zu viel nütze», lacht sie. «Vom Lernen bekommt man nichts in den Bauch.»
«Ilse geht alleine. Und das ist mein letztes Wort», sagt Großvater und fügt hinzu: «Und mal angenommen, sie finden heraus, daß sie weggelaufen ist? Was können sie einem Kind schon tun?» Er wendet sich zu mir und verkündet: «Du sagst, was dir Herr Watzlawik gesagt hat, daß du die Papiere später bringst. Und erwähne deinen Vater nicht! Hörst du? Erwähne deinen Vater nicht. Wenn sie dich fragen, dann bist du alleine nach Hause gekommen.»
Mutti schläft. Ich will mit ihr reden, will sie so viele Dinge fragen, aber ... der schrille Ton der Sirenen, Vorwarnung. Vollalarm folgt unmittelbar danach, und die Luft vibriert schon vom Summen der Flugzeuge und dem Krach der Flak. Wir packen unsere Taschen und stolpern halb angezogen in den Keller. Das Haus zittert. Großvater kommt angerannt, schlägt die Tür zu und keucht: «Sie haben

Weihnachtsbäume abgeworfen, um das Zielgebiet zu markieren, und wir sind genau in der Mitte, Gott helfe uns.»
«Weihnachtsbäume?»
«Grüne Leuchtbomben, die aussehen wie Feuerwerksbäume», erklärt Großmutter. «Die Aufklärungsflugzeuge werfen sie ab, um die nachkommenden Bomber zu leiten. Aber wir wissen nicht sicher, ob sie in die Nähe kommen. Bei Nacht kann man das schlecht sagen.» Sie packt eine Handvoll Bohnen aus einem in der Nähe stehenden Korb, öffnet die Schote mit dem Daumennagel und wirft die schwarzgefleckten Bohnen in eine Schüssel.
Ein Schwall von Krach und Schüssen überfällt uns, es wird laut, noch lauter und schließlich ohrenbetäubend. Neue, beängstigende Geräusche mischen sich mit denen der inzwischen altbekannten Flak. Nie mehr werde ich mir einen Fliegeralarm wünschen, wenn wir diese Nacht überleben. Jetzt ertönt ein heiseres, rollendes Geräusch, als ob man eine riesige Kette über ein Metalldach zöge. Rumm! Bomben fallen, Detonationen erschüttern die Erde, das Licht geht aus, Putz fällt ab.
«Das war ganz in der Nähe», sagt Großmutter, ohne die Spur eines Gefühls in der Stimme. «Wo ist die Kerze?» Sie findet sie selbst und zündet sie an. Die Kerze flackert, gespenstische Schatten tanzen umher. Das Geräusch draußen schwillt zu neuen Kreszendos an, schwillt wieder ab. Feuerwehrwagen schrillen in der Ferne. Entwarnung. Wir haben überlebt. Aber die Schule brennt, die Volksschule, die jetzt ein Krankenhaus ist, wurde getroffen.
Wir liegen noch nicht länger als eine Stunde im Bett, als ein neuer Alarm gegeben wird. Aber die Bomben fallen irgendwo anders. Es ist halb fünf, als wir schließlich wieder ins Bett kommen. Anderthalb Stunden Schlaf.

Natürlich verschlafen wir, vielmehr bleiben wir zu lange im Bett. Eberhard und ich müssen zum Bus rennen, und dann kommen wir fast nicht hinein, so voll ist er. Dasselbe passiert beim Zug. Zwischen Massen von ausgemergelten Menschen, eingepfercht wie Vieh, schwanken wir hin und her, während der Zug dahinrattert.

Ich hatte aufgeregte Unterhaltungen über die Angriffe der letzten Nacht erwartet, aber ich höre nur unzusammenhängende Sätze.
«Mann! Diesmal hat es zur Abwechslung den Norden erwischt!»
«Nee! Das war ein Irrtum. Es war wie gewöhnlich für die Stadtmitte bestimmt. Vielleicht sind ihre Markierungen abgetrieben – es war sehr windig. Oder jemand hat Mist gemacht.»
«Ja!» kommt es aus einer anderen Ecke. «Das war ein Feuerwerk heute nacht, ein Höllenspektakel, und dabei haben sie nur Gärten getroffen – und die Schule in Lübars. Kleine Ausbeute, würde ich sagen. Sie hatten das Feuer in null Komma nichts unter Kontrolle. Niemand verletzt.»
«Aber Anhalter Bahnhof! Du lieber Himmel! Den hat's in der zweiten Runde erwischt! Den Luftschutzkeller. Dreihundert Leute. Vor einer Stunde, als ich vorbeifuhr, waren sie immer noch am Graben.»
«Das war ein Volltreffer, ich weiß. Die Mühe, dort zu buddeln, könnten sie sich sparen – sie finden doch nur Leichen.»
«Richtig! Und dann müssen sie die *noch einmal* begraben!»
Die Stimmen sind schläfrig, unbeteiligt, sachlich.
Oranienburg ist Endstation. Die Schule, ein altes Backsteingebäude, liegt gleich neben dem Bahnhof. Ein riesiges rotes Kreuz in einem weißen Quadrat ist auf die Wand gemalt. Nur das Hauptgebäude wird noch als Schule benutzt; der Rest – Anbauten, Turnhalle und Aula – ist zu einem Krankenhaus umfunktioniert worden. Auf dem Dach steht an jeder Ecke eine riesige Flak, flankiert von Maschinengewehren.
Eberhard läßt mich am Büro des Schulleiters zurück. Der Schulleiter, ein sehr alter Mann mit grauem Haar, sieht kaum auf.
«Ich bin neu hier, meine Mutter besorgt die Pa –»
«In welcher Klasse bist du?»
«In der fünften, glaube ich.»
«Zweiter Stock rechts, wenn man die Treppe hinuntergeht.» Er winkt mich hinaus. Angenommen.
Schule. Wieder richtige Schule. Ich bin so weit zurück. Wie wird es sein? Ich zögere einen Moment, bevor ich die Tür aufmache.

«Ilse!»
«Ruth!» Es ist meine Freundin Ruth Schubert. Wir sind die einzigen im Raum, und wir tanzen vor Freude im Klassenzimmer herum.
Ein Offizier steckt den Kopf durch die Tür. «Es hat keinen Zweck, mit zwei Leuten anzufangen. Ich warte auf die anderen.» Damit verschwindet er wieder.
«Das ist der Martin», sagt Ruth. «Ein absolutes Arschloch. Er soll uns in Deutsch unterrichten. Ach, mach kein so entsetztes Gesicht. Du solltest hören, was die Jungen für eine Sprache benutzen. Arschloch ist noch gar nichts. Aber erzähl mir vom Lager, von Pfaffi und von Hanni. Ich will alles wissen.» Wir unterhalten uns, und langsam füllt sich das Klassenzimmer mit Jungen und Mädchen. Es sind viel mehr Schüler da als Bänke, und die, die keinen Platz finden, lehnen an der Wand, sitzen bei den anderen mit auf der Bank und auf der Fensterbank. Fast alle rauchen oder drehen Zigaretten. Die Luft ist rauchgeschwängert, und man unterhält sich lautstark und lebhaft darüber, ob die Mehrheit der Flugzeuge in der letzten Nacht Lancasters oder Liberators, Spitfires oder Mustangs waren. Dr. Martin kommt herein, aber der Lärm und die Unterhaltung gehen weiter. Eine neue Gruppe kommt und beteiligt sich sofort an der Diskussion.
Der zuletzt eingetretene Junge sagt lässig zu Dr. Martin: «Ich habe den früheren Zug nicht gekriegt. Unser ganzer Häuserblock brannte. Er brennt immer noch.»
Der Martin schreit im allgemeinen Lärm, macht Handbewegungen, die zu bedeuten scheinen, man könne alles wegwischen, ballt die Faust und hebt sie drohend zur Decke. Schließlich donnert er: «Niemals! Niemals wird es dem Feind gelingen, unsere Moral zu untergraben und unsere Entschlossenheit, bis zum Endsieg zu kämpfen!»
Plötzliche Stille, unterbrochen durch eine Stimme von hinten: «Der Propeller ist am Schwanz.»
Dröhnendes Gelächter, aber der Martin fährt fort, als hätte er noch Zuhörer. «Diese niederträchtigen Angriffe auf wehrlose Frauen und Kinder und . . .»

«Das hättet ihr sehen sollen! Und der Gestank!»
«Wir werden kämpfen bis zum letzten Mann, bis zur letzten Frau und bis zum letzten Kind, wenn es sein muß», kommt von Martin.
«Sie wurde in einem Eimer weggetragen, das war alles, was –»
«Aber wir werden siegen.» Es klingelt, und von hinten kommt noch ein letzter Satz: «Dort ist der Zündmechanismus, du Dussel.»
«Heil Hitler», sagt der Martin. Er schlägt die Hacken zusammen und geht.
Die Jungen haben ein Pokerspiel begonnen, einige Mädchen strikken, andere necken die Jungen. All das geht nicht nur während der Pause weiter, sondern auch im Zeichnen, in Erdkunde, in den Naturwissenschaften. Nur nicht in Latein. Ruth hat mir von dem fünfundsiebzig Jahre alten Dr. Gräfe erzählt, der pensioniert ist und der jetzt wiedergekommen ist, um die eingezogenen Lehrer zu vertreten. Als dieser kleine, zerbrechlich aussehende Mann hereinkommt, ist es sofort totenstill. Er beginnt Fragen zu stellen, und ich bin erstaunt, daß offensichtlich alle ihre Schularbeiten gemacht haben. Die anderen konjugieren Verben, bis mir der Kopf brummt. Ich muß eine Menge nachholen, aber Dr. Gräfe gibt mir ein Anfängerbuch und verspricht, mir zu helfen.
Ruth geht schon früher weg. «Tut mir leid, aber ich fahre mit meiner Mutter hamstern. Mal sehen, was wir kriegen können. Wir sind vielleicht ein oder zwei Tage weg. Mal sehen. Die Bauern sind knauserig. Letztes Mal haben wir nur Kartoffeln bekommen, und die mußten wir selbst ausbuddeln.»
Während der fünfundvierzig Minuten langen Zugfahrt nach Waidmannslust flüstert Eberhard mir ins Ohr. Er macht mich auf alle Stellen in der Gegend aufmerksam, wo wir, wie er sagt, in Deckung gehen können, wenn Tiefflieger den Zug angreifen. Ein Graben, eine Gruppe von Büschen, unter dem Bogen einer kleinen Brücke – er hat sich auf der ganzen Strecke Plätze ausgesucht und das Für und Wider jedes einzelnen abgewogen. Er schildert mir seine Gründe eifrig, aber ruhig und mit einem gelegentlichen, ängstlichen Blick auf die anderen Fahrgäste. Ich weiß, daß er mich beruhigen will, aber es gelingt ihm nicht.

«Kannst du heute nachmittag herüberkommen?» fragt er. «Ich würde dir gerne etwas zeigen.»
«Vielleicht. Vielleicht, wenn ich Großmutter sage, daß du mir mit Latein helfen mußt.»
«Bitte komm! Weißt du ... na ja, all die anderen Kinder in der Nachbarschaft sind weg, und ich ... ich war sehr einsam, aber jetzt habe ich ja dich als Freundin, oder nicht?»
«Doch. Ich will deine Freundin sein. Ich bin auch einsam.» Es klingt komisch, wenn ich das sage, und plötzlich merke ich, daß auch ich unbedingt einen Freund brauche.
«Laß uns die Hände schütteln», sagt Eberhard. «Freunde bis wir sterben. Bis zum Tod.»
«Bis zum Tod.»
Wir schütteln uns feierlich die Hände und sehen uns in die Augen. Ich mag ihn sehr gern. Ich tanze über den Hühnerhof und möchte schreien: «Ich habe einen Freund! Ich habe einen Freund!»
Eberhard hat ein Dachzimmer ganz für sich allein. Es ist hübsch und gemütlich. Schon wegen der Bücher dort hätte ich es gern. Er breitet eine Karte von Europa auf dem Boden aus, und dann zeigt er mir einen komisch aussehenden Kasten mit verschiedenen Drähten, einem Griff und einer Röhre.
«Mein Vater und ich haben das Radio hier gebastelt», sagt er stolz. «Du mußt mir versprechen, niemand etwas davon zu erzählen, was du jetzt hören wirst. *Absolut niemand!*»
Das Ding gibt Piepser und Quietscher von sich, während er daran herumfummelt. «Wenn meine Uhr richtig geht, müßten wir es erwischen. Da! Da ist es! Hör zu!»
«Bumm-bumm-bumm. London calling. London calling.»
Und plötzlich meine ich, bei Vati zu sein. Vatis Radio war viel besser. Hier müssen wir sehr genau zuhören, um bei all den anderen Geräuschen etwas zu verstehen. Wir beugen uns angespannt über das Radio, unsere Nasen berühren sich fast. Wenn wir in den Kasten hineinkriechen könnten, dann würden wir das sicher tun.
Eberhard macht auf der Karte Kreise um gewisse Gebiete herum. Sie ist schon voller Markierungen. Als die Sendung vorüber ist, sagt

er: «Wie immer sind unsere Nachrichten ganz falsch. Sieh mal hier! Straßburg ist am 23. November gefallen, Saarlautern am 3. Dezember. Und heute morgen hat Goebbels gesagt, wir würden heroisch aushalten. Und hier im Osten – siehst du, wie nahe Küstrin bei Berlin liegt? Weniger als hundert Kilometer entfernt. Und dort steht Tschuikows Armee.»
«O ja, meine Eltern wissen, daß ich mir das anhöre», sagt er auf meine Frage. «Ich habe dir ja gesagt, daß mein Vater mir geholfen hat, das Radio zu bauen. Es regt nur meine Mutter so auf. Du hast es ja gestern gesehen! Warum glaubst du denn, daß mein Vater so trübsinnig ist? Wenn man weiß, was wirklich vor sich geht, dann *muß* man ja deprimiert sein. Wir verlieren schnell. All das Geschwätz über Geheimwaffen – davon darfst du kein Wort glauben. Aber das kann man natürlich nicht laut sagen. Mein Vater sagt, die Nazibonzen würden bis zum letzten Atemzug kämpfen, wenn das Ende kommt, und so viele wie möglich von uns mitnehmen. Aber ich glaube nicht wie er, daß wir Selbstmord begehen sollten. Vielleicht überleben wir ja. Gibt es nicht immer eine Chance?» Er unterbricht sich, und als ich nur nicke, fährt er fort: «Die Russen sind auch nur Menschen. Oder nicht? Sie können uns doch nicht alle umbringen.»
«Nein ... nein, das können sie nicht. Das glaube ich nicht. Nicht alle.» Ich habe Angst. Küstrin. Sie sind schon in Küstrin. Ein Schauer läuft mir über den Rücken. Was wird geschehen? Wenigstens kann ich Eberhard beruhigen, daß sein Geheimnis bei mir sicher ist. Ich sage: «Ich habe früher mit meinem Vater auch diesen Sender gehört.»
Eberhard lächelt, sieht erleichtert aus. «Ich wußte es. Du und ich, wir waren füreinander bestimmt. Übrigens, wo ist dein Vater?»
Vor dieser Frage habe ich Angst gehabt. «Ich weiß nicht», stammle ich, «wirklich, ich weiß nicht.» Und wie ein dummes kleines Mädchen fange ich an zu weinen.
Eberhard legt einen Arm um meine Schulter, ganz leicht, scheu und sanft. «Es tut mir leid. Ich hätte nicht fragen sollen. Ach Ilse, ich hoffe, daß noch alles gut wird. Hier, ich habe noch etwas anderes für

dich. Nimm es mit nach Hause und schreib es ab, aber du mußt es mir zurückgeben, weil ich nur das eine habe. Du weißt, was das ist, oder? Vielleicht hast du schon eine?»

«Was ist das? Wofür ist es?»

«Eine Karte mit Planquadraten. Wenn du den speziellen Sender einstellst – er ist auf 95.4 auf der Skala – dann bekommst du den sogenannten Wetterbericht. Dort wird vom Luftraum über Deutschland berichtet – ob sich da feindliche Flugzeuge befinden und wenn ja, wo und wie viele. Siehst du, hier über der Nordsee, das ist Null-Fünf Nord; von da kommen die Engländer. Wenn der Sprecher sagt: ‹Feindliche Bomberverbände auf Null-Fünf Nord auf süd-südöstlichem Kurs›, dann kommen sie normalerweise hierher. Das kannst du bald ganz gut voraussagen. Die Flugzeuge sind so schnell, daß der Alarm heutzutage erst gegeben wird, wenn sie praktisch schon über uns sind. Aber mit dieser Karte erfährst du es schon vorher. Wenn sie von Westen oder von Süden kommen, dann sind es gewöhnlich die Amerikaner. Das sind die Tagesangriffe. Die hasse ich am meisten.»

Januar–Februar 1945. Mutti hat meine Papiere endlich bekommen, und ausgerechnet am Tag danach werde ich fast von der Schule geworfen. Der Martin hat mich erwischt, wie ich einen Brief an Hanni geschrieben habe, und er hatte einen seiner Wutanfälle. Es war nicht so sehr der Brief an sich, sondern die Tatsache, daß ich ihn «den doofen Martin» genannt hatte. Beim Gedanken daran, was Großvater dazu gesagt hätte, schüttelt es mich jetzt noch. Aber der Schulleiter war verständnisvoll. Er ließ mich mit einer Verwarnung davonkommen. Glücklicherweise hieß es in meinem Brief nur «der doofe Martin». Ich hätte ja auch schreiben können «Arschloch» – aber nein, ich glaube, das könnte ich nicht. Ich kann das Wort kaum aussprechen. Vermutlich schäme ich mich. *Scheiße* – das ist etwas anderes. Das habe ich oft genug gesagt.

Jetzt, wo ich endlich Lebensmittelkarten habe, sind sie praktisch wertlos. Man kriegt überhaupt nichts. Fünfundzwanzig Gramm Zucker in der Woche, fünfzig Gramm Butter. Großmutter sagt, das sei nicht genug für einen hohlen Zahn. Außerdem ist das, was man haben will, immer gerade ausgegangen. Und wenn eine Lieferung kommt, muß man stundenlang Schlange stehen, und bis man drankommt, ist alles weg. Aber wir haben genug zu essen. Großmutter hat dafür gesorgt. Das einzige, was wir nicht haben, sind Kohlen. Ich friere immer. Als sie mich deshalb bittet, mitzukommen und ihr mit dem Karren zu helfen, weil der Kohlen-Neuendorff, der Bruder vom Bauern Neuendorff, eine Lieferung erhalten hat, gehe ich nur allzugern mit.

Es ist so wie immer. Die Schlange ist anderthalb Kilometer lang, und wir können nicht einmal herausfinden, ob es Kohlen gibt oder nicht. Einige von den Leuten haben Handkarren wie wir, andere haben leere Kinderwagen, und manche haben nur Netze oder große Einkaufstaschen. Die uralte Frau vor uns stützt sich auf Krücken und redet mit Großmutter.

«Ja, ja, ich habe auch so einen Handkarren zu Hause wie Sie, aber was nützt mir der schon? Ich bin froh, wenn ich ein Netz mit Kohlen nach Hause tragen kann. Ich stehe schon seit über einer Stunde hier, und sie haben noch nicht einmal aufgemacht. Drei Söhne und ein Mann! Nur einer ist noch übrig, und von dem habe ich seit Monaten keine Nachricht. Drei kräftige, stramme Söhne und ein Mann. Groß und gutaussehend war er. Alle weg. Nichts mehr, wofür es sich lohnt, zu leben. Aber stellen Sie sich vor – man drängt mich immer, daß ich bei den Luftangriffen in den Keller hinunterkomme! Das ist Gesetz – als ob es wichtig wäre, was mir passiert!»

Die Schlange bewegt sich, als ein Murmeln von einem zum anderen weitergegeben wird, ein Murmeln, vermischt mit lauten Kommentaren. «Wir müssen die Säcke selbst füllen!»

«Was? Was?» sagt jemand. «Wir müssen die Kohlen selbst in die Säcke füllen? Was fällt denen wohl als nächstes noch ein?»

«Als nächstes müssen Sie natürlich ins Kohlebergwerk», erklingt eine Stimme. Gelächter. «Im Bergwerk sind Sie wenigstens vor den Bomben sicher.» Noch mehr Gelächter.

«Mach auf, Neuendorff!» ruft jemand, und alle anderen folgen.

«Mach auf! Mach auf!»

«Diese fetten Bauern», sagt jemand hinter uns. «Die wollen nur schnell reich werden. Gott behüte sie davor, sich die Hände schmutzig zu machen. Verlangen von uns, die Säcke selbst zu füllen!»

«Es ist wahr», sagt von irgendwoher eine müde Stimme, «diese Bauern haben alles. Die Neuendorffs haben die Kohlen und die Felder. Die Quades haben die Kühe und die Molkerei und den Einkaufsladen. Gerade vor ein paar Tagen habe ich um eine Tasse Milch gebeten, um eine lausige kleine Tasse Milch für mein Baby. Keinen Tropfen haben sie mir gegeben. ‹Das kann ich nicht machen›, hat sie zu mir gesagt. ‹Wenn ich Ihnen welche gebe, dann kommen alle gerannt, und wir haben nicht einmal genug für uns selber.› Und das soll ich ihr glauben?»

Von überallher kommen ärgerliche Stimmen. Stimmen des Zorns und der Enttäuschung. Füße stampfen, Hände werden geklatscht, um sie anzuwärmen, um sich zu bewegen, um irgend etwas zu tun. Die Temperatur ist etwa sechs Grad unter Null.

«Komm», sagt Großmutter, «wir gehen nach Hause.» Und gerade in dem Moment erscheint Neuendorffs Kopf über dem Hoftor. Er hat Angst, das Tor aufzumachen, und er muß auf irgend etwas gestiegen sein, um gesehen zu werden.

«Geht nach Hause! Es gibt keine Kohlen! Ich weiß nicht, wie ihr auf die Idee kommt, ich könnte Kohlen haben! Geht nach Hause! Ich habe keine!»

Am Abend ist Großvaters Stimmung noch schlechter als gewöhnlich. Er ist jetzt Luftschutzwart und muß jede Woche eine Nacht in seinem Betrieb verbringen. Er arbeitet für die Mergenthaler Setzmaschinenfabrik.

«Ich bin sechzig Jahre alt», schimpft er. «Einige von den anderen sind sogar noch älter. Brandwache! Was meinen die denn, was wir mit ein paar Eimern Sand und Wasser ausrichten können? Ja, im Keller stehen ein paar Feldbetten», antwortet er auf Großmutters Frage. «Ich will morgen Walter einen Korb Äpfel mitnehmen.

Vielleicht kannst du ihn für mich fertig machen.» Wie gewöhnlich ist das keine Bitte, sondern ein Befehl.

Großmutter gibt ärgerlich zurück: «Du hast den letzten Korb nicht zurückgebracht, den ich dir gegeben habe! Was glaubst du denn, wieviel Körbe ich habe? Willst du die Nachrichten hören?»

«Nee! Wir werden es schon merken, wenn die Russen vor unserer Tür stehen! Ich wette, *die* sind dann immer noch überzeugt, daß sie gewinnen. Nacht!»

«Großmutter? Darf ich Radio hören, wenn ich es ganz leise stelle? Es gibt da einen speziellen Sender.» Ich zeige ihr meine Karte. Wir hören zu, wie der Sprecher die Koordinaten gibt. Bomber auf süd-südöstlichem Kurs auf Null-Fünf Nord. Sie scheint interessiert zu sein. Wir hören den Sprecher sagen: «Ein Angriff auf die Reichshauptstadt ist zu erwarten.» Wir sehen uns an.

«Wie lange brauchen sie, bis sie hier sind?» will Großmutter wissen.

«Fünfzehn oder vielleicht zwanzig Minuten. Das hat Eberhard gesagt.»

«Gerade noch Zeit, um abzuwaschen. Komm, du kannst abtrocknen.»

Aber wir waschen nicht ab, denn wir kleben am Radio, während mehr und mehr Bomberverbände angekündigt werden. Wir hören zu, bis die Sirenen heulen. «Sieht aus, als hätten wir eine schlimme Nacht vor uns!» sagt Großmutter.

«Und was ist mit Mutti?»

«Mach dir keine Sorgen, ihr passiert nichts. Sie gehen in den Bunker.»

Zweimal in dieser Nacht ist Fliegeralarm. Großmutter strickt ununterbrochen. Über der Stadtmitte ist der Himmel rot. Ach, lieber Gott, bitte laß Vati und Mutti am Leben! Wenn Eberhard und ich während dieser Luftangriffe wenigstens zusammen sein könnten! Aber er ist auf der anderen Seite der Straße, und während eines Luftangriffs ist das genauso, als wäre er am anderen Ende der Welt.

Alle sind glücklich heute abend. Mutti und ich, weil sie morgen frei hat, und dann noch, weil wir ein wenig Zucker erhalten haben und einen Kuchen backen können. Selbst Großvater lächelt, aber er kann nicht darauf verzichten, seine übliche Rede zu halten: es kommt nichts von alleine – Arbeit, harte Arbeit usw., usw.

Er ist schon halb im Schlafzimmer, bevor er seinen Schlag austeilt: «Vergiß nicht», sagt er mehr zu Großmutter als zu mir, «Ilse muß morgen nach Tegel – wegen dem Schweinefutter.»

«Morgen?» fragen Mutti und ich gemeinsam.

«Es geht nur morgen. Zwischen neun und zehn. Nicht später als elf, darauf müßt ihr achten. Das ist die einzige Zeit, wo Paul und Otto alleine dort sind. Es soll keiner wissen.»

«Was bedeutet das alles?» fragt Mutti.

Großmutter zuckt die Achseln. «Ich kann auch nichts daran ändern», flüstert sie. «Er hat das geregelt. Seine Freunde Paul und Otto sind beim Volkssturm am Tegeler See. Sie heben die Küchenabfälle auf als Schweinefutter, weil sie hoffen, daß sie ein Stück von Jolanthe bekommen, wenn wir sie schlachten.»

«Aber Großmutter, Jolanthe hat doch genug zu fressen! Du gibst ihr nicht einmal *unsere* ganzen Essensreste!»

«Ich weiß. Aber was soll ich machen? Ihr wißt, wie er ist. Es sind alte Freunde von ihm.»

«Ein voller Eimer ist zu schwer für Ilse», sagt Mutti verzweifelt.

«Unsinn! Sie kann ihn an ihr Rad hängen.»

«Sie fährt nicht mit dem Rad nach Tegel! Es ist zu weit! Ich erlaube es nicht!» Mutti ist aufgebracht, und Großmutter versucht, sie zu beschwichtigen.

«Vielleicht hast du recht. Es ist zu weit. Aber mit dem Bus ist sie im Nu dort, und dann ist es nur noch ein Weg von zehn Minuten.»

«Zehn Minuten?» ruft Mutti. «Es ist mindestens eine halbe Stunde, und das weißt du auch genau! So lange kann Ilse keinen vollen Eimer tragen. Sie ist noch ein Kind! Die ganze Geschichte ist lächerlich!»

Großvater brüllt plötzlich aus dem Schlafzimmer: «*Natürlich* kann sie einen Eimer tragen! Sie ist doch nicht aus Watte! Sie soll den Bus nehmen. Otto und Paul reißen sich ein Bein aus, um das Zeug aufzuheben, und sie ist zu faul, es zu holen? Ruhe jetzt. Geht ins

Bett. Wie soll ich denn bei dem Geschwätz schlafen?» Er schimpft weiter. «Schlimm genug, daß *die* uns nicht schlafen lassen.»
«Es dauert nicht lange», flüstert Großmutter. «Mittags bist du wieder da. Und Grete, du kannst mit dem Kleid von Frau Ruhl anfangen. Dann habt ihr beide etwas zu tun und vermißt euch nicht gegenseitig.» Sie beendet diesen Ratschlag mit einem gackernden Lachen.
Sirenen. Luftangriff. Jede Nacht! Und Großvater muß mich mit dem verdammten Schweinefutter schikanieren. Schließlich Entwarnung und ein paar Stunden Schlaf.
Es ist einer dieser außergewöhnlich klaren und sonnigen Tage, an denen man hopsen und singen möchte. Auf dem Weg zum See tue ich mein Bestes, um die leeren, winterlichen Straßen mit den Bildern von vor langer Zeit auszuschmücken. Farbenfrohe Stände, an denen Spielzeug verkauft wurde, standen an dieser Straße hier. Hier hat mir Vati immer Luftballons gekauft. Ich erinnere mich an das Café mit den Schaukeln und den Wippen, das wir immer «besuchten». Großvater hat gesagt, der Unterstand sei genau dahinter. Wollen sie den Tegeler See verteidigen? Hier ist die Brücke, wo ich gelernt habe, bis tausend zu zählen. Tausend Stufen auf jeder Seite. Oder waren es neunhundertachtzig? Ich werde sie noch einmal zählen.
Sirenen? Eine Übung? Ein Alarm? Vermutlich ein oder zwei Aufklärungsflugzeuge. Aber vorsichtshalber sehe ich mich nach einem Luftschutzkeller um. Die winzigen Häuser des alten Dorfes Tegel sehen überhaupt nicht sicher aus, und außerdem sind alle Gartentore, die ich probiere, abgeschlossen. Ich gehe weiter und hoffe, vor dem Alarm den Keller zu erreichen. Sirenen gellen, heulen! Alarm! O mein Gott, wo sind denn alle? Das einzige Wesen in Sichtweite ist ein kleines Mädchen, das einen Puppenwagen schiebt. Sie kann nicht älter sein als sechs. Ich renne, hole sie ein und sehe, daß in dem Wagen ein richtiges Baby liegt.
«Wo gehst du hin? Wo geht ihr hin bei Luftangriffen?»
«In den Bunker.» Sie deutet auf die andere Seite der Brücke.
Gott sei Dank, ein Bunker. Bunker sind sicher. Mein Gott, sie ist so langsam! «Komm, komm, mach schneller!» Ich trage das Baby, und

der Eimer schlägt mir gegen die Seite. Sie muß nur den leeren Wagen ziehen, aber es dauert ewig, die Treppe zur Brücke hochzusteigen. Stufen, noch mehr Stufen, diese verdammten Stufen! Schließlich sind wir oben. Wir rasen über die Brücke, halten zum Atemholen in der Mitte der hundert Meter langen Strecke an. Was ist denn das für ein Geräusch? Ein Hornissenschwarm? Wo? Und dann sehen wir sie, und einen langen Moment lang stehen wir wie erstarrt da.

«O mein Gott!» Was für ein Anblick! Hunderte, Tausende von Flugzeugen kommen auf uns zu! Der ganze Himmel glitzert von Flugzeugen. Flugzeuge, die ungestört in einem perfekten V-Verband fliegen und deren Rumpf in der Sonne glänzt. Und keine Flak! Nur das schreckliche, immer lauter werdende Summen der Motoren, von Tausenden von Motoren. Die Luft vibriert, scheint zu zittern, das Wasser, der Boden und die Brücke unter uns beginnen zu beben. Es ist fast überirdisch, ein unwahrscheinlich schöner Anblick! Der ganze, tiefblaue Himmel ist voller silbriger Flugzeuge.

Wir rennen. Der erste Verband ist schon über uns. Die Hölle bricht los. Die Flak schießt, und die Bomben fallen wie Regentropfen. Millionen von langen, abgerundeten Bomben kommen um uns herum heruntergefallen. Der Himmel wird grau, schwarz, die Erde bricht auf. Die Detonationen klingen wie ständiges Donnern.

Ein Haus! Ein Unterschlupf vor diesem Alptraum. Wir erreichen es, obwohl ich nicht weiß wie. Ich stoße mit der alten Dame zusammen, die in der Tür steht. Sie versucht, mir das Baby wegzunehmen. Von dem Eimer behindert, stehen wir am Eingang, und ich sehe die Bombe, schaue zu, wie sie ins Dach einschlägt und wie das Haus hinter der Frau einstürzt.

«Gott im Himmel!» schreit sie. *«Gott im Himmel!»*

«Großmama! Großmama!» weint das kleine Kind und zerrt an ihrem Rock. «Großmama, laß uns in den Bunker gehen, bitte, bitte, Großmama!»

Ich liege flach am Boden. Bomben, Bomben, Bomben fallen überall um mich herum. Es kann nicht sein. Es ist ein Traum. So viele Bomben gibt es auf der ganzen Welt nicht. Vielleicht bin ich tot? Ich

stehe auf, zerre den Eimer, die alte Frau und das kleine Mädchen zu einer Veranda, einer Betonveranda, unter der ein wenig Platz ist. Die hohe Stimme der alten Frau erhebt sich über die Detonationen, über das Flakfeuer und über das Geräusch von zerbrechendem Glas: *«Gott im Himmel! Gott im Himmel!»* Und jetzt schreit auch noch das Baby.
Ich muß mich am Boden festhalten. Er schwankt, als stünden wir auf einem Trampolin, aber ich halte mich fest, kralle mich mit den Fingernägeln ein.
Warum ist es so dunkel? Die alte Frau kauert über dem Baby. Sie droht dem kleinen Mädchen mit der Faust, dann schreit sie: «Gott im Himmel, vergib ihr. Vergib ihr ihre Häßlichkeit, ihre Sünden . . . Ach Herr, ich weiß, sie hat ihr Gebet nicht gesagt!» Ihre Faust fällt auf den Kopf des kleinen Mädchens herab.
Ein zischendes Geschoßstück schlägt in den Beton der Veranda ein. Das kleine Mädchen packt mich, ihre Nägel graben sich in meinen Hals. Die Stimme des Mädchens klingt, als hätte es unerträgliche Schmerzen, und sie zerreißt mir fast das Trommelfell: *«Mama! Mama! Wo bist du, Mama?»*
Ein Klumpen Erde trifft mich im Gesicht. Ich lebe noch. Ich bin erfüllt von Furcht, und ich bin bereit, allen erdenklichen Mächten zu versprechen, daß ich ein besserer Mensch werden will, wenn nur mein Leben verschont bleibt.
Rumm. Rummrummrumm . . .
Mein ganzer Körper wird hochgehoben, wieder fallengelassen, hochgehoben, fallengelassen. Es fängt an, Spaß zu machen – wenn nur die Erde nicht so kalt wäre. Wumm! Aber das bringt die alte Dame dazu, wieder loszulegen.
«Du böses Mädchen . . . O Herr! . . . Warum hast du nicht gebetet?» Immer und immer wieder. Fällt ihr nichts anderes ein?
«Mama! Mama! Mama!»
«Rrrahrrahrrahhh!»
Die Großmama, das kleine Mädchen und das Baby übertönen die Bomben, die Flak. Wird das jemals enden?
Plötzlich ist alles still. Totenstill. Eine schauerliche, gespenstische

Stille. Ich atme. Wir alle atmen. Es ist seltsam, unseren Atem zu hören. Was ist das? Ach, nur ein Feuerwehrwagen. Sirenen. Schon wieder Sirenen? Entwarnung. Das heißt, daß ich aufbrechen kann.
«Es tut mir leid, aber ich muß gehen. Ich muß Schweinefutter abholen», sage ich.
«Natürlich, mein Liebes», antwortet die alte Dame. «Schade, daß du schon gehen mußt. Du mußt einmal wiederkommen. Komm und besuch uns. Dann trinken wir zusammen Tee. Es hat mich gefreut, dich zu treffen.» Wir schütteln uns sehr förmlich die Hand.
Schweinefutter, Unterstand. Wo ist der Unterstand? Wo bin ich? Ich gehe, stolpere, stehe auf, fühle nichts, spüre meine Beine nicht mehr. Komisch, wenn man läuft und die Beine nicht mehr spürt. Sie sehen aus, als wären sie in Ordnung, aber ich fühle sie einfach nicht mehr. Überall sind Bombenkrater. Erstaunlicherweise stehen immer noch ein paar Häuser. Was ist das? Eine Bombe. Interessant. Ich muß sie mir angucken. Ach, es ist vermutlich nur der Zwanzig-Kilo-Typ. Relativ harmlos. Kein Wunder, daß es so viele waren.
Da ist das Restaurant, die Schaukeln. Jetzt weiß ich wieder genau, wo ich bin. Das Dach ist eingestürzt. Bomben? Vielleicht war es nur altersschwach. Es ist schon so lange her. Ich habe Mitleid mit den Booten. So schöne Boote, zerfetztes, lackiertes, zersplittertes Mahagoni. Die schlimmen Bomben.
«Du mußt Ilse sein!» sagen zwei alte Männer mit Stahlhelmen zu mir. Der eine nimmt meinen Eimer, verschwindet damit im Unterstand. Ach, da ist er also. Er kommt zurück und gibt mir den Eimer, der mit grauem, schleimigem Zeug gefüllt ist. Mußte er ihn so voll machen?
Geh vorsichtig, Ilse. Dein Großvater ist böse, wenn du etwas verschüttest. Warum haben sie all die Sachen auf die Straße geworfen? Einen ganzen Küchenherd. Glas, Möbelstücke, Häuserteile. Ich klettere darüber, gehe drumherum, suche mir immer den einfachsten Weg aus. Die Brücke – gut. Aber dieses Mal zähle ich wirklich. Siebenhundert. Siebenhundertund . . . Und jetzt habe ich es wieder vergessen. Macht nichts, ich kann beim Abstieg noch einmal zählen. Das Dorf Tegel, und ich habe wieder vergessen, die Stufen zu

zählen. Wenigstens sind hier Leute. Da fällt mir etwas ein. Ich habe vergessen, mich zu bedanken. Ich hätte mich für das Schweinefutter bedanken sollen. Vielleicht kann Großvater es ihnen erklären. Er kann sagen, ich hätte den Bus erreichen müssen oder so.

Da! Das ist ein Anblick. Das Haus ist halbiert worden, ein historisches, neunhundert Jahre altes Haus in Tegel. Und die alte Kirche ist nur noch ein Skelett. Jemand mit einem Stuhl rempelt mich an.

«Kannst du nicht aufpassen, wo du hinläufst?»

Da ist die Bushaltestelle. Kein Bus. Typisch. Vermutlich muß ich eine Stunde lang warten. Ein Stück brennendes Holz segelt an meinem Ohr vorbei.

«Geh weg!» ruft jemand.

«Entschuldigung.» Ich hatte nicht gemerkt, daß ich in eine Menschenkette hineingelaufen war. Eimer werden von einem zum anderen weitergereicht. Vielleicht kommt gar kein Bus. Am besten gehe ich zu Fuß. Ich gehe und gehe und gehe. Der Eimer ist schwer. Warum machen sie bloß die Henkel der Eimer so dünn?

Als ich an der großen Wohnsiedlung vorbeikomme, gehe ich in der Mitte der Straße. Alle Häuser brennen. Flammen knistern; es riecht schrecklich. Leute rennen hin und her. Feuerwehrautos, Krankenwagen, Polizei. Ich weiche gerade noch einem Polizeiauto aus, trete in ein Loch, stolpere, aber irgendwie gelingt es mir, den Eimer aufrecht zu halten. Ich verschütte nur ein wenig. Großvater wird es nicht merken.

Mein Gott, der Polizist kann aber laut schreien. Gleich wird seine Lunge platzen. Er kommt mit den Armen fuchtelnd auf mich zu. Was will er von mir?

«Weg! Weg! Geh weg da! Weg!»

Er deutet auf meine Füße. Ich folge seinem Blick, ohne zu begreifen. Was ist das? Ich stehe auf etwas – es ist groß, etwa zehn Meter lang, und ein Großteil davon ist im Boden begraben.

Und dann begreife ich. Ich renne auf den Polizisten zu, mir ist egal, daß ich mich von oben bis unten mit dem Schweinefutter bespritze. Eine Luftmine. Mein Gott, ich habe auf einer Luftmine gestanden, die nicht gezündet hatte. Ich bin schon lange an dem Polizisten, den

Feuerwehrleuten, den anderen Menschen vorbei, aber ich renne immer noch. Ich renne, bis meine Beine unter mir zu versagen scheinen. Ich halte an, um Atem zu holen. Blicke zurück. Sie haben die Gegend abgesperrt.

Die Wohnblocks um den Bahnhof von Waidmannslust herum brennen auch. Eine riesige Menschenmenge steht vor dem Kino. Auch sie kreischt und schreit.

«Seht euch das Feuer an! Seht bloß! Das Dach hält bestimmt nicht mehr!»

Ich kann nicht stehenbleiben und zusehen. Ich muß nach Hause.

«Zweihundert Leute im Keller des Kinos eingeschlossen . . .»

Ich muß nach Hause. Ich gehe, renne, stolpere, egal. Ich muß nach Hause zu Mutti.

Unsere Straße. Alle scheinen auf der Straße zu stehen und zu reden. Aber die Häuser stehen noch.

Ich halte an, stehe wie angewurzelt, spüre nicht einmal den Eimer in der Hand. Ich sehe alles, und doch sehe und höre ich nichts, bis ich in Muttis Armen liege.

Und dann kommen die Tränen. Tränen und ein schreckliches Zittern. Die Tränen hören auf, aber das Zittern nicht. Ich erschauere, zittere und bebe, als hätte ich hohes Fieber.

«Heute, am Freitag, dem 3. Februar 1945, griffen bei einem Tagesangriff 1000 US-Bomber den nördlichen Teil von Berlin an», meldet Lindley Frazer in der BBC.

Alles ist so schön hier, so ordentlich. Der Haushalt der Watzlawiks ist so kultiviert, hat Großmutter gesagt. Kultiviert? Wie dem auch sei, heute, nach dem ganzen Schutt und den brennenden Häusern, ist es hier besonders gemütlich. Wenn mich Frau Watzlawik bloß loslassen würde! Ich bin ganz begraben in ihren Armen und an ihrem Busen.

«Mutter!» Wie streng Eberhard klingen kann. «Laß sie los. Du bringst sie nur wieder zum Weinen. Ilse, möchtest du, daß ich dir etwas auf dem Klavier vorspiele?»

«O ja, bitte. Spiel etwas Fröhliches.» Er weiß, daß ich ihm gern zuhöre. Seine Mutter verschwindet in der Küche und kommt zurück, als er spielt:

«Für eine Nacht voller Seligkeit,
Da geb ich alles hin.»

«Eberhard! Das gehört sich nicht. Ihr seid beide viel zu jung für . . .»
«Mutter, bitte! Du warst doch diejenige, die mich in den Film mitgenommen hat!»
Endlich läßt sie uns allein. Auf der Klavierbank haben wir beide Platz. Er spielt, singt. Ich singe mit. All die bekannten Schlager.
«Du bist die Frau meiner Träume . . .» Er sieht nicht mehr auf die Tasten. Er sieht mich an. Unsere Gesichter sind ganz nah beisammen, und dann küßt er mich. Zwei geschlossene Lippenpaare treffen einen Moment lang aufeinander, dann kommt Eberhards Mutter herein mit zwei Tassen heißer Suppe.
«Nur nicht aus Liebe weinen.» Eine rasche, ungeschickte Umarmung im Korridor.
«Denk an mich heute nacht.»
Heute nacht, heute nacht. Ich fange wieder an zu zittern – heute nacht ist wieder ein Luftangriff . . .
Piep-piepiep-piep. Das ist alles. Piep-piepiep. Keine feindlichen Flugzeuge über deutschem Gebiet. «Bitte laß es an, Großvater. Darf ich das Radio anlassen?»
«Wenn heute nacht ein Luftangriff ist, dann gehen Ilse und ich in den Bunker. Und ihr beiden solltet auch mitkommen.»
Mein Gott, darüber haben wir schon so oft gesprochen, aber sie sagen, es sei Blödsinn. Die Bunker sind zu weit weg. Die Straßen sind dunkel. Unser Haus ist genauso sicher wie alles andere. «Aber wenn ihr gehen wollt, dann geht.»
«Ich weiß, daß unser Keller sicher ist», sagt Mutti entschuldigend, «nur –»
«Ich habe dir gesagt, *ihr sollt gehen*!» Großvater hebt die Stimme. «Aber ich bleibe hier. Wenn Mutter gehen will . . .»

«Ich?» sagt diese spöttisch. «Ich, mit meinen alten Beinen? Nein danke. Aber *sie* sollen nur gehen!»
«Ich habe ja gesagt, ihr sollt gehen!» wiederholt Großvater. «Aber ich lasse sie nicht gehen, wenn gleich richtiger Alarm kommt. Sie müssen bei der Vorwarnung schon weg.»
Gestern hat er noch geschimpft und geschrien, wenn das Wort Bunker auch nur erwähnt wurde, aber die heutigen Ereignisse haben ihn ganz offensichtlich erschüttert. Wie glücklich ich über die Planquadrat-Karte bin. Dadurch wissen wir schon vorher Bescheid.
Piep. Stille, dann die kühle, sachliche Stimme des Sprechers: «Einflug auf Null-Fünf Nord, Kurs Süd-Südost.»
Selbst Großvater steht auf, seine plumpen Finger folgen den Koordinaten. Unsere Finger treffen sich auf der Nordsee.
«Hamburg», sagt er. «Vermutlich bleiben sie dort.»
Mein Herz schlägt, und ich fange wieder an, unkontrolliert zu zittern.
«Sie werden dort bleiben, und ihr geht umsonst in den Bunker», sagt Großmutter.
Da ist wieder die Stimme. «Die Bomberverbände haben jetzt Hamburg passiert und fliegen weiter Richtung Ost-Südost. Mit einem Angriff auf die Reichshauptstadt muß gerechnet werden.»
Im Nu haben wir unsere Mäntel an und sind mit dem Fahrrad draußen auf der Straße. Mit dem Fahrrad geht es schneller. Auch die Taschen sind so leichter zu transportieren, und auf den geraden Straßenstücken kann Mutti auf dem Gepäckständer sitzen. Sie protestiert, doch sie gibt nach, als Großmutter sie praktisch hinaufsetzt. Großmutter will, daß wir alle Familienpapiere, die Dokumente für das Haus und für das Schwein mitnehmen. Zwei weitere Taschen werden an die Lenkstange gehängt. Alle vier zusammen müssen dreißig oder vierzig Pfund wiegen, und dann noch Mutti! Mit einer Kraft, die mir die Angst verleiht, trete ich hart und wild in die Pedale.
Haustüren werden zugeschlagen, Gartentore quietschen, dunkle Gestalten rennen durch die Nacht. Sie kommen von überallher, aus jeder Straße. Ein immer dichter werdender Strom, der zu einer

undurchdringlichen schwarzen Masse wird. Wie ein überflutender Fluß im Frühling bewegt sich diese Masse mit unwiderstehlicher Kraft zum Bunker. Wenn eine rote Leuchtkugel den Himmel erhellt, werden einen Moment lang einzelne Gesichter sichtbar. Nein, es sind keine Gesichter, es sind gespenstische Masken, erschrocken und erschreckend. Die Sirenen heulen «Vorwarnung» und gehen ohne Pause zum «Alarm» über. Die weißen Strahlen der Scheinwerfer tasten den Himmel ab, überschneiden sich auf der Suche nach feindlichen Flugzeugen. Leuchtspurgeschosse hinterlassen zusätzliche Spuren, die aussehen wie riesige Heftstiche.
Noch dreihundert Meter über ein offenes Feld. Hunderte rennen auf die Tür zu.
Glücklicherweise ist die Tür an der Seite, gleich neben dem Zaun, wo ich mein Fahrrad abstelle und sogar abschließe. Und dann werden wir an den Wachsoldaten mit ihren schußbereiten Waffen vorbei durch die Stahltür katapultiert, geschoben von denen, die hinter uns sind. Drinnen werden wir gegen die gedrängt, die schon da sind. Es ist kein Platz, und trotzdem wird es immer noch enger. Noch ein bißchen, und wir können nicht mehr atmen. Plattgedrückt, zu Tode gequetscht im Kampf ums Überleben. Von draußen kommen Schreie, das Geräusch der Flak und der Flugzeuge. Die Wachen haben die Tür zugemacht und abgeschlossen, und plötzlich ist es ruhig.
Das Hin- und Hergeschiebe geht weiter, bis wir Platz haben zum Atmen. Unglücklicherweise ist das Atmen selbst in dieser schlechten Luft eine Notwendigkeit.
Im Innern des Bunkers sieht es aus wie auf einem Kriegsschiff. Graue Betonwände, angeblich drei Meter dick. Enge Gänge, von denen kleine Nischen abgehen. Offene Stahltüren alle drei Meter. Die meisten Nischentüren sind auch offen und geben den glücklichen Benutzern der Feldbetten die Möglichkeit, uns schläfrig anzublinzeln. Die Betten sind in vier Etagen übereinandergestapelt, und zwischen den einzelnen Bettgestellen ist kaum ein Meter Platz. Dort sitzen die Verwandten und die Freunde der Bettinhaber. Wenigstens haben die genug Platz, um auf ihren Taschen sitzen zu

können. Das ist mehr, als wir haben.
Wo kommen sie her, all diese müden, schäbigen, seltsam gekleideten Leute? All die abgetragenen Mäntel, die abgetretenen, hochhakkigen Schuhe? Pelzkragen aus mottenzerfressenem Marder, die sich um den Hals der Trägerin schmiegen und sich in den Schwanz beißen. Ein paar Stiefel sind zu sehen, enge Skihosen, die an Urlaube in Friedenszeiten erinnern, und einige wenige Persianermäntel, das äußerste Statussymbol unserer Gegend. Und alle tragen ein Kopftuch, außer den paar Soldaten natürlich, denen die Umstehenden böse Blicke zuwerfen.
«Den Frauen und den Kindern Platz wegzunehmen!»
Die Menschenmenge bewegt sich, macht der endlosen Prozession zur Toilette und zurück Platz. Böse Worte. Ein Baby beginnt zu weinen und steckt die anderen an. Die Luft wird nicht besser.
Die Zeit vergeht, die Minuten, die Stunden. Lethargie hat sich auf uns gelegt wie ein Stein. In einer Tasche fängt plötzlich ein Wecker an zu rasseln, und alle erschrecken.
«Mein Gott! Wieviel Uhr ist es?»
«Erst halb drei», stammelt die Besitzerin des Weckers entschuldigend.
«*Erst* halb drei! Die hat Nerven – *erst* halb drei! Für *sie* mag das ja in Ordnung sein. *Sie* muß nicht so früh aufstehen!»
Sicher hätte es Streit gegeben, aber in dem Moment ertönt die Entwarnung. Alle seufzen tief auf, und im nächsten Augenblick drängen sich alle zum Ausgang. Wildes Geschiebe, begleitet von Rufen, Schreien und Flüchen. Wir werden hinausgetragen in die klare, kalte Nacht.
Über der Stadt ist der Himmel rot, Rauch steigt auf, Flammen flackern. Durch unsere unversehrten Straßen gehen wir schnell nach Hause. Innerhalb von Minuten sind wir allein. Die Tausende von Leuten, die uns noch vor ein paar Minuten fast erstickt hätten, wurden von der Dunkelheit verschluckt.
Abgesehen von Großvaters Schnarchen ist das Haus ruhig, als wir auf Zehenspitzen nach oben schleichen.

März 1945. Der Bahnsteig von Waidmannslust ist noch bevölkerter als sonst. Manche Leute warten schon seit zwei Stunden. Endlich kommt der Zug. Ach, das wird nichts! Die Passagiere hängen sogar außen! Da kommen wir nie hinein. Trotzdem gibt es einen wilden Ansturm, als der Zug anhält. Diejenigen, die außen an der Tür hängen, wollen in den Zug hinein. Und die, die aussteigen wollen, müssen gegen die undurchdringliche Mauer der Leute ankämpfen, die einsteigen wollen.
«Laßt mich durch! Ich muß unbedingt zur Arbeit!»
«Meinst du, wir wollen zu einem Picknick, du Dussel?»
«Komm näher, Mutter – und wenn du ausatmest, dann ist noch Platz für drei mehr!»
«Laßt die Kinder hinein! Sorgt dafür, daß die Kinder einsteigen können, sie müssen zur Schule. Wir müssen für unsere Zukunft sorgen!» Gelächter.
«Noch einer, noch einer. Kommt, hebt eure Hand! Hebt den Arm und ruft ‹Heil Hitler›, dann gibt es noch mehr Platz.» Gelächter.
So erstaunlich es auch sein mag, aber dieser Galgenhumor ist es, durch den es schließlich alle schaffen, in den Zug hineinzukommen. Die elektrisch betriebenen Türen schließen sich, aber selbst jetzt rührt sich der Zug noch nicht. Er scheint auf eine letzte Bemerkung zu warten.
«Was ist los? Sitzt da jemand auf den Schienen?»
Der Zug setzt sich in Bewegung. Eberhard und ich sind weit voneinander getrennt. Wir blinzeln uns zu und schneiden Gesichter. Bis wir in der Schule ankommen, haben wir schon eine Stunde Verspätung, aber wir sind immer noch die ersten. Ruth hat wahrscheinlich wie immer verschlafen, aber sie wird noch kommen. Wir kommen alle jeden Tag zur Schule, wie spät es auch sein mag. Und darauf kommt es auch wirklich nicht an. Die meisten Lehrer fangen erst an, wenn alle da sind, und selbst dann schenken wir ihnen nicht viel Aufmerksamkeit. Wir kommen, weil wir müssen. Es wurde darüber geredet, daß Schüler vor ein Kriegsgericht gestellt werden, wenn sie die Schule schwänzen. Wir kommen auch, weil wir mit Gleichaltrigen zusammen sein wollen. Obwohl es niemand zugibt,

haben wir Angst – wir leben mit der Angst. Angst vor dem nächsten Alarm, Angst um unser eigenes Leben und das unserer Eltern, Angst um das Dach über unserem Kopf. Diejenigen, die das ihre schon verloren haben, fühlen das am deutlichsten. Wir «Garanten der Zukunft», wie der Führer uns nennt, haben alle Angst davor, in einem unbekannten Stadtteil von einem Luftangriff überrascht zu werden. Wir verbergen unsere Panik mit gespielter Tapferkeit. Wir wissen alles. Wir wissen, wie man sich in einer Schlange vordrängen kann, wie man sich in überfüllte Züge hineinzwängt. Wir wissen, wo und wie man bestimmte Sachen bekommt. So wie wir reden, könnte man meinen, jeder einzelne von uns sei ein Experte für Brandbomben. Wir diskutieren die jeweiligen Vorzüge der deutschen, russischen und amerikanischen Panzer mit genauen technischen Angaben und mit dem einem General angemessenen Ausdruck der Autorität. Und das Wichtigste: wir kennen alle den einen Ort, wo man bei einem Luftangriff sein muß: im Bunker, in irgendeinem Bunker.

Im Vergleich dazu sind unregelmäßige Verben unwichtig. Und wer hat schon Lust, Frau Kunsts alten Blumentopf zu malen? Die Geschichte der Nazipartei – soll das ein Witz sein? Jede Unterrichtsstunde wird von dauerndem Gerede, vom Klicken der Stricknadeln, vom Mischen der Spielkarten und den Ausrufen der Kartenspieler begleitet.

Hier kommt Ruth. Wie gewöhnlich ist ihr dunkelbraunes Haar zerzaust, und ihre tiefblauen Augen blitzen. Wie gut sie auf ihre derbe, kräftige Art aussieht! Sie hat genug Energie für drei, steht nie still, ist immer in Bewegung und redet.

«Hallo!» sagt sie und läßt sich auf ihren Sitz plumpsen. «Ich habe den Zug verpaßt.» Sie steht schon wieder auf – jemand hat nach ihr gerufen. Und im Nu sitzt sie wieder.

Plötzlich herrscht vollkommene Stille. Alle stehen auf. Dr. Gräfe ist hereingekommen. Nach einem fast unhörbaren «Guten Morgen, meine Damen und meine Herren» beginnt er mit dem Unterricht.

Wir strengen uns alle an. Wir haben es versucht, aber es ist offensichtlich, daß niemand die Hausarbeiten ordentlich gemacht hat.

Nur ein paar Hände heben sich, es sind jeden Tag weniger. Und die meisten Antworten sind nur halbrichtig, wenn überhaupt.

Dr. Gräfe legt sein Buch hin, sieht uns an, lächelt traurig. Die Klasse läßt die Köpfe hängen.

«Meine Damen und Herren», beginnt er. «Es hat keinen Zweck. Wir machen heute nicht weiter. Und von jetzt an macht ihr die Hausarbeiten hier während des Unterrichts.»

Ein lautes, einstimmiges *«Hurra»* unterbricht ihn.

«Kinder! Das ist nicht zum Jubeln, das kann ich euch versichern. Es ist offensichtlich, daß ihr alle müde seid und daß ihr das, was außerhalb des Klassenzimmers passiert, nicht ignorieren könnt.» Er macht eine Pause, und sechsunddreißig Augenpaare folgen ihm zu dem einzigen Fenster, das noch Glasscheiben hat; alle anderen sind zersprungen und wurden durch Holz ersetzt. «Es scheint alles ungemein sinnlos.» Er macht wieder eine Pause, sieht hinunter auf sein Pult. Seine Hände packen es am Rand, als wolle er es gegen eine starke Kraft hinunterdrücken. «Deshalb habe ich zugestimmt, trotz meiner Pensionierung zurückzukommen – um euch etwas Bleibendes zu vermitteln – ein wenig Bildung. Aber jetzt werden einige von euch für etwas ausgebildet, für das ich nicht zuständig bin – für die Kanonen. Zu früh. Viel zu früh. Und das bringt mich zu meiner traurigen Aufgabe.» Er blickt nicht auf, was ihm gar nicht ähnlich sieht, sondern blättert in seinen Papieren, bis er gefunden hat, was er sucht. Er hält das Blatt mit zitternder Hand und fährt fort: «Heute hat euer Vaterland den Jahrgang 1929 einberufen. Am 3. März 1945 werden alle, die 1929 geboren wurden, zu den Waffen gerufen. Diejenigen, deren Namen ich jetzt verlese, werden sich morgen früh um neun Uhr in der Aula zum Dienst als Flakhelfer melden: Breller, Choenbach, Gerhard, Mertens, Mons, Müller, Schubach und Tetzlaff.» Seine Stimme ist tonlos. Dann sammelt er seine Bücher ein, zerknüllt das Papier, läßt es fallen, murmelt: «Irrsinn . . .» Mit seiner schäbigen Aktentasche unterm Arm verläßt Dr. Gräfe das Klassenzimmer.

Einen Moment lang herrscht lähmende Stille, bis Tetzlaff aufspringt und jubelnd ruft: «Endlich! *Endlich!*» Er wirft ein Buch in die Luft.

«Wer braucht denn schon das doofe Latein? Habt ihr gesehen, daß dieser alte Idiot tatsächlich geweint hat?» Tetzlaff, Mertens und Schubach sind offensichtlich überglücklich. Sie fühlen sich als Männer. Sie bemerken die Stille nicht, bemerken nicht, daß wir anderen ohne ein Wort weggehen.

«Wir müssen sofort Eberhard suchen.» Ruth spricht aus, was ich denke. Eberhard wartet an unserem Treffpunkt schon auf uns. Er beantwortet unsere Frage, bevor wir dazu kommen, sie auszusprechen.

«Die machen aus mir keinen Soldaten! Nie! Ich habe ein schwaches Herz. Ich kann es beweisen.» Er muß sich herunterbeugen, um uns das zuzuflüstern. Wie hilflos und schwach er aussieht. Nein, nicht schwach . . . verletzlich. «Ich habe Angst», sagt er. «Wenn sie mich hinter eine dieser Flakkanonen stellen, falle ich schon vor Angst tot um.»

«Ich glaube, alle haben Angst», sagt Ruth. «Nur will es niemand zugeben. Nur dumme Leute haben keine Angst. Guck dir dieses Arschloch Tetzlaff an. Ich wette, er ist der erste, der die Hosen voll hat. Mein Vater sagt, die wahren Helden seien nicht die Soldaten, sondern die, die sich weigern, zu kämpfen. Besonders jetzt.» Sie atmet tief ein und fährt mit einer leisen, verschwörerhaften Stimme fort: «Es sind immer die normalen, gewöhnlichen Leute, die die heißen Kastanien aus dem Feuer holen müssen. Sie müssen für alles bezahlen. Sie mußten quer durch die ganze Geschichte für jeden Krieg bezahlen . . . mit allem, was sie hatten, einschließlich ihrem Leben. Die Herrschenden haben immer überlebt und wurden fetter. Und so ist es auch mit den Nazibonzen. Ihnen macht es nichts aus, ob alle anderen hungern oder frieren oder sterben. Die gewöhnlichen Soldaten haben überhaupt nichts. Guckt sie euch an, wenn ihr einen Truppenzug seht. Ihr Leben ist alles, was sie noch zu geben haben. Aber wenn sie sich gleich am Anfang geweigert hätten, hätten die Nazis diesen Irrsinn gar nicht anfangen können.»

«Jetzt ist es zu spät», sagt Eberhard. «Wir sind am Ende – jeder muß seine eigene Haut retten. Ich werde auf niemand und auf nichts schießen. Ich werde nicht einmal ein Gewehr anfassen.»

«Siehst du!» unterbricht ihn Ruth. «Das ist genau das, was ich gemeint habe! Was du tust, erfordert mehr Mut. Alle denken, du seist ein Waschlappen, bloß weil du gern Klavier spielst und Bücher magst und so. Aber du hast viel mehr Kraft als *die.*»
Das normalerweise blasse Gesicht von Eberhard hat sich gerötet – selbst seine Ohren werden rot.
Ruth, die das bemerkt, redet schnell weiter. «Ich meine es ernst, wirklich, Eberhard. Körperliche Stärke ist nicht die einzige Stärke. Der Geist ist viel stärker.»
Ich bin erstaunt über die Autorität und die Furchtlosigkeit, mit der Ruth redet. Sie drückt alles so klar und präzise aus.
«Ich weiß, daß Ilse mir zustimmt, obwohl wir eigentlich nie darüber geredet haben. Stimmt's, Ilse?»
«Ich wollte es schon, ich habe auch oft darüber nachgedacht, aber . . .»
«Ich weiß.» Ruth sieht mich an. «Ich wußte es die ganze Zeit, aber irgendwie war ich mir nicht sicher. Ich wette, dein Vater hat dir – genau wie meiner – befohlen, den Mund zu halten und keinem ein Wort davon zu verraten, was zu Hause gesprochen wird.»
Ich nicke eifrig, will etwas sagen, will über meinen Vater reden – etwas, was ich zu Hause nicht tun kann. Ich frage mich, wie schon so oft, was meine Großeltern gegen ihn haben. Ich weiß, daß es nicht deshalb sein kann, weil er gegen die Nazis ist. Sie sind auch gegen Hitler. Aber bevor ich etwas sagen kann, fährt Ruth fort.
«Und du darfst nicht vergessen, daß wir noch Kinder waren. Aber jetzt ist es anders, jetzt sind wir Erwachsene. Ihr hört beide BBC, oder nicht?»
Eberhard und ich tauschen einen Blick, der besagt: *Ich* habe es ihr nicht gesagt, aber natürlich *sollten* wir es ihr sagen. Wir nicken beide ernsthaft.
«Tja», fährt Ruth fort, «dann wißt ihr ja, wo die Front wirklich ist. Die Front ist in Deutschland. Die Russen sind praktisch in Frankfurt an der Oder, die Alliierten in Frankfurt am Main. Mensch, ich wollte, die Alliierten würden ihre Offensive verstärken. Dann wäre Deutschland endlich wieder frei. Auf diesen Augenblick warten so

viele Leute – Kommunisten, Sozialdemokraten, Katholiken, selbst die Zeugen Jehovas. Sie konnten sich nicht einigen, deshalb kam Hitler an die Macht. Jetzt sitzen wir alle im gleichen Boot – also bis morgen. Bleib leben!»

Auf dem Bahnhof arbeiten wir uns mühsam vorwärts, hasten und drängen uns mit den tausend anderen in den Zug.

«Eberhard», frage ich später, «was machst du jetzt? Ich meine, wie willst du da herauskommen?»

«Was ich jetzt mache? Gar nichts», antwortet er. «Das ist es. Ich werde gar nichts tun. Überhaupt nichts.»

Ich finde, daß er seit einer Ewigkeit nicht mehr so fröhlich ausgesehen hat. Und jetzt fängt er an zu husten, und sein ganzer Körper wird heftig geschüttelt. Die Anstrengung treibt ihm Tränen in die Augen.

«Ich muß zum Arzt», stößt er zwischen den Hustenanfällen hervor. «Sagst du meinem Klassenlehrer morgen, daß ich zum Arzt muß?»

März–April 1945. Eberhard ist krank und zu Hause. Aber die Art von Lungenentzündung, die er hat, erlaubt es ihm, sich recht frei zu bewegen, hindert ihn nicht am Klavierspielen oder an irgend etwas anderem. Doch seine Mutter ist seitdem ein Nervenbündel. Jede Tür ist zwei- oder dreimal abgeschlossen. Selbst ich muß ein besonderes Erkennungszeichen benutzen, muß eine bestimmte Melodie pfeifen und zweimal kurz, zweimal lang klopfen, damit man mich ins Haus läßt. Bei jedem Geräusch rennt sie zum Fenster, und jedesmal, wenn jemand die Straße herunterkommt, muß Eberhard ins Bett hüpfen. Sogar wenn der Postbote kommt.

Um uns Nacht, – Zerstörung
Vor uns gähnender Abgrund
Doch – dennoch Hoffnung
Auf ein Morgen
Durch Dich – mit Dir

Ein viermal gefalteter Zettel. Das Gedicht, das Eberhard für mich geschrieben hat. Ich trage es immer bei mir, wohin ich auch gehe.

Jolanthe, das Schwein, ist groß und fett. Die Nachbarn haben die Nase gerümpft. Fast alle hier halten Hühner, Kaninchen, selbst Gänse oder Enten, aber die allgemeine Meinung war, daß ein Schwein, genau wie Kühe und Pferde, auf einen Bauernhof gehört. Aber jetzt, wo Jolanthe geschlachtet werden soll, ist das Schwein für unsere Nachbarn von größtem Interesse. Die Nachricht hat sich offenkundig auch in den anderen Teilen von Lübars herumgesprochen. Leute, die ich nicht einmal kenne, halten mich auf der Straße an und erkundigen sich nach meiner Gesundheit und nach dem Wohlergehen von unserem Schwein. Die ganz frechen wollen das genaue Datum wissen, an dem es geschlachtet wird, und fügen mit leicht unsicherem Lachen hinzu: «Ich hoffe, daß für mich auch ein Stück abfällt» oder «Ihr könnt das doch nicht alles alleine essen. Vergiß nicht, ich helfe gerne.»
Aber die meisten Leute erzählen in entschuldigendem Tonfall von ihren Problemen, nachdem sie gehört haben, daß es uns und dem Schwein gut geht.
«Meinem Jungen geht es schon so lange schlecht, der Arzt sagt, wenn er nur etwas Fleisch bekäme . . .»
Mutti hört jedem zu, bis er fertig ist.
Großmutter wartet nie, bis sie die ganze Geschichte gehört hat, sondern sagt zu allen sofort: «Wir machen eine Menge frische Blut- und Leberwurst. Für Sie ist auch eine Schüssel voll übrig. Kommen Sie einfach vorbei.»
Ich weiß, daß mindestens hundert Leuten in unserer Nachbarschaft «eine kleine Schüssel voll» versprochen wurde. Ich fange an, einen Massenansturm zu befürchten. Wie kann Jolanthe, ein einziges Schwein, all diese Schüsseln füllen, vor allem, wo dem Staat zwei Drittel zustehen?
Großvater und Großmutter machen sich über jede kleine Einzelheit Gedanken, nicht aber über die Schüsseln. Sie sind beide auf einem

Bauernhof aufgewachsen und haben alles mit der Sorgfalt der Erfahrung vorbereitet.

Alles außer dem tatsächlichen Schlachten wird im Keller erledigt. Niemand rechnet ernsthaft damit, daß es auch nur eine einzige Nacht lang ohne Luftangriff abgehen würde. Großvater ist gerade damit fertig, eine Räucherkammer im Kamin einzubauen. Seine Arbeitsbänke sind abgeräumt, und auf einer davon ist ein riesiger Fleischwolf aufgebaut. Weitere Tische wurden aufgestellt zum Zerteilen des Fleisches und zur Wurstherstellung. Saubere Bündel von Holzstäbchen sind bereit, um damit Jolanthes Därme zu verschließen, sobald sie mit der Wurstmasse gefüllt sind. An der Tür steht ein Stapel gar nicht so kleiner Schüsseln. Eifrige Nachbarn haben sie gebracht und erwarten, daß sie gefüllt werden. Ein großer Stoß Feuerholz liegt neben dem Kupferkessel, der normalerweise Großmutter als Waschkessel dient.

Obwohl wir die Hände über die Ohren halten, hören Eberhard und ich Jolanthes letztes verzweifeltes Quieken und ein paar Flüche von Großvater. Um drei Uhr nachmittags ist Jolanthe, das Schwein, tot. Der Berufsmetzger, der staatliche Kontrolleur und der Fleischbeschauer kommen herein und trinken ein paar Schnäpse, bevor sie die Bestätigung unterschreiben, daß Jolanthe zum Verzehr geeignet ist.

«Siebenhundert Pfund!» Die Nachricht wandert durch den Garten, den Hof, den Keller, erreicht jeden Teil des Hauses, denn überall sind ‹Helfer›. Ich bin sicher, es sind mindestens fünfzig. Ich bin ebenfalls sicher, daß meine Großeltern und ein Freund von Großvater, der früher Metzger war, die einzigen sind, die wissen, was sie tun. Eberhard und ich machen Kaffee und schenken ihn aus. Riesige Mengen Kaffee. Ersatzkaffee, natürlich, aber selbst den bekommt man nur sehr schwer. Mutti ist für zwei große Töpfe verantwortlich, unsere größten, gefüllt mit Gemüsesuppe. Die Helfer müssen verpflegt werden. Die Stimmung in unserem Haus ist fröhlich, fast festlich. Überall riecht es nach Blut, Fleisch und Wurst.

Im Keller stöhnt und ächzt der Fleischwolf. Man kann unmöglich sagen, wie viele Leute da sind. Einige wechseln sich am Fleischwolf

ab, da er von Hand betrieben werden muß; andere tragen die Fleischberge weg, die er zermalmt und ausspuckt, und stopfen sie in Därme, die für die Würste in kurze Stücke zerteilt wurden. Die Würste häufen sich auf dem Tisch. Jedes Wurstende wird fein säuberlich verschlungen und mit einem der hölzernen Stäbchen verschlossen. Dann sind sie fertig zum Räuchern.
«Mehr Holz! Wir brauchen mehr Holz. Das Feuer darf nicht ausgehen!» Es knistert unter dem großen Kupferkessel. Es wird dunkel. Der erste Schub Blutwurst ist fertig. Und hier kommen sie alle, die ganze Nachbarschaft. Die Schlange reicht durch die Küche und den Korridor, die Vordertreppe hinunter, durch den Garten und auf die Straße. Mutti schöpft mit strahlendem Lächeln die Blutwurst in die seltsamsten Gefäße, die, das merken wir gleich, nach langen, ernsthaften Überlegungen ausgewählt worden sind. Jemand kommt tatsächlich mit einem Eimer! Mutti muß sagen: «Es tut mir leid, aber das geht nicht. Sonst ist nichts mehr übrig für die anderen. Haben Sie kein kleineres Gefäß?»
Die Frau zuckt nur die Schultern, und Mutti füllt ein paar Schöpflöffel voll auf den Boden des Eimers.
Alarm! Alle hasten in den Keller. Es war noch nie so voll dort und auch noch nie so lustig. Gelächter, das heutzutage so rar ist wie unrationierte, frische Wurst, erfüllt ihn und übertönt den Lärm der Flak und der Flugzeuge über uns.
«Wenn wir sterben müssen, dann sterben wir wenigstens mit vollem Bauch», sagt ein Mann, der neben Eberhard und mir sitzt. Geräuschvoll beißt er abwechselnd von der warmen Wurst ab und von einem riesigen Brotlaib. «Hier!» drängt er uns. «Nehmt, soviel ihr wollt. Meine Frau hat es gebacken. So etwas kriegt ihr nicht oft, nicht einmal dann, wenn man eine solche Köchin wie deine Großmutter im Haus hat!»
Eberhard und ich lehnen ab. Wir haben uns mit Kuchen vollgestopft, und wir sind uns einig, daß wir nichts von dem Fleisch essen könnten, selbst wenn man uns dafür bezahlen würde. Schon allein der Geruch ist fast zuviel für uns.
Die Arbeit geht mit Höchstgeschwindigkeit weiter. Alle essen,

machen Witze und sehen zu, wie das Schwein sich in Schinken, Schmalz und Wurst verwandelt. Es ist so laut, daß wir fast die Entwarnung überhören. Als Eberhards Mutter auftaucht, lösen wir schließlich unsere Hände.
«Ach, ich habe mir solche Sorgen gemacht!»
«Worüber machen Sie sich denn Sorgen?» fragt Großmutter. «Sie wußten doch, daß er hier ist. Kommen Sie, ich gebe Ihnen etwas von der Wurst. Nachher ist wahrscheinlich nicht mehr viel da.»
Um sieben Uhr morgens ist alles weg. Das Fest ist vorbei.
Unser Anteil am Schwein, in Form von Speck, Würsten und Schmalz, ist weggepackt. Nur Großmutter weiß wo. Wir haben jetzt Feldbetten im Keller. Großvater hat sie gemacht. Es hat keinen Zweck, zu versuchen, oben zu schlafen oder sich ganz auszuziehen. Manchmal stelle ich mir vor, wie schön es wäre, nur im Nachthemd – und ungestört – zu schlafen. Aber ich kann mich nicht mehr ausziehen, genausowenig, wie ich meine Angst loswerde. Das Haus kann jeden Moment getroffen werden. Wir müssen bereit sein. Jedesmal, wenn die sachliche Radiostimme Flugzeuge ankündigt, überfällt mich kalte, nagende Angst, und ich zittere unkontrolliert. Ich will in den Bunker laufen, aber Großmutter geht nicht mit. Großmutter und ich sind die meiste Zeit allein. Mutti arbeitet dreißig, vierzig, achtundvierzig Stunden ununterbrochen, und Großvater, der mindestens zwei, oft drei Nächte in der Fabrik Brandwache hat, ebenfalls.
Wir sind eingekreist, und das Gebiet um uns wird täglich kleiner. Berlin ist das Endziel, die letzte Beute der Sieger. Hitler hat den Befehl gegeben, alles zu zerstören. Niemand und nichts darf in die Hände des Feindes fallen. «Verbrannte Erde», sagt er, «ist alles, was wir ihnen übriglassen.»
Wenigstens geht Eberhard wieder mit mir zur Schule. Er muß nicht an der Flak stehen. Er ist wirklich krank, obwohl er sich sehr anstrengt, das zu verbergen. Der schreckliche Husten und die Atemlosigkeit nach ein paar Schritten sind Wirklichkeit. Das bedeutet auch, daß wir nicht rennen können, wenn unser Zug angegriffen wird und wenn sie anfangen, auf diejenigen, die sich krab-

belnd in Sicherheit bringen wollen, mit Maschinengewehren zu schießen.
Auch in der Schule ist man nicht sicher. Eigentlich sollen wir zu einem Splittergraben in der Nähe gehen, aber sowohl die Schüler als auch die Lehrer ziehen das feste alte Gebäude der ein Meter hohen Erdschicht über dem Splittergraben vor.
Wir sind an einem Punkt angelangt, wo wir nicht mehr wissen, warum wir zur Schule gehen. Keiner führt Anwesenheitslisten. Unterricht? Da werden nur noch Gerüchte verbreitet und Debatten geführt.
Niemand hat Herrn Dr. Gräfe gesehen. Jemand behauptet, sein ganzer Häuserblock sei abgebrannt, aber keiner weiß es genau. Nichts ist sicher. Ruth und ich haben Briefe in das Lager nach Harrachsdorf geschrieben. Keine Antwort. Sind sie weggekommen, bevor die Russen kamen? Keiner weiß es. Wir wissen, daß unsere Verbindung untereinander abbrechen wird, wenn wir uns nicht mehr in der Schule sehen. Wir haben keine Telefone, und selbst wenn wir welche hätten, wie lange würden die wohl noch funktionieren? Die Post? Manches kommt an, vieles verbrennt bei Luftangriffen oder wird in liegengebliebenen Zügen und Lastwagen zurückgelassen.
«Alles fällt auseinander», sagt Ruth. Sie hat recht, aber überraschenderweise funktioniert die Stadt noch. Gas, Wasser, Strom, alles geht noch, ist nur manchmal für kurze Zeit unterbrochen, wenn eine Hauptleitung getroffen wurde. Die Züge fahren, allerdings mit sehr großen Verspätungen. Die Leute gehen zur Arbeit. Jeden Tag verkündet das Radio, daß die, die ihren ihnen zugewiesenen Posten verlassen, vor ein Kriegsgericht gestellt werden. Und falls einige Mütter fälschlicherweise annehmen sollten, ein Kind käme nicht vors Kriegsgericht: Kinder, die nicht zur Schule gehen, werden zu Verteidigungsaufgaben eingezogen, sagt der Nachrichtensprecher.
Eberhard, Ruth und ich haben einen Pakt geschlossen. Wir versprechen uns, die jeweils zur Verfügung stehenden Mittel zu benutzen, um miteinander in Verbindung zu bleiben. Während wir dieses feierliche Übereinkommen abschließen, wissen wir schon, daß es

unmöglich sein wird. Tag und Nacht hören wir schwere Artillerie. Das ist die Front. Wir sind umzingelt oder zumindest fast. Wie wird das alles enden? Bald, lieber Gott, sagen wir wie alle anderen, laß es bald sein. Lieber ein Ende mit Schrecken als ein Schrecken ohne Ende.
«Bleib leben!»
«Bleib leben!»
«Bleib leben!»
Ruth, Eberhard und ich schütteln uns die Hand und trennen uns wie gewöhnlich am Bahnhof.

Eberhards Eltern sind mit ihm herübergekommen. Sie debattieren mit meinen Großeltern und Mutti darüber, ob man uns von jetzt an zu Hause behalten soll. Mutti und die Watzlawiks zögern, haben Angst vor den amtlichen Drohungen. Großvater ist nicht sicher. Aber Großmutter, die sich jetzt genausowenig um die staatlichen Vorschriften kümmert wie vorher, sagt: «Die Kinder bleiben zu Hause. Da gehören sie von jetzt an hin. Wenn jemand kommt und nach ihnen fragt, dann sind sie eben krank! *Basta!*» Sie blickt in die unsicheren Gesichter um sich herum und fügt hinzu: «Ich verstehe nicht, warum ihr solche Gesichter macht. Hört doch . . . Das ist nicht nur die Artillerie, was ihr da hört, das sind Panzerkanonen und Maschinengewehre – und ihr überlegt, ob die Kinder zur Schule gehen sollen!» Sie zeigt mit dem Finger an die Stirn. «Also wirklich!»
Jetzt sind Flugzeuge über uns. Wir hören die Flak. Die Watzlawiks müssen eine ganze Weile warten, bis sie die Straße überqueren und nach Hause können. Durch das Kellerfenster sehe ich ihnen zu, wie sie um die Ecke ihres Hauses verschwinden. Sie haben es gerade noch geschafft. Jetzt ertönen die Sirenen. Alarm.
Wieder einmal ein Luftangriff, es ist nur wieder einmal ein Luftangriff. Wir haben schon so viele überlebt, aber der hier – ich weiß nicht – der scheint besonders schlimm zu sein. Mutti und ich beugen uns dem Betonboden zu, als würde das helfen. Großmutter schält Äpfel, ihr Messer schneidet die Schale gleichmäßig in Spiralen ab.

Rumm. Das Haus erzittert in seinen Grundmauern. Das Glas der Doppelfenster, die durch Tücher geschützt hier im Keller stehen, gibt ein eigenartiges, hohes Geräusch von sich. Jeder Gegenstand im Haus rattert, rasselt, vibriert. Das Eingemachte bewegt sich in den Gläsern. Plötzlich ertönt eine Reihe von lauten, dumpfen Schlägen. Großmutter läßt Messer und Äpfel fallen, rennt nach oben und ruft: «Feuer! Die Küche brennt!»
Wir rennen alle nach oben, reißen brennende Vorhänge und Handtücher herunter, schieben die kantigen Brandbomben auf die Kehrschaufeln aus Metall, die Großvater bereithält, und werfen sie durch die offenen Fenster nach draußen in den Garten. Die Flak und den immer noch andauernden Bombenregen bemerken wir nicht. Jetzt können wir die oft verfluchten Eimer mit Wasser und Sand, die immer im Weg waren, gut gebrauchen. Wir rennen fieberhaft hin und her und beseitigen die bösartigen grauen Kanister, die im ganzen Haus zu sein scheinen. Als die Entwarnung ertönt, haben wir alles unter Kontrolle. Alle Feuer sind gelöscht. Wir rennen auf die Straße, um zu sehen, ob sonst noch jemand Hilfe braucht.
Die ganze Nachbarschaft wurde mit diesen dreißig Zentimeter breiten und sechzig Zentimeter langen Brandbomben überschüttet. Alle haben ein paar abgekriegt, aber da es relativ einfach ist, mit ihnen umzugehen, haben sie nicht viel Schaden angerichtet.
«So», sagt Großmutter. «Wir sind wieder einmal mit einem blauen Auge davongekommen.»
Es dauert einen ganzen Tag, das Durcheinander zu beseitigen, das Glas von den zerbrochenen Fenstern aufzufegen und sie mit Brettern zu vernageln. Großvater repariert alle Löcher im Dach, zumindest provisorisch.
Als er zwei Tage später nach Hause kommt, sieht er aus wie eine ägyptische Mumie. Die Arme, die vollkommen bandagiert sind, streckt er vor sich her. Der Kopf ist auch verbunden, nur für die Augen und die Nase wurden Schlitze gelassen.
«Faßt mich nicht an! Faßt mich nicht an!» Sein verzweifeltes Flüstern ist in Wirklichkeit ein gedämpfter Schrei. «Autsch!» Er schreit auf, als er aus Versehen einen Stuhl berührt.

Es ist ein Schock, ihn so zu sehen, und doch scheint es irgendwie nichts Außergewöhnliches bei all dem, was sonst so passiert. Er sagt, durch den Verband sähe es schlimmer aus, als es tatsächlich sei. «Wir haben versucht, das Feuer zu löschen. Dann gab es eine Explosion. Der Doktor sagt, es seien nur Verbrennungen ersten Grades. Sie werden alle heilen.»

«Wenigstens kannst du jetzt zu Hause bleiben», sagt Großmutter gelassen. «An allem ist etwas Gutes. Und gerade zur rechten Zeit. Bis zum Ende kann es nicht mehr länger als ein paar Tage dauern, und es ist das Beste, wenn wir alle zusammen sind. Ich wollte, ich wüßte einen Weg, wie man Grete hierbehalten könnte. Grete! Weißt du, wie man von Gesundbrunnen zu Fuß hierhergeht?»

«Mutter!» antwortet Grete gereizt. «Du weißt doch, daß wir einen Bunker haben!»

«Ich rede nicht von Luftangriffen!» gibt Großmutter ärgerlich zurück. «Ich rede von den Russen! Du mußt nach Hause kommen, *bevor* sie da sind! Wenn es nach mir ginge, dann würdest du von jetzt an hierbleiben.»

«Mach keine Witze! Ich kann nicht einfach zu Hause bleiben! Und ich kann auch nicht von meiner Arbeit wegrennen. Das wißt ihr doch!»

«Das ist keine Pflichterfüllung mehr. Das ist ausgesprochene Dummheit!» brummt Großmutter.

«Laß sie nicht in den dünnen Schuhen gehen! Sie soll etwas Vernünftiges anziehen», kommt Großvaters Stimme hinter den Binden hervor.

«Alle arbeiten noch», sagt Mutti trotzig. «Und das tue ich auch! Auf dem Bahnhof ist überall die Wehrmachtspolizei und die SS, und sie kontrollieren alle, nicht nur die Soldaten. Sie überprüfen unsere Papiere sogar, wenn wir in Uniform sind. Jeder muß auf seinem Posten bleiben. Wer das nicht tut, gilt als Verräter und wird sofort hingerichtet. Ihr wißt gar nicht, wie es da draußen aussieht. Barrikaden in der Stadtmitte. Soldaten, die an Laternenpfählen hängen mit Schildern um den Hals, auf denen ‹Verräter› steht. Ihr wißt einfach nicht, wie es ist. An jedem Ein- und Ausgang, an jedem Bahnsteig

sind Patrouillen. Ich brauche einen speziellen Paß, wenn ich nach Hause gehe. Wie soll ich denn da einfach weggehen? Ihr habt keine Ahnung.»
«O doch, das habe ich.» Großmutter schreit fast, und das habe ich bei ihr noch nie gehört. «Ich habe eine sehr gute Ahnung, eine viel bessere als du. Es wird so sein, daß jeder sich selbst der Nächste ist. Rette sich, wer kann! So wird es sein, und, meine liebe Grete, die Nazibonzen werden die ersten sein, die davonrennen, um sich zu retten. Die beste Überlebenschance hast du *hier*! Hier zu Hause! In euren Bunkern werden sie sich gegenseitig zu Tode trampeln.» Großmutter macht eine Pause. Großvater gestikuliert, aber sie fährt ein weniger ruhiger fort. «Beim ersten Anzeichen des Zusammenbruchs gehst du! Komm nach Hause, aber *geh zu Fuß*! Hörst du? Hör mir gut zu! *Geh zu Fuß!* Verlaß dich nicht auf Züge und Busse, selbst wenn sie noch fahren! Wer weiß – es dauert vielleicht nur noch ein paar Stunden, bis alles zusammenbricht. *Geh zu Fuß!* Deine Füße sind das verläßlichste Transportmittel. Was glaubst du, wie viele Stunden du brauchen wirst?»
«Fünf, vielleicht sechs. Ich weiß es wirklich nicht.» Man kann Mutti kaum verstehen.
«Grete! Versprich mir, daß du Augen und Ohren offenhältst und im richtigen Moment gehst! Es gibt tatsächlich so etwas wie den richtigen Moment, und ich hoffe, daß es dir gelingt, ihn zu spüren. Wenn es soweit ist, dann geh, geh zu Fuß weg, und niemand wird dich anhalten. Und ... Großvater hat recht. Wenn du keine anderen Schuhe anziehst, dann kommst du mir überhaupt nicht weg!»
«Kommt mal mit, ich habe es Hertha schon gesagt», sagt Großvater. «Wir machen die Öffnung in der Kellerwand. Grete, du mußt helfen. Großmutter und Ilse schaffen es nicht allein.»
Wir versammeln uns vor der Backsteinmauer, die unseren Keller von dem der Ruhls trennt. Auf der anderen Seite hören wir Hertha arbeiten. Wir waren uns alle einig, daß wir die Möglichkeit haben müssen, zueinander zu kommen, ohne hinaus auf die Straße oder in den Garten gehen zu müssen. Das ist zu gefährlich. Im Falle eines Feuers oder eines anderen Unglücks wollen wir in der Lage sein,

einander helfen zu können. Ich kann mir nicht vorstellen, daß der alte Herr Ruhl in seinem Rollstuhl eine Hilfe sein könnte, und auch seine zweiundsiebzig Jahre alte Frau nicht, aber vielleicht Hertha, ihre Tochter. Wie dem auch sei, es wird schön sein, mehr Leute um sich zu haben.

«Benutz den Meißel, den anderen – nicht da, sondern zwischen den Backsteinen!» Großvaters Befehle werden durch den Verband gedämpft.

Wir arbeiten von beiden Seiten her, wir greifen die Wand mit aller Kraft an, abwechselnd ermutigt, beschimpft und angeleitet von Großvater, bis wir ein Loch gemacht haben, das groß genug ist, daß eine Person durchkriechen kann.

Mutti hilft, aber wir hätten es auch ohne sie geschafft. Als ich heraushatte, wie es geht, war es nicht mehr so schwer, vor allem nicht mit dem großen Vorschlaghammer. Mutti muß weg. Sie hat ihre Uniform angezogen und – gehorsam – ihre Wanderschuhe. Wir sehen ihr nach, wie sie die Straße hinunter zur Bushaltestelle geht. Ich hoffe, daß kein Bus fährt, damit sie zurückkommen muß.

Wumm, Wumm. Wir ducken uns instinktiv. Berlin wird unter Feuer genommen.

«Und sie besteht darauf, arbeiten zu gehen!» Großmutter schüttelt den Kopf, als Mutti noch einmal winkt, bevor sie hinter der Biegung verschwindet.

18. April 1945. Berlin wird angegriffen, der Lärm des Artilleriefeuers bricht nicht mehr ab, und russische Tiefflieger bedrohen uns fortwährend, da sie mit Maschinengewehren auf alles schießen, was sich bewegt.

Wenn ich nur wüßte, wo Vati ist! Ich weiß nicht einmal, ob er noch lebt. Manchmal denke ich an die Gerstens, an all die Freunde in Hermsdorf, vor allem an die «Hähne». Seit Jahren habe ich sie nicht gesehen und nichts von ihnen gehört. Diese Gedanken kommen und gehen, aber sie verschwinden, sobald in der Nähe irgend etwas explodiert.

Axel Hahn, der wegen Untergrundbetätigung gegen die Nazis festgenommen worden war, wurde am 18. April 1945 im Konzentrationslager Oranienburg gehängt – zwei Stunden vor Ankunft der russischen Armee. Es hätte mir Mut gemacht, wenn ich gewußt hätte, daß Vati an diesem Tag zusammen mit fünf jüngeren Männern aus dem OT-Lager floh und daß sie zwei Tage später sicher in Hermsdorf ankommen würden.

Wenn nur Mutti nach Hause käme. Goebbels, unser Propagandaminister, schreit hysterisch im Radio: «Berlin wird verteidigt bis zum letzten Haus, bis zur letzten Frau und bis zum letzten Kind, bis zum letzten Atemzug.» Die schwache Hoffnung, daß sie Berlin zur offenen Stadt erklären könnten, ist zerstört. Das Unglaubliche, das scheinbar Unmögliche, ist zur Realität geworden. Alte Männer und kleine Jungen errichten auf Berlins berühmten Hauptverkehrsstraßen Barrikaden. Sie müssen Gewehre tragen, von denen sie nicht einmal wissen, wie man sie abschießt. Sie reißen den Asphalt und die Pflastersteine auf und buddeln Schützengräben. Und immer noch verkehren Züge und Busse, und vor den Läden stehen die Leute Schlange. Sie warten an die Wand gepreßt und ducken sich nur bei Explosionen ganz in der Nähe. Sie warten, um ein paar Lebensmittel, irgend etwas Eßbares zu bekommen.
«Die Kartoffeln müssen in den Boden», sagt Großmutter.
Typisch, denke ich. Die Stadt ist unter Feuer, aber sie muß Kartoffeln stecken. Wir graben abwechselnd, halbieren Kartoffeln und stecken sie in die Erde. Alle paar Minuten müssen wir alles fallenlassen und zu den Bäumen rennen, um vor den Tieffliegern in Deckung zu gehen. Diesmal waren wir ein wenig langsam.
«Vielleicht haben sie uns gesehen?»
«Ach was, mach schon, mach schon!» antwortet Großmutter. Sie gräbt schon wieder. «Wir haben noch so viel zu tun!»
Ich folge widerstrebend, dann schreie ich: «Sie kommen zurück!»
Ich sehe Großmutter rennen, höre das Maschinengewehr, sehe, wie die Erde neben mir aufspritzt, während ich mich in den Eingang des alten Bunkers werfe und auf die Seite falle, weil ich mich am Rand der metallenen Regentonne angeschlagen habe. Einen kurzen Au-

genblick lang sehe ich genau den Piloten, seinen Helm, seine Brille und die Bordkanone.
Sie sind genauso schnell verschwunden, wie sie gekommen waren. Als ich aufstehe, blutet mein Bein, und die Regentonne hat zwei saubere Einschußlöcher. Ich binde mir Großmutters Taschentuch ums Bein, und obwohl es sofort von Blut durchtränkt ist, machen wir weiter.
«Wir müssen sie in den Boden bekommen. Wenn wir überleben, ist das, was wir im Boden haben, alles, was wir noch besitzen.»
Die Schießerei ist so heftig, daß ich einfach auf einen Baum klettern muß, um herauszufinden, ob etwas zu sehen ist.
«Großmutter! Großmutter!» Ich springe hinunter und flüchte in ihre Arme. «Panzer, russische Panzer! Sie haben sich am Waldrand aufgestellt. Es müssen Hunderte sein!»
«Ja, ja.» Sie geht schnell zu einer Stelle, wo sie über die drei Gärten hinwegsehen kann. «Es wird bald vorbei sein.» Ihre Stimme ist klanglos. «Ein Grund mehr, uns zu beeilen», sagt sie nach einer Pause. «Na, komm schon, es sind nur noch ein paar.»
Als wir zum Haus kommen, finden wir in unserer Küche eine aufgeregte Menschengruppe: Eberhard, seine Mutter, die Ruhls und fast alle Frauen, die sich früher immer bei Kaffee und Kuchen trafen. Sie sind atemlos und einer Panik nahe.
«Platanenstraße. Die SS ist in die Platanenstraße einmarschiert!» Else Gerlitz zittert, und ihre leise Stimme macht ihr Entsetzen deutlicher als jeder Schrei. «Diese SS-Schweine sind einmarschiert, um die Straße mit ein paar ‹Wehrwölfen›, zwölf- oder vierzehnjährigen Kindern, zu verteidigen. Sie werfen vor die Kellerfenster der Häuser ein paar Sandsäcke, und das nennen sie ‹Verschanzung›. Es wäre komisch, wenn es nicht so ernst wäre.» Else Gerlitz dreht nervös an ihrer Schürze herum und fährt schluchzend fort: «Mein ganzes Leben lang habe ich Hedwig gekannt. Wir sind zusammen zur Schule gegangen, und jetzt ist sie in dieser Straße eingeschlossen. Ach, daß es alles so enden mußte! Diese verdammten Schweine!»
«Else, hör auf zu schreien. Mein Gott, wenn dich jemand hört!» sagt

Eberhards Mutter, die selbst den Tränen nahe ist.
Trotzig sagt Else: «Wer kann denn bei dem Krach noch etwas hören?»
«Warum denn in der Platanenstraße?» fragt Trude Kort, unsere Nachbarin auf der anderen Seite. «Meint ihr, sie kommen auch hierher?»
«Mal den Teufel nicht an die Wand!» sagt Großmutter.
«Er wird uns umbringen! Er wird uns umbringen!» wimmert Eberhards Mutter.
«Nein, das wird er nicht. Kein Mann bringt seine eigene Familie um.» Großmutter klingt streng und überzeugend. «Er war kein großes Tier bei den Nazis. Was hat er denn zu befürchten?»
Frau Watzlawik murmelt schluchzend: «Ich weiß, daß er eine Pistole hat. Er hat sie mir gezeigt. Ich weiß, daß er das, was er sagt, ernst meint.»
Eberhard und Else, die inzwischen ihre eigenen Tränen getrocknet hat, legen den Arm um Frau Watzlawik.
«Hör auf zu weinen. Das hilft auch nichts. Kannst du die Pistole nicht verstecken?»
«Ich weiß nicht, wo er sie hat. Ich habe überall nachgeschaut. Ach mein Gott, was sollen wir bloß tun?»
Else fängt wieder an zu schluchzen, während sie redet: «Dort oben ist jetzt alles abgeriegelt. Ich bin über die hinteren Zäune geklettert, oder ich wäre jetzt auch dort eingeschlossen. Kinder mit ein paar Panzerfäusten und Handgranaten – und die wollen die russische Armee aufhalten. Kein Stein wird auf dem anderen bleiben. Und ich habe sie mein ganzes Leben lang gekannt, mein ganzes Leben!»
«Else!» befiehlt Großmutter. «Sprich nicht, als seien sie schon tot.»
Sie rührt in der Suppe. Die Frauen stehen um sie herum, und wenn sie in der Küche herumgeht, machen sie ihr unbewußt, scheint es, Platz.
«Alma», sagt Else zu ihr. «Ich verstehe dich nicht. Wie kannst du Suppe kochen und abwaschen, wenn die russischen Panzer schon in Lübars sind?»
Alle schauen sie verwirrt und bestürzt an.

«Sie sind noch nicht im Dorf», antwortet Großmutter. «Und außerdem – was soll man denn sonst tun? Was meinst du, was ich tun soll? Soll ich hinausrennen und mit meiner Schürze die Russen abwehren? Solange ich hier im Haus bin, werde ich meine Arbeit tun – und es ist genug da. Ich schlage vor, daß ihr dasselbe macht.»
Wumm! Eine Detonation ganz in der Nähe.
«Ach Gott!» schreit Eberhards Mutter. «Eberhard, laß uns nach Hause gehen! Laß uns nach Hause gehen zu Papa!»
Sie gehen, alle miteinander. Eberhard und ich verabschieden uns nicht einmal voneinander, wir haben keine Gelegenheit, auszumachen, wann wir uns wiedersehen.
Draußen geht der Geschützlärm unvermindert weiter. Kommt er näher? Vielleicht nicht. Ich liege vollkommen angezogen auf meiner Pritsche im Keller. Großmutters Augen sind geschlossen, aber ich glaube nicht, daß sie schläft. Großvater macht Schnarchgeräusche, aber das kommt, weil er wegen des Verbands nicht richtig atmen kann. Er bewegt sich unruhig, dreht sich um, murmelt. Auch er ist sicher wach. Wer kann denn jetzt schon schlafen?
Ich wollte, Mutti wäre zu Hause. Wenn sie nur nicht zur Arbeit gegangen wäre! Was wird wohl passieren, wenn sie nicht nach Hause kommt, bevor die Russen da sind? Ich denke an die Reihen von Panzern, die ich gesehen habe. Meine ganzen Eingeweide sind ein einziger fester Klumpen vor Angst. Ich muß auf die Toilette. Ich traue mich nicht allein nach oben, aber ich will auch nicht den Eimer in Großvaters Arbeitskeller benutzen. Ich werde warten. Wenn Großmutter sich bewegt oder spricht, bitte ich sie, mit mir nach oben zu gehen.
Der alte Herr Ruhl, der in seinem Rollstuhl schläft, macht seltsame Keuchgeräusche. Er hat Asthma. Noch drei weitere Leute sind gekommen, Verwandte der Ruhls. Sie sind vor den Russen geflüchtet und kamen erst vor einigen Stunden weinend und stöhnend an. Die Frau ist klein und vogelartig, der Mann untersetzt und dick. Er hat kaum ein Wort gesagt. Ihre siebzehnjährige Tochter hinkt. Jetzt sind sie ruhig.

19. April 1945. Großvater ist nach Waidmannslust zum Arzt gegangen. Die Russen sind nicht gekommen. Noch nicht. Ich möchte gern vor allem davonrennen, aber ich weiß nicht wohin. Ich muß reden, reden, reden, um die aufsteigende Panik in mir zum Schweigen zu bringen.
«Großmutter! Wie wird es wohl sein? Was werden sie tun? Sollten wir nicht versuchen, zu fliehen?»
Sie beachtet meine Fragen nicht. «Ich wollte, deine Mutter würde kommen», sagt sie. «Und Großvater. Ich hätte ihn selbst neu verbinden können. Vielleicht hätte er nicht weggehen sollen? Und Grete! Warum kommt Grete nicht?»
Ich bemerke mit einem Schock, daß Großmutter zum erstenmal besorgt aussieht. Sie macht sich Sorgen!
«Vielleicht lassen sie sie nicht weg», fügt sie hinzu.
«Sie müssen sie nach ihrer Schicht weglassen», sage ich.
«Das Problem ist, Kind, daß *die* gar nichts müssen, nur ihre eigene Haut müssen sie retten. Du zitterst ja, Ilse. Kannst du nicht aufhören? Was soll denn das? Stell die Tassen *nicht* dorthin! Paß auf, was du tust! Denk nicht an die Gerüchte!»
«Ich kann an nichts anderes denken.»
«Du brauchst nicht zu denken, um zu wissen, wo die Tassen hingehören. Es geht uns immer noch gut, wir sind immer noch in unserem eigenen Haus. Da! Das muß Großvater sein.»
«Ist Grete zurück?» Wie gewöhnlich gibt er seiner Sorge dadurch Ausdruck, daß er wütend ist. «Warum ist sie nicht zurück? Was hält sie denn noch? Alles ist am Zusammenbrechen. Das Zugpersonal verläßt die Züge. Ich habe einen Bus erwischt, aber der Busfahrer sagte, es sei seine letzte Fahrt. Wo ist sie? Wo zum Teufel ist sie?»
Er geht in der Küche auf und ab mit seinem verbundenen Kopf, der aussieht wie eine Kugel, und mit seinen zitternden Händen, die aussehen wie steife, weiße Handschuhe. «Immer wieder haben wir ihr gesagt, sie soll bei den ersten Anzeichen von Schwierigkeiten aufbrechen. Und das ist *jetzt*! Was glaubt ihr wohl, weshalb *ich* so lange gebraucht habe? Über mir flogen die Granaten. Ich habe sie sogar gesehen. Und die Tiefflieger schießen auf alles, was sich auf

der Straße bewegt, und man kann nirgends in Deckung gehen. An der Bushaltestelle wurde ich fast getroffen, an der vor dem Metzger. Wir haben geklopft, aber dort ist alles verrammelt. Sie lassen niemand hinein. Sie haben Angst, man könnte sehen, was sie in den letzten Jahren gehortet haben . . . am besten rennt Ilse zu Tante Martha und ruft Grete an.»

«Das möchte ich nicht gern. Du hast selbst gesagt, es würde zuviel geschossen. Hört!» *Ratatatatta.* «Hörst du das? Sie käme nicht weiter als bis zum Gartentor.»

Noch eine Maschinengewehrsalve, und mittendrin wird die Tür aufgestoßen. Mutti! Sogar Großvater umarmt sie, vergißt seine Brandwunden und schreit dann auf vor Schmerzen.

«Gott sei Dank, du bist zu Hause. Wie hast du es geschafft? Was geht vor sich?» fragen wir alle auf einmal, und Mutti, offensichtlich erschöpft und nervös, muß sich erst ein Weilchen beruhigen, bevor sie erzählen kann.

«Es war Wahnsinn, absoluter Wahnsinn! Tausende von Leuten auf dem Bahnhof. Kinder alleine, mit Rucksäcken, groß genug, um einen erwachsenen Mann zum Stolpern zu bringen. Wie gut, daß Ilse zu Hause ist! Ihr könnt euch dieses Chaos nicht vorstellen! Soldaten und Zivilisten tragen ganze Haushalte herum – zumindest sieht es so aus. Die SS und die Wehrmachtspolizei kontrollieren immer noch Papiere, packen Männer und führen sie weg zum Erschießen. Alle schreien, kreischen, brüllen über das Gewehrfeuer hinweg – und ich verkaufe immer noch Fahrkarten. Verkaufe Fahrkarten und weiß nicht, ob überhaupt noch Züge fahren. Plötzlich sagt jemand ‹zweimal Lübars›, genau wie Ilse damals, als sie nach Hause kam, und ich bin so verdutzt, daß ich sage ‹dort ist kein Bahnhof›, bevor ich merke, daß es Herr Ahl, mein Kollege, ist, der, der hinter Tante Martha wohnt. ‹Kommen Sie›, sagt er, ‹hier ist aber keine gute Luft›, und er legt einen Finger über den Mund und verdreht die Augen. Ich weiß nicht, was ich tun soll, weil genau hinter Ahl ein SS-Offizier ist und mein Chef hinter mir steht und ich sicher bin, daß sie ihn gehört haben.»

Wir merken, daß Mutti die Szene beim Erzählen noch einmal erlebt.

«Dann schiebt mich mein Chef vom Fenster weg und sagt laut genug, daß es der SS-Offizier hören kann: ‹Nehmen Sie sich eine Stunde frei, Frau Koehn. Drei Schichten ohne Pause! Holen Sie sich eine Tasse Kaffee. Hier ist Ihr Paß!› Und als er ihn mir gibt, flüstert er mir zu: ‹Machen Sie, daß Sie hier wegkommen! Viel Glück! Kommen Sie morgen wieder . . . wenn es ein Morgen gibt.› War das nicht anständig? Ahl hat gewartet, er hatte auch einen Paß. Der Himmel weiß, wie er den bekommen hat. Ohne die Pässe wären wir nie aus dem Bahnhof heraus-, geschweige denn nach Hause gekommen. Ich wollte den Zug nehmen, aber Ahl bestand darauf, zu Fuß zu gehen.»
«Was haben wir dir gesagt?» unterbricht Großmutter. «Haben wir dir das nicht gesagt?»
Mutti läßt sich in einen Sessel fallen, aber sie erzählt weiter von Lastwagen, die in den Straßen brennen, von Barrikaden, davon, daß die Leute nicht in die Keller dürfen, daß ein Junge vor ihren Augen von der SS erschossen worden ist. «Sie sagten, er sei desertiert. Er konnte kaum älter sein als vierzehn.» Ihre Stimme wird leiser. Sie ist eingeschlafen, immer noch in Uniform und mit ihren «vernünftigen Schuhen».
Großvater schläft auch. Er schläft im Sitzen. Ich folge Großmutter in die Küche und sehe sie vor dem Herd knien.
«Was machst du denn da unten?»
Sie sieht auf, grinst wie ein Kind, das mit dem Finger im Marmeladenglas erwischt worden ist. «Ach nichts, nichts. Ich hole nur etwas Schmalz.»
«Schmalz? Was hat denn das da unten zu suchen?»
«Psst!» sagt sie, nachdem sie ein paar Eßlöffel voll aus einem Tontopf geholt hat. Sie stellt den Topf wieder unter den Ofen und legt sorgfältig eine Kachel an ihren Platz zurück. «Ich kenne die Russen! Diese Muschiks haben selbst nichts zu essen.» Triumphierend grinsend fügt sie hinzu: «Ich wette, darauf wärst du nicht gekommen. Wir werden nicht verhungern – nicht, solange ich lebe.»
Ich starre immer noch auf die Kachel. Großmutter kichert verlegen. «Geh und hol Kartoffeln und hilf mir dann beim Reiben. Ich habe

gedacht, ich mache heute abend Kartoffelpuffer, um alle ein wenig aufzuheitern.»
«Kartoffelpuffer? Toll! Mein Lieblingsessen. Darf ich Eberhard einladen, bitte?»
«Na klar, na klar. Lade seine Eltern auch ein.»
Großmutter fängt an, die Kartoffelpuffer zu backen, und der Geruch weckt Großvater und Mutti auf. «Laß die Tür offen», sagen sie zu mir. «Renn schnell! Paß auf die Flugzeuge auf!» Während ich die Straße überquere, sehe ich Eberhard, der wie verrückt winkt und zum Himmel deutet. Dann sehe ich die russischen Tiefflieger und rase auf das Haus der Watzlawiks zu. In Sicherheit.
«Ich verstehe das nicht! Ich verstehe das nicht, warum sie dort bleiben!» sagt Eberhard, noch bevor wir uns begrüßen. Ich weiß nicht, wovon er redet. «Die westlichen Alliierten natürlich», sagt er ungeduldig. «Sie sind schon seit Tagen an der Elbe und müßten jetzt eigentlich schon hier sein. Worauf warten sie denn noch? Und jetzt sind wir von den Russen eingekreist. Mein Vater sagt, bis heute abend seien sie hier. Tatsächlich können sie jeden Moment hier sein. Hast du die Panzer gesehen?» Eberhard scheint sogar noch aufgeregter, noch verängstigter zu sein als ich. Sein Gesicht ist weiß und eingefallen. Ich weiß nicht, was ich sagen soll, und dann fällt mir ein, warum ich hergekommen bin.
«Bei uns gibt es heute abend Kartoffelpuffer. Ich bin gekommen, um dich und deine Eltern einzuladen.»
Bei dem Wort «Kartoffelpuffer», allein bei dem Gedanken daran, bekommt sein Gesicht wieder etwas Farbe. Ich wiederhole meine Einladung für seine Mutter, die gerade aufgetaucht ist.
«Ach nein. Nein, danke», sagt sie mit einer eigenartigen Stimme. Ihre Augen sind rot und geschwollen, und ihre Hände zucken. Mit der gleichen seltsamen Stimme fügt sie hinzu: «Sag deiner Großmutter schönen Dank, aber nein, ich kann unmöglich kommen.»
«Darf Eberhard kommen?» bettle ich.
«Ja, ja, natürlich. Er kann gehen.» Jetzt ist ihre Stimme anders, müde, resigniert. «Er kann gehen, aber nur für eine halbe Stunde.»
Eberhard scheint unentschlossen. Ich zerre ihn am Arm, wir rasen

zurück über die Straße und setzen uns vor einen riesigen Berg Kartoffelpuffer mit Apfelmus und Zucker. Großmutter hat sogar die Zuckerschale gefüllt, was so ungewöhnlich ist, daß mir Angstschauer über den Rücken laufen. Diese Mahlzeit könnte unsere letzte sein. Die letzte Mahlzeit und dann . . . die Russen.

Eberhard ißt und ißt, aber er läßt den Kopf immer mehr hängen. Schließlich kann er sein verzweifeltes Schluchzen nicht mehr verbergen und auch nicht unterdrücken.

«Eberhard, was ist los? Es kann doch nicht *so* schlimm sein», sagt Großmutter tröstend. «Du wirst am Leben bleiben, bis du ein glücklicher, alter Mann bist.»

Eberhard schüttelt ungestüm den Kopf. «Mein Vater! Mein Vater wird uns heute abend erschießen.» Er steht auf, versucht sich zu beherrschen, aber als ihm Großmutter ihr Taschentuch gibt, wirft er sich plötzlich in ihre Arme und versteckt das Gesicht an ihrer Schulter.

Großmutter redet mit einer gleichmäßigen, tröstenden Stimme. «Keiner weiß, was kommen wird, Eberhard! Du solltest so etwas nicht einmal aussprechen. Dein Vater ist ein vernünftiger Mann, ein netter, ruhiger Mann, der nie in seinem Leben jemand etwas zuleide getan hat. Warum sollte er vor den Russen solche Angst haben?»

«Ich weiß nicht, ich weiß nicht. Alles was ich weiß ist, daß er uns erschießen wird. Ich weiß es ganz sicher.» Eberhard trocknet seine Tränen, hat sich wieder unter Kontrolle. «Ich muß jetzt gehen. Danke. Vielen herzlichen Dank.» Feierlich geht er hinüber zu Mutti, verbeugt sich und gibt ihr die Hand. Verbeugt sich vor Großvater, dann vor Großmutter. «Auf Wiedersehen.»

«Warte einen Moment. Ich möchte, daß du das deinen Eltern mitnimmst.» Großmutter überreicht ihm eine große Schüssel mit Kartoffelpuffer.

Als wir im Korridor allein sind, sehen wir uns an, und Eberhard sagt: «Ilse, ich möchte dir danken. Vielen Dank für alles. Es war so schön, dein Freund zu sein.» Eine rasche, heftige Umarmung, ein Kuß, und wir treffen nicht einmal unsere Lippen. Er rennt hinaus.

Und dann überfällt es mich. «Es war so schön . . .» Er hat die

Vergangenheitsform benutzt. Was ist, wenn sein Vater ... Ich wage nicht, den Gedanken zu Ende zu denken. Da ist er, gerade geht er um die Ecke seines Hauses. Wie könnte er morgen nicht mehr da sein? Aber vielleicht bin ich auch nicht mehr da. Dieser Gedanke versetzt mir den gleichen Schock wie die Granate, die am Ende der Straße herunterkommt. Es ist seit einer Weile die erste ganz in der Nähe. Ich kann mich nicht bewegen, stehe in der Tür, starre zum blutroten Himmel, auf die verlassene Straße, auf das Haus der Watzlawiks. Wie eine Lawine überfallen mich die Gefühle. Weinend fliehe ich in die relative Sicherheit unseres Hauses.

Die Nacht vom 19. April 1945 bis zum Morgen vom 20. April 1945.
Mutti geht hin und her und ringt nervös die Hände. «Was sollen wir tun? Was sollen wir tun?»
«Tun? Was kann man denn schon tun außer warten und beten?» antworten Großmutter und Großvater gemeinsam. «Wir haben Glück, daß wir nicht in der Stadt wohnen», fährt Großmutter fort. «Warum legst du dich nicht hin und versuchst, ein Weilchen zu schlafen?»
«Schlafen?» ruft Mutti. «Wenn die Russen jede Minute da sein können?» Sie fängt wieder an, nervös auf und ab zu gehen.
Großvater liest. Weiß er nicht, daß wir sehen können, daß er das Buch verkehrt herum hält? Großmutter tut so, als würde sie strikken, aber sie findet eine Entschuldigung nach der anderen, um aufzustehen. Sie stochert in den Kohlen im Ofen, geht hinaus auf die Veranda. Das Schießen draußen wird stärker. Wir gehen schnell in den Keller. Unsere Nachbarn sind schon dort.
Niemand kann stillsitzen. Wir laufen herum, reden, aber ohne Sinn. Und dann vermischt sich mit dem Schießen ein anderes Geräusch – ein seltsames Poltern. Auf der Straße ist ein Tumult. Wir rennen nach oben. Die dunkle Straße ist voll von rennenden, dahinhetzenden Leuten. Da sieht man Fahrräder, Handkarren, Kinderwagen. Ein rotes Leuchtsignal erhellt den geisterhaften Anblick. «Die Russen kommen!» keucht eine Frau mit einem schweren Rucksack. «Sie kommen, sie sind genau hinter uns!»

In unserer Panik rennen Mutti und ich hinunter in den Keller. Wir wollen weg. Wir haben unsere Mäntel an und unsere Bunkertaschen in der Hand, bevor Großvater uns aufhalten kann. Wir weinen, rufen und schreien, bis er und Großmutter uns mit dem Besen in der Hand den Weg versperren. Großvater sieht trotz seines Verbands plötzlich furchterregend aus.
Großmutter, die ihren Besen beiseitegestellt hat, zerrt an unseren Mänteln. «Grete! Ilse! Seid vernünftig! Seht ihr nicht, daß es keinen Ort gibt, wo ihr hingehen könnt? Ihr würdet auf offener Straße eingeholt werden. Das ist Selbstmord!»
Als wir gehorsam unsere Mäntel ausziehen, stellt auch Großvater seinen Besen weg. Er geht hinauf zum Fenster, dann kommt er zurück. «Sie sind alle weg. Die Straße ist leer und verlassen. Vollkommen leer und ... das Dorf von Lübars brennt.»
Wir gehen alle nach oben. Wir stellen uns an unserem kleinen Dachfenster auf. Das siebenhundert Jahre alte Dorf brennt lichterloh. Orangenfarbene Flammen lodern empor. Das muß bei den Quades sein ... Und da, seht, bei den Neuendorffs – mein Gott, all das Stroh! Ein weiterer Geschoßregen treibt uns zurück in den Keller.
«Aus dem Mündungsfeuer zu schließen, muß die Kanone genau an der Kirche stehen.»
«Ja. Was glaubst du, wann sie da sein werden?»
«Vielleicht kommen sie nicht mehr heute abend, sondern warten bis morgen früh.»
Wir sind alle in unserem Keller, außer den alten Ruhls. Wir kriegen den Rollstuhl nicht durch die enge Öffnung. Wir sitzen verängstigt da und hören den Schüssen und den Geräuschen draußen zu. Alle fahren hoch, als auf der Treppe Schritte zu hören sind. Es ist Else Gerlitz, die nachsehen will, ob alles in Ordnung ist.
«Ich werde nicht kämpfen», sagt sie. «Habt ihr eure Laken bereit? Ich werde meins raushängen, sobald ich den ersten Russen sehe. Aber nicht vorher. Einer dieser fanatischen Nazis könnte noch vorbeikommen, bevor alles vorüber ist. Aber ich gehe besser zurück. Ich freue mich, daß keiner hier bereit ist, für Führer und

Vaterland zu sterben. Wir müssen in Verbindung bleiben. Paßt gut auf euch auf!»
«Sei vorsichtig auf dem Rückweg.»
«Macht euch keine Sorgen. Ich gehe so zurück, wie ich gekommen bin – über die Zäune. Ich bin nicht so blöde, daß ich auf der Straße herumrenne.»
«Na ja», sagt Großmutter nach einer Weile. «Es sieht so aus, als würden sie bis zum Morgen warten. Wir sollten versuchen, ein wenig zu schlafen.» Aber nicht einmal sie meint das ernst.
Wir haben noch einen Besucher: den jungen Schmid, den einzigen bekannten Supernazi in unserer Straße. Er trägt seine Uniform unter dem Zivilmantel. Er ist ganz wohlgemut.
«Freut mich zu sehen, daß hier alles in Ordnung ist. Wir sollten zusammenhalten. In dieser Straße gibt es sowieso nur ein paar Männer. Ich glaube, wir sind nicht mehr genug, um die Russen zu bekämpfen, hm?»
Nur Großmutter antwortet. «So *verrückt* werden Sie doch wohl nicht sein?»
Er sieht sich um, sagt: «Ach nein, nicht nur wir hier. Nicht, wenn wir nicht noch mehr Männer und Waffen zusammenbekommen.»
Sobald er weg ist, fallen alle über Großmutter her. Großvater schreit: «Weib, hast du den Verstand verloren? Dieser Nazi kann uns in letzter Minute aufhängen lassen! Wie konntest du nur so etwas zu ihm sagen?»
«Versteht ihr nicht, worum es da ging, ihr Idioten? Habt ihr nicht gesehen, daß er in weiser Voraussicht schon Zivilkleidung anhatte? Er versucht, sich in letzter Minute Freunde zu schaffen. Jahrelang hatten alle vor ihm und seinem Vater Angst. Jetzt ist *er* derjenige, der Angst hat. Wenn er kämpfen will, dann soll er in die Platanenstraße gehen. Die haben immer ihr Fähnchen in den Wind gehängt, die Schmids. Sie werden ihr weißes Tuch noch vor Else draußen haben. Wollen wir wetten? Ach, diese vierundzwanzigjährige Rotznase. Ich kannte ihn schon, als er noch in die Windeln geschissen hat. Wie wichtig er sich in seiner Uniform vorkam, und immer:

‹Heil Hitler, Frau Dereck!› Jetzt plötzlich ist er unser guter alter Freund und Nachbar.»

Mutti drängt sich nahe an Großmutter und flüstert etwas. Alles, was ich hören kann, ist: «Hertha.» Wir haben Hertha Ruhl immer für einen Nazi gehalten. Sie hat uns alle zu Tode gelangweilt mit ihrem «absoluten Vertrauen» in den Führer. Aber jetzt sitzt Hertha ruhig da und starrt ins Leere.

Sie werden heute abend nicht mehr kommen. Hertha hat sich entschlossen, in ihren eigenen Keller zurückzugehen, um sich hinzulegen. Die drei Verwandten folgen. Für das hinkende Mädchen ist es nicht einfach, aber schließlich schafft sie es, durch die Öffnung zu kriechen. Wir sitzen und warten. Warten auf den Tod? Es ist anders als die Luftangriffe, beängstigender.

Großmutter holt einen Stoß Teller und öffnet zwei Gläser von ihren kostbaren eingemachten Pfirsichen, damit alle etwas bekommen. Ich klettere mit ihr durch die Öffnung, um den Ruhls und ihren Verwandten Pfirsiche zu bringen. Sie sind fassungslos. Das hinkende Mädchen kann Großmutter nicht genug danken, es fehlt nur noch, daß sie ihr die Hand küßt. «Gott hat Sie gesandt. Das werden wir nie vergessen.»

Großmutter unterbricht sie, als würde sie ein Kind ermahnen: «Ich glaube nicht, daß Gott etwas mit meinen Pfirsichen zu tun hat. Mein Mann und ich haben sie gepflanzt, gegossen und gepflückt. Ich habe sie gekocht und eingemacht, und Gott hat mir kein bißchen geholfen. Aber macht man – betet, wenn euch das hilft. Vielleicht wird Er euch helfen. Mir hat Er nie geholfen.»

Zum erstenmal seit Stunden ist es ruhig. Nervös, ziellos, gehen wir im Keller umher.

Unsere Kellerfenster sind ein klein wenig über der Erde, und bis auf einen kleinen Spalt sind sie sorgfältig vernagelt und mit Sand bedeckt. Großmutter, die durch diesen Spalt schaut, erschreckt uns mit einem: «Seht mal, seht mal!»

Jemand – wir können nicht sehen, wer es ist – kommt aus dem Haus der Niebischs herausgerannt, klettert über den Zaun der Watzlawiks und verschwindet.

«Das muß der Niebisch sein, der Neffe von Watzlawik. Wahrscheinlich guckt er nach, ob bei denen alles in Ordnung ist. Nein – Moment mal!»
Wir sehen, wie die Gestalt, wer immer es sein mag, mit zwei großen Bündeln wieder auftaucht, sie über den Zaun wirft, sie wieder aufhebt und durch die Vordertür der Niebischs verschwindet. Die Gestalt geht immer wieder hin und her. Mit leeren Händen geht sie hinüber zu den Watzlawiks und kehrt mit Bündeln, mit irgend etwas, zurück. Plötzlich sind es zwei Gestalten. Frau Niebisch? Keiner sagt ein Wort. Wir sehen ihnen zu, wie sie etwas, das wie ein Möbelstück aussieht, herumzerren, hochheben und tragen. Seltsam. Denken die anderen auch, was ich denke, und trauen sich nur nicht, es auszusprechen?
«Da drüben. Seht, da auf der anderen Seite! Das ist Seifert. Der ist auch mit ihnen verwandt, nicht?» sagt Großvater. «Vielleicht . . .»
Jetzt sind alle drei wieder zu sehen. Sie schleppen verschiedene Sachen.
«Meint ihr», sagt Großvater, «ich sollte hinübergehen und . . .»
«Nein!» sagt Großmutter scharf. «Du kannst morgen bei Tag gehen. Laß die Hinterlassenschaft den Verwandten!»
«Du meinst doch wohl nicht . . .»
«Was kann ich denn sonst meinen? Komm vom Fenster weg. Ich habe genug gesehen. Sie können nicht einmal warten, bis die Leichen kalt sind. Leute gibt es!»
Eberhard. Eberhard, dein bester Freund, ist tot. Mein Gehirn formuliert präzise Sätze, sagt mir, daß ich eigentlich weinen müßte. Aber ich fühle nichts. Ich bin wie betäubt. Keiner sagt ein Wort. Wir sitzen in unserer kleinen Kellerwelt und warten auf die Russen.

20. April 1945. «Der Krieg ist vorbei! Mein Gott, der Krieg ist vorbei!» schreit Hertha. Wir fallen einander um den Hals, umarmen uns und weinen in einem Anfall von hysterischer Freude.
Noch vor einer halben Stunde hatten wir in kalter Angst gewartet und Großvater zugesehen, wie er die verlassene Straße überquerte und zum Haus der Watzlawiks ging. Wir sahen zu, wie er zurück-

kam, in der Mitte der Straße stehenblieb und langsam seine verbundenen Hände hob. Ein russischer Jeep hielt vor ihm an. Vier Russen sprachen mit ihm. Sie lächelten. Großvater schüttelte seinen verbundenen Kopf, und sie drehten sich um und fuhren ins Dorf von Lübars zurück.

Russen, die ersten Russen. Großvater sagt, sie hätten fließend Deutsch gesprochen. Sie wollten wissen, was ihm passiert sei und ob Soldaten oder Wehrwölfe in der Nähe seien. Ja, erzählte uns Großvater, die Watzlawiks seien tot. Sie lägen in ihrem Wohnzimmer mit durchschossenem Kopf. Watzlawik müsse erst seine Frau und sein Kind und dann sich selbst erschossen haben. Das Haus sähe geplündert aus.

«Jemand muß sie begraben!» sagt Großmutter.

Die Straße ist zum Leben erwacht. Überall sind Russen. Jeeps, Fahrräder, Soldaten zu Fuß, die Telefonkabel legen. Alle sind draußen und reden und lachen mit den Russen. Hertha schreit immer wieder: «Der Krieg ist vorbei! Der Krieg ist vorbei!»

Nur Großmutters Gesicht und ihr Verhalten bleiben in dieser glücklichen Aufregung unverändert. «Das ist zu schön, um wahr zu sein», sagt sie.

Wir reden alle auf einmal – Mutti und ich, die Ruhls und ihre Verwandten. «Es sind Menschen – wie wir. Seht sie an! All diese schrecklichen Geschichten – nichts als Nazipropaganda!»

Großmutter sieht mißtrauisch aus und erlaubt uns nicht, den Keller zu verlassen und hinaufzugehen. Aber dann kommt Großvater herunter mit Miele, der behinderten Helferin von Tante Martha, und sagt uns, wir sollen zu Tante Marthas Laden gehen.

«Der russische Kommandant hat allen Ladenbesitzern befohlen, ihre Vorräte zu verkaufen. Tante Martha braucht Hilfe. Grete und Ilse sollen ihr helfen. Geht! Geht schon!» sagt er und drängt uns nervös zum Treppenhaus.

Noch nie habe ich unsere Straße so bevölkert gesehen. Mehr und mehr Russen strömen herbei. Wir gehen an den Schmids vorbei, dem Vater und dem Sohn, gerade als der Sohn einem Russen auf die Schulter klopft und schallend lacht. Als ich sehe, wie freundlich der

Nazi-Schmid mit den Russen ist, stolpere ich über ein Kabel, was den jüngeren Russen, der daran arbeitet, veranlaßt, mir scherzhaft mit dem Finger zu drohen.
Welches Durcheinander! Und niemand scheint es etwas auszumachen, daß wieder geschossen wird. Niemand scheint sich an den heulenden Granaten über uns und an dem Maschinengewehrfeuer zu stören.
Hunderte von Leuten scharen sich um die Bäckerei, ohne sich im geringsten davon beeindrucken zu lassen, daß die Russen genau daneben einen Granatwerfer aufstellen. Hätte Miele uns nicht durch die Nachbargärten und durch einen Hintereingang geführt, dann wären wir nie zu Tante Martha durchgekommen. Der Laden ist vollgestopft mit schreienden und drängenden Leuten.
Tante Martha seufzt erleichtert, als sie uns sieht. Für mehr bleibt keine Zeit. Ohne anzuhalten, deutet sie auf die Mehl- und Zuckersäcke auf dem Boden, gibt uns Schaufeln und fährt fort, Papiertüten zu füllen und sie auszuteilen. Wir sind sofort mitten im allgemeinen Chaos gefangen. Ich sehe nur noch ausgestreckte Hände.
In der Mitte des Raumes steht ein Russe. Er wird herumgeschoben und gestoßen, aber er schreit aus vollem Hals: «Ein Pfund! Ein Pfund pro Person. Ein Pfund, hat Hitler gesagt!»
Einige lachen kurz auf. Aber die Leute sind so verrückt nach Lebensmitteln und zerdrücken ihn fast in ihrer Anstrengung, etwas, irgend etwas zu ergattern.
Als ich bei einem Sack am Boden angelangt bin, werden zwei weitere über die wartenden Leute gehoben und neben mir abgestellt. Zwei Männer kommen mit Säcken beladen aus Tante Marthas Lagerraum. Einen Moment lang überlege ich mir, wie es möglich ist, daß Tante Martha, die immer behauptet hat, daß sie als einzige Ladenbesitzerin nichts gehortet hätte, plötzlich so viel zu verkaufen hat. Aber ich habe keine Zeit zum Nachdenken. Mutti und ich arbeiten Seite an Seite und tauschen einen raschen, wissenden Blick. Wie Roboter schaufeln wir, füllen ein und verteilen Tüten.
Tüte füllen, hochreichen, sich bücken für die nächste. Ich erkenne Großmutter nicht, bis sie mit ihrem Gesicht fast das meine berührt.

Sie packt meine Hand und hält sie fest.
«Kommt nach Hause! Kommt sofort nach Hause!» befiehlt sie mit einer Stimme, die keinen Widerspruch duldet. Trotzdem muß sie es noch einmal wiederholen, bis wir sie verstehen: «Grete! Ilse! Kommt nach Hause! Sofort!»
Wir müssen uns nach draußen durchkämpfen. Es dauert ewig, uns durch die Menschenmenge zu schieben und zu boxen. Wie in aller Welt hat es meine kleine, füllige alte Großmutter geschafft, hier durchzukommen? Ich habe keine Gelegenheit, sie zu fragen. Die Straße sieht anders aus, fühlt sich anders an. Überall sind Russen. Sie gehen in die Häuser. Die Straße und die Gehwege sind mit allen möglichen Fahrzeugen vollgestellt. Keine Deutschen sind zu sehen.
«Lauft! Lauft voraus! Das Plündern hat begonnen!» drängt Großmutter, aber wir zögern. «Lauft, hab ich gesagt. Keine Sorge, ich hole euch schon ein.»
Es wird wie wild geschossen. Unmöglich zu sagen, wo es herkommt – es kommt von überallher. Am Himmel sind Flugzeuge. Sogar ein deutsches. Sehe ich recht? Aber schon schießt hinter uns ein Panzer, und während alles zu explodieren scheint, werfen wir uns zu Boden. Rotglühende Metallstückchen schwirren durch die Luft. Ich will nicht aufstehen. Aber dann höre ich Großmutters Stimme genau hinter mir.
«Nehmt die hintere Straße und haltet euch nahe an die Zäune! Lauft!»
Wir kommen nicht weit. Die Flugzeuge beschießen den Boden. Ich finde ein offenes Gartentor und renne zum Haus. Die Tür ist abgeschlossen. Großmutter ruft hinter mir am Tor: «Komm heraus! Weiter! Zum Zaun der Rieders und von dort zu unserem hinteren Zaun!»
Gärten, rostige Zäune, dornige Beerenbüsche, Komposthaufen. Nach Luft schnappend rennen wir, stolpern, werfen uns auf den Boden. Endlich der Garten der Rieders. Ein Russe kommt aus dem Haus und schleppt – ausgerechnet – eine Großvateruhr. Er wirft sich mit der Uhr auf den Boden, als eine Granate über unsere Köpfe hinwegheult. Ich sehe nicht zurück, es ist mir egal, was mit ihm

geschieht. Ich erreiche unseren Zaun und klettere hinüber.
Für den Bruchteil einer Sekunde blicke ich zurück über die Gärten mit den blattlosen Bäumen, die zwischen uns, den offenen Feldern und dem Dorf von Lübars stehen.
«Großmutter!» ist alles, was ich herausbringe. Sie stößt uns zu Boden, weg von dem Anblick, den ich nie vergessen werde. Zehn, fünfzehn, zwanzig Kilometer weit, so weit unsere Augen sehen können – und das ist weit über das Dorf von Lübars hinaus – ist die Straße voll. Es sieht so aus, als sei die ganze russische Armee hierher unterwegs. Panzer, Kanonen, Pferde und Wagen, Infanterie, Kavallerie. Eine Schlange, viel breiter als die Straße, auf dem Weg zu unserem Haus. Großmutter läßt uns keine Zeit für einen zweiten Blick, sondern rennt geduckt voraus. Wir erreichen unsere Veranda und stoßen dort mit Gerda Walter zusammen. Sie hält einen großen Rucksack vor sich und versucht, uns zurückzudrängen.
«Die Russen!» Sie deutet auf die Küche.
«In den Keller», flüstert Großmutter, wirbelt herum und rennt auf den Außeneingang zum Keller zu. Sie wartet dort und will uns zuerst hineinlassen, doch dann entschließt sie sich anders und drängt sich an uns vorbei. Drei Russen kommen heraus. Sie lassen uns vorbei nach drinnen.
Unser dunkler, kleiner Keller ist voller Russen. Sie scheinen aus allen Richtungen zu kommen. Obwohl sie kleiner ist als ich, stellt Großmutter sich resolut vor mich und Mutti und schiebt uns zurück gegen eine Wand. «Wartet, wartet eine Minute», flüstert sie, ohne den Kopf zu bewegen. «Wir müssen auf einen Moment warten, wo keiner da ist.»
Dieser Moment läßt lange auf sich warten. Gott sei Dank, daß der Keller so dunkel ist. Großmutter manövriert uns langsam in den Teil des Kellers, der dem der Ruhls am nächsten liegt. Es ist ein enger Winkel, und wir blockieren fast das Verbindungsloch. Ich will beiseite treten, um ein paar Russen durchzulassen, aber Großmutter greift hinter sich und packt mich so fest an der Gurgel, daß ich fast ersticke, deshalb bleibe ich, wo ich bin. Männer und Frauen in Uniform kommen und gehen. Sie sprechen miteinander, lachen.

Sie klingen freundlich und höflich. Sie treten sogar zur Seite, um sich gegenseitig vorbeizulassen. Seltsame Stimmen. Russische Stimmen. Russische Stiefel klappern die Treppe hinauf und herunter. Russische Panzer dröhnen auf der Straße, russische Artillerie, über unseren Köpfen russische Flugzeuge.
Ein Gewehr. Flak? Granatwerfer? Es klingt, als sei es genau hinter uns aufgestellt. Das Haus zittert, bebt, im Keller vibriert alles.
Ein großer, schwerer Offizier zwängt sich durch die Öffnung und seufzt erleichtert, als er es geschafft hat. Er lächelt mich an. «Soldaten? Nein?»
Als er weggeht, sind wir plötzlich allein im Keller. Großmutter dreht sich um, schiebt mich zur Seite und öffnet eine Art Luke an der Wand hinter mir, von deren Existenz ich gar nichts gewußt hatte. Die Öffnung ist etwa einen Meter über dem Boden und nur etwa sechzig Zentimeter breit und hoch. Großmutter schafft es, mich hineinzuschieben, bevor ich weiß, wie mir geschieht. Ich liege langgestreckt auf kaltem, feuchtem Sand, denn über mir ist nur etwa fünfundzwanzig Zentimeter Platz. Ich werde noch weiter hineingezwängt, als Mutti und Gerda Walter hinter mir herkommen. Großmutter schließt die Luke, noch bevor Gerda sich ausgestreckt hat. Sie kämpft im Dunkeln, und ihr Stiefel trifft mich im Gesicht. Dann liegt auch sie ausgestreckt da. Nur ein kleiner Streifen Licht fällt herein.

20. April–22. Mai 1945. Wir liegen in einem Hohlraum unterm Haus, aber wir wissen nicht genau wo. Wir hören dem eigenartigen Heulen des russischen Granatwerfers zu. Auf Grund der Anordnung ihrer fünf Geschützrohre werden diese Granatwerfer Stalinorgeln genannt. Die Geschützrohre werden nacheinander abgefeuert.
Wenn die Stalinorgel aufhört, dann hören wir schrille Schreie, russische Befehle, schallendes Gelächter, das Poltern von Stiefeln, das Sperrfeuer der Artillerie, Maschinengewehrfeuer und das Klirren der Panzerketten über dem Stakkato von Pferdehufen, bis alles wieder übertönt wird von der Stalinorgel. Die Geräusche erreichen

einen neuen Höhepunkt. Es ist unmöglich, sie auseinanderzuhalten, und noch unmöglicher ist es, sie mit vertrauten Lauten in Verbindung zu bringen. Der dunkle, hohle Raum verzerrt alles. Nur unsere Angst und unsere Phantasie haben in diesem winzigen Gefängnis Platz.

Diese dumpfen Schläge? Dieser Schrei? Männliche und weibliche russische Stimmen. Schreien sie sich ärgerlich an? Oder scherzen sie? Schreie, Rufe, Gelächter vermischen sich mit Explosionen, einzelnen Gewehrschüssen, Befehlen und dem Krach der vorüberziehenden Armee. Es nimmt kein Ende. Ein besonders schriller Schrei, der uns das Blut in den Adern gerinnen läßt. Dumpfe Schläge und die hysterische Stimme der Mutter des hinkenden Mädchens: «Nein! Nein! Nein! Geht nach nebenan! Dort sind die Frauen! Nebenan!»

Ich erstarre, höre auf zu atmen. Nichts. Es geschieht nichts. Die Luke bleibt zu. Stiefel stampfen hinauf und herunter, hinauf und herunter. Unwirsches Brummen, zerbrechendes Glas, Sachen werden herumgeworfen, Rufe, dann Gelächter. Und da ist wieder die Stalinorgel.

Meine Stiefel tun weh, vermutlich sind sie zu fest geschnürt. Ich will sie lockern, schlage mir schmerzhaft den Kopf an, drehe mich um, liege auf der Seite, die Knie zum Kinn hochgezogen.

«Autsch!» sagt Mutti. «Du hast mich gegen den Kopf getreten.»

«Tut mir leid», flüstere ich in der Dunkelheit und will nach ihr greifen, aber meine Hände finden nur Sand. Kalte, feuchte Sandkörner kleben an meinen vor Angst feuchten Fingern. Es könnte überhaupt nicht mehr unbequemer sein, aber ich wage nicht, mich zu bewegen. Der zerknitterte Mantel unter mir fühlt sich steinhart an. Zwei Paar lange Hosen, eine über der anderen, zahllose Pullover, alles zwängt mich ein und tut weh. Die vollkommene Dunkelheit, die Enge! Bewegungen im Sand. Wir versuchen, bequemere Stellungen zu finden, ohne uns gegenseitig wehzutun und ohne Lärm zu machen. Wird es jemals vorbei sein? Vor langer Zeit, wie es scheint, hat Großmutter gegen die Luke getrommelt und verzweifelt geflüstert: «Eine Uhr! Gebt mir eine! Schnell, schnell, oder sie erschie-

ßen Großvater!» Gerda Walter, die der Öffnung am nächsten liegt, gab ihre her. Das war vor langer Zeit. Mutti und ich haben unsere Uhren inzwischen auch weggegeben, eine nach der anderen.
Eine Ewigkeit lang haben wir Großmutters Fingertrommeln nicht mehr gehört und auch ihre Stimme nicht. Das Schießen geht weiter. Ich rutsche auf dem Bauch vorwärts, krieche wie ein Tier in die äußerste Ecke. Selbst in dieser Dunkelheit schäme ich mich, das Notwendige zu erledigen, kämpfe mit all der Kleidung, krieche zurück, bis ich neben Mutti liege und greife nach ihrer Hand. Unsere Finger sind verschlungen, und jedesmal, wenn es scheint, als käme das Haus auf uns herunter, krallen wir uns aneinander.
Meine Gedanken wandern, suchen verzweifelt nach einem Bild, einem glücklichen, sonnigen Bild, um den jetzigen Schrecken zu vertreiben. Ich sehe junge Leute, Jungen und Mädchen in meinem Alter, die auf einem Rasen Ball spielen. Habe ich das einst in einer Illustrierten gesehen, in einem Buch? Ich erinnere mich nicht, aber ich zwinge mich, dieses Bild ganz klar zu sehen, mich in die Szene hineinzuversetzen. Ich sitze im Schatten eines Baumes. Dort ist ein Strand. Gleich gehe ich mit den anderen schwimmen. Plötzlich durchzuckt mich der Gedanke, daß sich eine solche Szene tatsächlich irgendwo auf der Welt abspielt.
Es ist die vierte Nacht. Dreieinhalb Tage, und dies ist die vierte Nacht. Und die Panzer rollen immer noch, die russischen Stimmen hören nicht auf zu lachen, zu fluchen, zu befehlen. Auf dem Hinterhof müssen ein paar Russen sein. Sie sind so nah, daß wir sie atmen hören.
Stunden vergehen. Schreckliche, beängstigend lange Stunden. Endlich kommt Großmutters Signal. Ihre Finger trommeln, dann ihre Stimme, ihre sehnlichst erwartete Stimme: «Macht euch fertig, herauszukommen. Aber macht schnell. Die Wache kann jeden Moment zurück sein. Keinen Lärm! Macht keinen Lärm!»
Steife Glieder, von der Kälte, von Krämpfen gelähmt. Wir versuchen, uns zu bewegen, versuchen rasch zu sein und leise. Was ist das für ein Geräusch? Mein Herz schlägt so laut, daß ich meine, man müsse es im ganzen Haus hören. Aber es ist Großvater, der mit

leiser, drängender Stimme befiehlt: «Schnell! Um Himmels willen, macht schnell! Wir bringen euch in den Schweinestall.»
Durch den dunklen Keller, hinaus auf den Hof. Obwohl der Schweinestall am Haus angebaut ist, kommt man nur über den Hof hinein. Wir sehen kurz den drohenden Umriß der Stalinorgel, die verlassen zwischen Großmutters Bohnenstangen steht. Wir sind zu fünft in dem engen Schweinestall. Großvater und Großmutter halten die Leiter, während wir hinaufklettern und uns durch eine Bodenluke an der Decke zwängen.
«Hinauf, hinauf! Zieht die Leiter hinauf!» drängen sie flüsternd.
Wir ziehen die Leiter herauf, legen das Brett, das die Öffnung verschließt, an seinen Platz. Wir lauschen auf die schwächer werdenden, eiligen Schritte von Großvater und Großmutter. Wir hören das vertraute Quietschen der Verandatür. Dann ist alles ruhig.
Wir sind auf dem Heuschober. Wir nennen ihn so, obwohl hier noch nie Heu oder irgend etwas anderes gelagert worden ist. Meine Großeltern hatten auch ohne ihn genug Platz. Es ist ein großer Raum mit schrägen, unverkleideten Dachwänden. Der Boden besteht aus rohen Brettern, und es gibt kein Fenster. Ein Ziegelstein ist zur Belüftung entfernt worden. Wir finden Decken, Kissen, einen Korb mit heißer Suppe. Wir haben tagelang nichts gegessen. Großmutter hat an alles gedacht. Wir finden Teller und Löffel, frische Unterwäsche und in der Ecke ein sehr willkommenes, notwendiges Objekt. Einen Eimer mit Deckel.
Unsagbare Freude, daß wir aufrecht stehen, uns ausstrecken und essen können. Das ist genug, um für den Augenblick alles andere zu vergessen.
Die schweren Stiefel eines Wachpostens knirschen auf dem Kies. Er zündet ein Streichholz an, inhaliert langsam und bläst mit offenkundigem Genuß den Rauch wieder aus. Wenn wir ihn hören können, dann kann *er* . . . Wir hören auf zu atmen, bevor wir den Gedanken zu Ende denken. Stiefel. Russen kommen durch den Hof gerannt. Wir hören Befehle und dann wieder das gespenstische Heulen der Stalinorgel. Wir ergreifen die Gelegenheit, um zu husten. Wie auf Befehl husten wir alle drei.

Wir haben uns erkältet. Wenn wir nur husten könnten! Ich *muß*, ich kann es nicht mehr aushalten, o mein Gott, warum schießen sie denn das Ding nicht wieder ab? Da . . . Rummm! Das gespenstische Heulen ist uns willkommen. Trotzdem benutzen wir Kissen, um unseren Husten zu dämpfen. Vier Tage, vier Nächte. Eine ganze Ewigkeit. Wir dachten, der Krieg sei vorbei. Aber das Schießen, das vereinzelte Maschinengewehrfeuer und die Gewehrschüsse gehen weiter. Wird es jemals aufhören?

Der Morgen dämmert. Wir können durch das Ziegelsteinloch hinausgucken. Wir sehen sie, bis hin zum Dorf von Lübars, wie sie auf uns zuströmen. Sie verteilen sich über die Felder und ganz in der Nahe in die Vorgärten, eine unglaubliche Armee von Panzern und Jeeps, Lastwagen zwischen Kuhherden, von Pferden gezogenen Bauernkarren. Da sind Feldküchen, umringt von Soldaten zu Fuß und auf Fahrrädern. Da sind fahrbare Geschütze und Kavallerie, Gruppen von Infanteristen, von denen einer zwei Schweine verfolgt. Eine vielgestaltige, langsam vorankriechende Armee. Die Panzer bleiben in den Zäunen stecken. Einer, der auf dem Zaun von Else Gerlitz aufsitzt, läuft ewig weiter. Fahrzeuge mit leerem Benzintank werden zurückgelassen. Schließlich halten die Fahrzeuge, die Tiere, die Menschen und die Panzer knirschend an. Es ist zu viel für die Straße. Rufe, Flüche. Alles steht still. Die Soldaten auf den Fahrzeugen steigen ab. Alle gehen auf die Häuser zu. Schreie, die das Blut in den Adern gerinnen lassen! War das Großvater? Großmutter? Ein Nachbar? Letzte verzweifelte Proteste, wenn das Leben bedroht ist, unterstrichen von Gewehrschüssen.

Russische Befehle, schallendes Gelächter, Flüche, stampfende Füße, dumpfe Schläge. Sachen werden zerschlagen. Aber jetzt bewegt sich die Masse wieder. Soldaten, die alle erdenklichen Sachen tragen, kommen aus den Häusern. Infanterie, Lastwagen, Panzer, Kühe, Fahrräder, Bauernkarren, es nimmt kein Ende, und wieder hält alles an. Ein Pferd ist vor einem Geschütz hingefallen. Der Fahrer schlägt erbarmungslos auf das Pferd ein, aber es steht nicht auf, nur sein Kopf bewegt sich hin und her, und dann hört auch das auf. Es liegt still, mit offenen Augen und mit Schaum vor dem Maul.

Der Panzer, der versucht hat, an dem Pferd vorbeizufahren, ist zwischen dem Zaun der Watzlawiks und dem Geschütz verkeilt. Der Mann im offenen Panzerturm flucht. Der Fahrer erschießt das Pferd, schießt alle seine Kugeln auf das Tier ab, dann stoßen und zerren sie es zur Seite.
Die Nacht bricht an, und Feuer beleuchten die Soldaten und die Waffen auf den Feldern. Ein Akkordeon in unserem Haus! Der Klang eines Akkordeons spornt an, drängt, führt die fremdländischen, rauhen Stimmen, bis sie es schließlich übertönen. Das Geschrei und das Gestampfe in unserem Haus hat aufgehört. Statt dessen bringen tiefe männliche Stimmen die Wände zum Vibrieren. Herrliche, unwirkliche Klänge führen uns weg vom Hier und Jetzt. Flackernde Feuer auf den Feldern und diese wunderschönen Stimmen, Mundharmonikas und Akkordeons beschwichtigen unsere Ängste, wiegen uns in den Schlaf. Fast. Stunde um Stunde singen sie und spielen. Die Lieder werden lauter, wilder. Die schwermütigen, sehnsüchtigen Lieder verwandeln sich in aggressive, triumphierende Musik.
«Sie scheinen zu tanzen», flüstert Mutti. Im Halbdunkel sind ihre Augen schwarz und groß. Eng zusammengekauert fühlen wir, wie die Wände und dann das ganze Haus im Rhythmus der Lieder zittern. Unglaubliche Energien werden frei.
«Sie sind betrunken! Mein Gott, sie sind betrunken! Was werden sie tun?»
Glas klirrt, gefolgt von Gelächter. Gewehrschüsse, Pistolenschüsse, dann ist schließlich Ruhe, nur aus der Ferne ertönt noch ein schrilles *«Nein!»*
Am Morgen ist die Armee wieder in Bewegung. Keine Spur von Großvater oder Großmutter, nur das vereinzelte Aufheulen der Stalinorgel.
Der Tag vergeht und die Nacht. Noch ein Tag, noch eine Nacht, und es läßt nicht nach. Immer noch keine Spur von Großmutter. Einmal meinten wir, ihre Schritte im Hof zu hören, aber wir waren nicht sicher. Sie kam nicht. Aber die scheinbar endlose russische Armee bleibt in Bewegung. Sie rattert, dröhnt, marschiert an unse-

rem Haus vorbei. Schließlich wird der Strom dünner. Die Stalinorgel wird weggezerrt und, was das Allerbeste ist, Großmutter kommt, unversehrt, mit Neuigkeiten und Essen.
«Alle haben überlebt. Alle in unserem Haus. Die alte Frau Ruhl hat sich den Knöchel verstaucht, als sie gegen die Küchenwand geworfen wurde. Sie haben ein paarmal gedroht, Großvater zu erschießen, weil er keine Uhr hatte, aber Wladimir hat ihn jedesmal gerettet. Er hat auch Hertha gerettet, als sie sie fast vergewaltigt hätten. Der Mann ist herumgerannt, sage ich euch! Wann mag der wohl schlafen? Für Lisa hatte er auf jeden Fall keine Zeit. Ach, stimmt» – Großmutter unterbricht sich – «ihr wißt ja gar nichts von ihm. Wladimir ist ein junger russischer Leutnant, gut aussehen tut er auch, der sich in Lisa verliebt hat – wißt ihr, die hübsche Lisa Gerber. Er wohnt jetzt bei den Gerbers. Ach, was er hier herum für ein Schutzengel war! Ihm haben wir es zu verdanken, daß wir mit einem blauen Auge davongekommen sind. Alle rennen zu ihm, wenn sie Hilfe brauchen, und er kommt immer. Wißt ihr, daß ich einmal in unserem kleinen Haus dreihundertvierzehn Russen gezählt habe? Dreihundertvierzehn! Ich mußte für sie kochen. Einer von ihnen gab mir einen halben Laib Brot. Ihr werdet es nicht glauben, aber sie haben wirklich selbst nichts zu essen. Das Haus sieht natürlich aus wie Sodom und Gomorra, aber ich werde es so lassen, wenigstens eine Weile. Sonst meint jeder, der noch kommt, es sei noch nicht geplündert worden. Das Risiko will ich nicht eingehen. Es sieht viel schlimmer aus, als es ist. Die Stühle und der Tisch sind kaputt, aber Großvater kann sie wahrscheinlich reparieren. Das Glas im Büfett und fast alle Gläser, alles Geschirr und alle Bilder wurden zerschlagen. Aber dir haben sie ja sowieso nicht gefallen.» Ein listiger Blick auf mich. «Nein, sie haben nicht viel mitgenommen. Was haben wir denn schon? Alte Lumpen im Schrank. Ach, ihr hättet die Frauen sehen sollen! Die haben vielleicht stämmige Figuren! Und Riesenbusen, sie platzen fast aus den Uniformen. Eine von ihnen hat versucht, Großvaters alten Ledermantel anzuziehen. Ihr hättet sie sehen sollen, wie sie vor dem Spiegel herumgetänzelt ist, um sich von allen Seiten zu betrachten.»

«Hat sie ihn mitgenommen?»
«Natürlich hat sie ihn mitgenommen. Sie ist geradewegs mit ihm hinausmarschiert. Ihre Frauen sind schon eine Sache für sich. Ich habe mein Bestes getan, um wie eine alte Bauersfrau auszusehen.» Großmutter lacht. «Den Halunken kann man nicht trauen. Und die meisten haben mich ‹Matka› – Mutter – genannt. Wartet nur, bis ihr den Keller seht. Kein einziges Glas ist mehr da. Ein Durcheinander! Die Flaschen mit dem Apfelsaft sind auch alle kaputt. Die haben sie kaputtgeschlagen, als sie nach Schnaps suchten. Gott sei Dank hatten wir keinen. Sie waren so schon betrunken genug. Aber stellt euch vor, einer von ihnen hat meinen Schmalztopf gefunden, den, den ich unter dem Herd versteckt hatte. Hat alles gefressen.»
Sie hält an, hört nach einem Panzer, der vor dem Haus anzuhalten scheint, und fährt fort, als die eisernen Ketten weiterrollen.
«Ja, er hat es auf der Stelle weggeputzt. Den ganzen Topf voll. Natürlich. Ich habe noch andere. Aber es ärgert mich, daß er den gefunden hat. Und Gerda! Den Rucksack, den du auf der Veranda gelassen hast . . .»
«Der Rucksack! Mein Rucksack!» ruft Gerda. «O mein Gott, da waren all unsere Papiere drin! Die meiner Eltern, meine eigenen, der Grundbrief für unser Haus, alles! Und . . .» Gerda versucht vergeblich, ihre Tränen zurückzuhalten. «Der Schmuck, der ganze Schmuck meiner Mutter und das Silberbesteck. Alles, einfach alles! Ich habe ihn überall mitgeschleppt, um ihn dann im schlimmsten Moment stehenzulassen. Ach mein Gott!»
«Es war keine Zeit, Gerda», sagt Großmutter. «Später weiß jeder, was er hätte tun sollen. So wie es war, hast du Glück gehabt, daß du es hierher geschafft hast – du hättest auf offener Straße erwischt werden können. Und Glück, daß wir dich verstecken konnten. Papiere!» sagt Großmutter mit dem für sie typischen spöttischen Lächeln. «Papiere! Papiere kann man besorgen. Es wird genug Leute geben ohne Papiere. Darüber würde ich mir keine Sorgen machen. Die Hauptsache ist, daß du lebst und daß es dir gut geht.»
«Das stimmt, Frau Dereck. Bitte halten Sie mich nicht für undankbar. Sie haben so viel getan, aber –»

«Aber gar nichts», unterbricht Großmutter. «Was weg ist, ist weg. Es zahlt sich nicht aus, sich Sorgen zu machen. Ich werde später versuchen, zu meiner Schwägerin hinüberzugehen und zu deinen Eltern. Sie machen sich bestimmt Sorgen, und sie werden froh sein, daß es dir gut geht, mit oder ohne Papiere.»
«Vielleicht sollte ich mitkommen?»
«O nein! Du bleibst hier. Ihr alle bleibt hier. Obwohl das Schlimmste vorbei zu sein scheint, sind immer noch genug plündernde Soldaten unterwegs, und nachts gehen selbst die regulären Truppen durch die Häuser und suchen nach Frauen.»
«Aber Sie haben mich nicht nur versteckt, Sie haben mich auch durchgefüttert», protestiert Gerda schwach.
«Was denn? Den einen Teller Suppe? Wir haben immer noch ein paar Kartoffeln und einen Kohlkopf oder zwei. Keine Sor – Schnell, macht die Luke zu!»
Schritte im Hof. Stiefel. Rauhe russische Stimmen fragen, drängen, befehlen immer wieder: «Frau! Frau! Frau!»
Großmutters Stimme: «Nein, hier ist keine. Keine Frau. Nur ich, alte Frau, sehr alte Frau.»
Überall sind Bekanntmachungen aufgehängt worden. Ein Mitglied jeder Familie muß zur russischen Kommandantur gehen, um alle zum Haushalt gehörenden Personen registrieren zu lassen, und dann werden entsprechende Lebensmittelkarten ausgestellt. Meine Großeltern entschließen sich, ein paar Tage zu warten, bevor sie Mutti und mich registrieren lassen.
Wir bleiben in unserem Versteck, aber trotz der Warnungen meiner Großeltern besteht Gerda darauf, nach Hause zu gehen. Großvater und Großmutter begleiten sie. Offiziell sind die Tage der Plünderungen und der Vergewaltigungen vorbei, aber trotzdem kommen Horden von Soldaten zu den Häusern und suchen nach Frauen und nach Wertgegenständen. Wir haben eine ganze Gruppe Soldaten gesehen, die zwei Frauen anfielen, die friedlich auf der Straße gingen. Wir sahen, was sie gemacht haben, hörten die Frauen schreien. Es hat mich davon überzeugt, daß ich hierbleiben will, bis meilenweit kein Russe mehr zu sehen ist.

Wenn Großvater vor dem Haus Wache steht und Großmutter im Garten, dann verlassen wir manchmal unser Versteck für eine kurze Zeit, nur um ein bißchen herumzulaufen und frische Luft zu schnappen.
Ich weiß nicht wie viele Tage später, an einem hellen, sonnigen Morgen, rollen Panzer am Haus vorbei, die ersten seit einer ganzen Weile. Sie scheinen anzuhalten, und plötzlich herrscht ein schrecklicher Tumult. Unter den russischen Stimmen höre ich plötzlich die von Großvater. Er brüllt und schreit: «Messer! Messer! Bring schnell ein paar Messer!»
Deutsche und russische Stimmen schallen durcheinander, aber das einzige verständliche Wort ist «Messer». Zu unserer großen Enttäuschung ist das Ziegelsteinloch zu klein. Wir können nicht sehen, was los ist. Aber was immer da geschieht, geht genau unter uns auf dem Hühnerhof vor sich.
Bald klingt es, als seien Hunderte von Leuten in eine Messerstecherei mit betrunkenen Russen verwickelt. Ein Schuß ertönt. Die Menge stöhnt. Metall klappert auf Metall. Der Lärm von immer mehr Leuten, die sich an dem Handgemenge – es hört sich zumindest nach einem Handgemenge an – beteiligen. Wir hören Schreie:
«Dort! Dort!»
«Nein hier! Stich hier zu!»
«Gebt *mir* das Messer!»
Eine russische Stimme übertönt alles und ruft auf deutsch: «Stellt euch an! Alles anstellen!» Schließlich ist es wieder ruhig. Erst dann denkt Großmutter an uns, ruft uns herunter und klärt den geheimnisvollen Vorfall auf.
Eine Panzerbesatzung hatte einige Kühe zusammengetrieben. Eine der Kühe war über unseren Zaun gesprungen und hatte ein Bein gebrochen. Großvater und Großmutter erkannten unverzüglich eine Möglichkeit, zu Fleisch zu kommen. Großmutter ging schnell zu dem russischen Kommandanten, um die Erlaubnis zum Schlachten der Kuh einzuholen. Der Kommandant nahm sich Zeit, wie sie sagt, aber schließlich gab er die Einwilligung.
In der Zwischenzeit hatte die Panzerbesatzung mit Großvaters

Hilfe die Dinge selbst in die Hand genommen. Sie zerrten die Kuh in unseren Hof und versuchten, das arme Vieh mit dem Messer umzubringen. Es gelang nicht, und einer der Russen erschoß es. Als Großmutter zurückkam, reichte die Schlange der Leute schon die ganze Straße hinunter. Sie entdeckte erst, was los war, als sie an der Spitze der Schlange bei der Menschenansammlung in ihrem eigenen Hof ankam.

«Alle hatten Schüsseln und Eimer, genau wie damals, als wir Jolanthe geschlachtet haben. Könnt ihr euch das vorstellen?» Großmutter lacht. «Da renne ich herum, um die Erlaubnis zu bekommen, und als ich sie endlich habe, ist die Kuh weg. Ich habe gerade noch das hier bekommen.» Sie hält ein blutiges Stück Fleisch hoch.

«Aber es waren ordentliche Burschen», sagt Großvater. «Meine Güte, wenn ich nicht dafür gesorgt hätte, hätten sie gar nichts bekommen.»

«Das ist wahr», stimmt Großmutter zu. «Sie wären mit leeren Händen ausgegangen. Ich habe dem großen Blonden die Hälfte von dem gegeben, was ich ursprünglich hatte. Er sah so hungrig aus.»

«Dem großen Blonden? Was, dem hatte ich doch schon das beste Stück aus der Hüfte gegeben!» ruft Großvater. Beide lachen und schütteln den Kopf.

Tage später sagt Mutti oben in unserem Heuschober: «Heute ist der 22. Mai. Wir verstecken uns jetzt seit vier Wochen. Weißt du das? Vier Wochen! Deutschland hat am 7. Mai bedingungslos kapituliert, und wir verstecken uns immer noch.»

In diesem Augenblick hören wir Großmutter mit einem Besenstiel klopfen.

«Macht auf! Kommt herunter!» ruft sie. «Ich habe eine Überraschung für euch.»

Ich bin halb die Leiter unten, bevor ich ihn sehe. Aber dann bin ich im Nu bei ihm und rufe: «Vati! Vati! Vati!»

Mutti und ich klammern uns an ihm fest. Wir wissen, daß wir ihn nie wieder weglassen werden.

Er sagt: «Kommt, wir gehen nach Hause», und wir wissen, daß er *uns beide* meint.
Mutti und ich nehmen Vati in die Mitte, und gemeinsam marschieren wir nach Hermsdorf.
Von jetzt an muß alles gut werden. Ich weiß es. Für mich ist der Krieg vorbei.

Namen- und Begriffserklärungen

Arier: die Völker des indo-iranischen Zweigs der indogermanischen Sprachfamilie; in der nationalsozialistischen Rassenpolitik fälschlich verwendet für Menschen germanischen, insbesondere nichtjüdischen Blutes.

Bann: höchste lokale Einheit der Hitlerjugend; hier: Dienststelle der Hitlerjugend.

BDM (Bund Deutscher Mädel): Gliederung der Hitlerjugend; erfaßte alle weiblichen Jugendlichen im Alter von 14–18 Jahren.

Blut und Boden: Begriff der nationalsozialistischen Weltanschauung («engste Verbundenheit einer Rasse mit dem von ihr bebauten Boden»), romantische Verklärung des Bauerntums.

Evakuierung: im Zweiten Weltkrieg wurden viele Familien aus den durch Bombenangriffe gefährdeten Städten, in ländliche Gebiete umgesiedelt; Schüler, vor allem aus größeren Städten, wurden in sogenannte Kinderlandverschickungslager gebracht.

Flak: Abkürzung für Flugabwehrkanone, zur Bekämpfung feindlicher Flugzeuge eingesetzt.

Hakenkreuz: uraltes religiöses Symbol in Kreuzform mit rechtwinklig geknickten (auch abgebogenen) Enden. Von den Nationalsozialisten als Parteiemblem verwendet.

hamstern: Beschaffung knapp gewordener oder gar nicht mehr erhältlicher Lebensmittel und anderer Bedarfsartikel während des Zweiten Weltkriegs und danach, auf inoffizielle Weise, zumeist auf dem Tauschweg bei Bauern.

Hitlerjugend: Jugendorganisation der NSDAP (Nationalsozialistische Deutsche Arbeiterpartei). 1926 als Untergruppe der SA gegründet, seit

1932 selbständige Organisation; erfaßte Jugendliche im Alter von 14–18 Jahren.

Konzentrationslager: Abkürzung KZ, auch KL; ursprünglich Internierungslager, erstmals von den Spaniern während der Revolution 1895 auf Kuba sowie von den Briten im Burenkrieg errichtet. In Deutschland 1933 nach dem Reichstagsbrand errichtet. Unter Berufung auf die «VO zum Schutz von Volk und Staat» wurden Kommunisten und Sozialdemokraten, rassisch Verfolgte, besonders Juden, sowie andere Gegner des Nationalsozialismus willkürlich verhaftet oder offiziell in Schutzhaft genommen. Übermäßige Zwangsarbeit, Hunger, Seuchen, unzulässige medizinische Versuche verursachten eine hohe Sterblichkeit. Die Zahl der KZ stieg nach Kriegsausbruch bis 85. Den Höhepunkt des Terrors bildeten Vernichtungslager im Zuge der «Endlösung der Judenfrage» (Auschwitz, Maidanek, Treblinka u. a.), die ausschließlich der Ausrottung von Juden, russischen Kriegsgefangenen und anderen Insassen dienten.

Lidice: tschechisches Dorf; wurde am 10. Juni 1942 von der SS als Vergeltung für das Attentat auf Gestapochef Heydrich zerstört. Die Männer wurden erschossen, die Frauen und die meisten Kinder in Konzentrationslager gebracht.

Muschik: russischer Bauer.

Mussolini, Benito (1883–1945): Begründer und Führer (italienisch: Duce) des italienischen Faschismus.

Nazi: umgangssprachlich für Nationalsozialist.

Offene Stadt: eine Stadt, die nicht verteidigt wird.

O. T.: Abkürzung für Organisation Todt, gegründet von dem nationalsozialistischen Politiker Fritz Todt. Die O. T. errichtete während des Zweiten Weltkriegs kriegswichtige Bauten (Luftschutzräume, Westwall, Atlantikwall usw.) in Deutschland und in den von den Deutschland besetzten Ländern.

Panzerfaust: Handfeuerwaffe zur Bekämpfung von Panzern.

RAF: Abkürzung für Royal Air Force (britische Luftwaffe).

Rommel, Erwin (1891–1944): deutscher Generalfeldmarschall (1942); 1942/43 Befehlshaber des Afrikakorps, 1944 Oberbefehlshaber der Heeresgruppe B an der Westfront; wegen seiner Beziehungen zur Widerstandsbewegung von Hitler zum Selbstmord gezwungen.

SA: Abkürzung für Sturmabteilung, halbmilitärische Formation der NSDAP, entstand aus seit 1920 bestehenden Parteikampfgruppen und wurde zu einer Parteiarmee mit über zwei Millionen Mitgliedern entwickelt.

SS: Abkürzung für Schutzstaffel; halbmilitärische Formation der NSDAP, 1925 zunächst zum Schutz Hitlers gegründet, seit 1929 zur «Eliteformation» ausgebaut; berüchtigt für ihre Grausamkeiten und Unmenschlichkeiten.

Tschuikow, Wassilij: sowjetischer Marschall; zeichnete sich im Zweiten Weltkrieg bei der Verteidigung Stalingrads aus.

Volkssturm: ab Oktober 1944 bestehende Kampforganisation zur Unterstützung der deutschen Wehrmacht, die alle noch nicht eingezogenen Männer zwischen 16 und 60 Jahren erfaßte, um den «Heimatboden mit allen Waffen und Mitteln» zu verteidigen.

Werwölfe: von der nationalsozialistischen Fuhrung in den letzten Monaten des Zweiten Weltkriegs befohlene Freischärlerbewegung, die auch Kinder und Halbwüchsige erfaßte; blieb ohne Bedeutung.

Winterhilfswerk: die Wohlfahrtspflege wurde in der Nazizeit den freien und kirchlichen karitativen Verbänden weithin entzogen und der «NS-Volkswohlfahrt» und dem «Winterhilfswerk» übertragen.

rotfuchs Bücher zur jüngsten deutschen Vergangenheit

März 1945: Florians Eltern beschließen, sich und ihren Sohn zu vergiften, wenn der Krieg verloren geht. Das Kriegsende kommt, die Eltern denken nicht daran, sich das Leben zu nehmen. Für Florian bricht mit dem Einmarsch der Amerikaner eine Welt zusammen. Mit einem Freund beschließt er zu fliehen . . . Band 359

Im November 1938 ermordet der 17jährige polnische Jude Herschel Grynszpan einen Angehörigen der deutschen Botschaft in Paris. Dieses Attentat wird von den Nazis benutzt, um die sogenannte «Kristallnacht» zu rechtfertigen. Band 527

Achim freut sich auf die Ferien auf dem Land. Aber in diesem Sommer, kurz vor dem Krieg, ist auch auf dem Dorf vieles anders geworden. Die alten Freunde stellen sich gegen Achim, weil er nicht wie sie der Hitler-Jugend angehören will. Da bricht ein politischer Gefangener aus. Durch Zufall entdeckt Achim den Flüchtling. Band 123

Danzig, März 1945: Für die Brüder Wolfgang und Diti und ihre Familie ist der Krieg zu Ende. Die Russen sind da. Mit ein paar Habseligkeiten flieht die Mutter mit ihren Kindern in den Wald – so wie sechs Jahre zuvor polnische Frauen und Kinder vor den Deutschen. Band 140/ab 12 Jahre

Wie konntet ihr «das mit den Juden» zulassen? Warum wart ihr in der Hitler-Jugend? Weshalb habt ihr euch im Krieg freiwillig gemeldet? Was habt ihr euch nach 1945, als dieser Krieg verloren war, gedacht? Walter Jendrich, der die Nazizeit zum großen Teil bewußt miterlebt hat, stellt sich den Fragen seines Sohnes. Band 194

Die holländische Jüdin Hannah muß zusehen, wie ihre Eltern von den Deutschen abgeholt werden. Zusammen mit ihren Geschwistern Ruth und Lowie wird sie von Dick und seiner Widerstandsgruppe bei einer «guten Adresse» versteckt. Band 488/ab 12 Jahre

Hans-Joachim Kisselbach kommt auf die «Nationalpolitische Erziehungsanstalt» der Nazis. Er ist überzeugt, ja begeistert. Früh meldet er sich als Kriegsfreiwilliger «ins Feld». Kisselbach war einer von denen, die durch leere Parolen verführt wurden, und seine «Old Shatterhand»-Welt bricht endgültig zusammen, als die Amis ihn gefangennehmen. Band 255

C 2286/3